Tariq Ramadan

Peut-on vivre avec l'islam?

Éditions Favre SA
Siège social
29, rue de Bourg – CH-1002 Lausanne
Tél.: 021/312 17 17 – Fax: 021/320 50 59
lausanne@editionsfavre.com

Bureau de Paris
12, rue Duguay-Trouin – F-75006 Paris
Tél.: 01 42 22 01 90
paris@editionsfavre.com

Couverture: MGraphic, Jean-Paul Piantanida
Mise en pages: MGraphic, Marie-Hélène Marquis

ISBN: 2-8289-0784-8

Tariq Ramadan

Peut-on vivre avec l'islam ?

Entretiens avec Jacques Neyrinck

FAVRE

Jacques Neirynck souhaite dédier ce livre
à ses parents et amis musulmans, Mandje Bamba, Moncef Boubaker,
Mourad Saghafi et Abdelnasser Azzouz.

Tariq Ramadan aimerait dédier ce livre
à la mémoire de Pierre Dufresne mon ami, qui m'a tant apporté
et appris de douceur, de pondération, de rigueur et d'affection.
À Monique Bauer Lagier et sa chaleureuse présence.
À Michel Morineau, « de cœur et d'intelligence », sur la route…
À tous ceux qui refusent les simplifications et les caricatures.
Quelles qu'elles soient.

Dédicace

Pour un dialogue franc et ouvert…
Aux concitoyens de mes enfants,
À la classe politique française en général,
À Cécilia et Nicolas Sarkozy en particulier

PRÉFACE

Des questions

CET ENTRETIEN n'est pas un dialogue interreligieux, ni non plus une compilation de pensées désordonnées et disparates. Lorsque nous nous sommes rencontrés avec le Professeur Jacques Neirynck, nous avions une exigence et un souci communs : d'une part, faire un ouvrage pédagogique et ouvert au grand public et, d'autre part, prendre soin de n'éviter aucune question sensible concernant l'islam et le monde musulman contemporain. Pour ce faire, Jacques Neirynck, professeur et chercheur réputé, homme politique et romancier, a fait le choix de se transformer en intellectuel journaliste et de me « soumettre à la question ». C'était le but du jeu, l'exigence de notre rencontre et l'objectif premier du présent ouvrage. Au-delà des prises de position de mon interlocuteur, notamment sur le catholicisme (et qui ont parfois fait réagir les représentants du clergé), ce qui comptait surtout était de mieux faire connaître l'islam, son histoire, ses courants de pensée, la diversité de sa civilisation autant que la richesse de son histoire. Les premiers chapitres traitent donc de l'histoire, de la foi, de la spiritualité et de la pratique avec l'idée d'offrir une idée plus claire concernant ces données factuelles. Dès le troisième chapitre, nous entamons des discussions de fond sur les questions actuelles : la femme, la *charia*, les thèmes de la philosophie occidentale et islamique, pour terminer sur les défis de la présence des musulmans en Occident. Autant de sujets délicats, passionnés et de nature, si nous n'ouvrons pas le débat de façon raisonnable, à creuser encore davantage le fossé d'incompréhension qui de plus en plus semble séparer l'Occident du monde de l'islam et, plus gravement, de ses propres citoyens musulmans européens et nord-américains.

Des réponses

Les lecteurs trouveront ici un certain nombre de réponses. Elles ne sont pas représentatives de «l'islam» ou de tous les musulmans. D'autres lectures, traditionaliste ou littéraliste, existent et dont les représentants ne se reconnaîtront pas dans les pages qui suivent : il faut impérativement garder à l'esprit la diversité des interprétations qui traverse les différentes communautés musulmanes de l'Orient et de l'Occident si l'on ne veut pas entretenir une vision caricaturale de la réalité ou verser dans un angélisme trompeur. Il reste néanmoins que la très grande majorité des musulmans occidentaux sont en train de vivre une véritable révolution intellectuelle nourrie par une représentation d'eux-mêmes et de leurs responsabilités historiques revivifiées grâce aux opportunités et aux nouveaux défis qui se présentent à eux. Citoyens d'États démocratiques, bénéficiant d'une éducation de plus en plus poussée, indépendants, critiques tout en voulant rester fidèles à une foi, à une éthique et à une tradition, de nouvelles générations de femmes et d'hommes font leur apparition sur la scène sociale et politique des pays occidentaux.

De nouvelles générations : l'Europe a changé, la France également

Au demeurant, on ne les y attendait pas aussi vite, aussi nombreux… aussi libres. Pratiquants ou non, on les a tellement enfermés dans une origine, «Arabes»; tellement catégorisés sous un label, «d'origine immigrée»; que la simple prise de conscience qu'ils étaient désormais des citoyens ordinaires a été perçue par une majorité de leurs concitoyens comme une revendication de fait, la volonté d'imposer une présence considérée comme «moins paisible» que celle des pères et des mères, qui étaient des travailleurs, étrangers, discrets, souvent soumis… toujours à l'écart. Refusant tout paternalisme, s'opposant au communautarisme social, au racisme et aux différents types de discriminations (emploi, habitat, éducation, etc.); ils entament une véritable marche hors des ghettos intellectuels et sociaux dans lesquels des décennies de politiques déficientes de «l'intégration» les avaient enfermés. Ils se libèrent, ils occupent un nouveau terrain et de fait… ils font peur, ils inquiètent. Que veulent-ils, qui sont-ils… que cherchent-ils?

Les citoyens européens, et parmi eux de façon plus tangible encore les Français, ont l'impression que leurs pays respectifs ont changé. Tous ces étrangers, ces Arabes, ces Turcs, ces musulmans et cet islam dont on parle tous les jours… avec la vague impression, difficile, crispante et, au fond sincère, *de n'être plus chez soi*. Un sentiment de fragilité vient se marier à la crainte et à l'insécurité ambiantes : désormais, seuls sont entendus ces musulmans qui « *parlent comme nous* », qui disent « *les vérités qui nous rassurent* », qui ont des noms étrangers, certes, mais qui « *sont comme nous, corps et âmes et vêtements.* Ils peuvent bien ne pas être représentatifs, être instrumentalisés politiquement, jouets de politiques électoralistes ; qu'importe, ils offrent cette impression rassurante de venir « de ces milieux », de parler « de l'intérieur » tout en étant « à notre image ». Ils sont l'« Autre » intégré, assimilé… blanchi. Une perspective de victoire.

Et pourtant ! Des millions et des millions de nouveaux citoyens musulmans ne se reconnaissent pas dans cet avenir. Ils respectent la loi commune, ils sont citoyens, ils sont Français et estiment qu'ils n'ont pas à nier ce qu'ils sont pour se faire accepter par ce qui est désormais leur pays et leur société. De leur côté, ils ont l'impression que le pluralisme auquel on les invite est une véritable entreprise d'assimilation et d'uniformisation. Comme si être Européen ou Français voulait dire, de fait, être moins musulman, moins visible… moins soi. Après des décennies d'une présence qui a tant contribué à construire la société, ils devraient prouver et prouver encore qu'ils « s'intègrent ».

Responsabilités respectives

Deux représentations face à face, des années d'histoire et d'incompréhension, des espoirs pourtant communs et désormais sourds les uns aux autres. Les responsabilités, comme les efforts, devraient pourtant être partagés. Les musulmans doivent impérativement prendre acte de la peur de leurs concitoyens, de ce sentiment général de fragilité et des interrogations sincères qui traversent les sociétés occidentales. Ils se doivent de mieux connaître leur société, son histoire, sa culture et de s'efforcer sans relâche de mieux dire qui ils sont. Pour les Européens, en général, il devient urgent de prendre le temps d'étudier leur propre histoire, leurs traditions de même que celles de ceux qui les entourent. Une société pluraliste exige de chacun un effort de connaissance afin de mieux appréhender la complexité de l'univers de celui qui vit avec nous et avec qui désormais nous partageons notre espace et construisons notre avenir commun.

Le présent ouvrage se veut être une contribution à cet effort de meilleure connaissance mutuelle : parler des traditions, des faits, des représentations, des interprétations diversifiées, des nouvelles dynamiques à l'œuvre est essentiel aujourd'hui pour nous permettre d'envisager plus sereinement notre futur. Nos sociétés nous intiment l'ordre d'apprendre à nous décentrer de nos propres valeurs, de nos propres logiques, de nos propres systèmes de références : s'il est naturel, dans la peur, que l'on veuille que l'autre nous ressemble ; il est impératif d'accéder, dans la paix, au respect des spécificités et des différences. L'éducation et le dialogue sont les deux voies menant à cet horizon.

Les mêmes questions, toujours

Pour l'esprit qui en Occident s'intéresse aux questions liées à l'islam, le tableau des « nœuds » se dessine assez rapidement. En effet, il existe une liste de questions, toujours les mêmes, qui semblent faire problème. Tout se passe comme si, de siècles en siècles, de décennies en décennies, d'années en années, les mêmes *topos* envahissaient l'espace public. L'islam et… la violence, la démocratie, la laïcité, la femme, le foulard, le droit islamique, les châtiments corporels, la *charia*… pour ne citer que les thèmes les plus connus. À chaque fois, comme s'il s'agissait d'une programmation neuronale, on assiste à la même effervescence et à la même passion quasiment hystérique lorsque ces questions sont abordées. Au moment même où il faudrait que les esprits se calment, que les attentions se concentrent et que les oreilles s'ouvrent, à ce moment très précis donc, voilà que les émotions s'échauffent, que les intelligences s'emportent et que la surdité s'installe. On ne s'écoute plus, on ne se voit plus et même les explications les plus logiques, les plus posées sont entendues à travers le prisme du danger, de la duplicité et de la manipulation. La confiance est absente. Difficile, au demeurant, de savoir si, dans les faits, il s'agit d'un manque de confiance en soi ou en l'autre ; le résultat est de toute façon le même : les certitudes s'assènent, les oreilles se bouchent et le rejet est « logique ». Tout devient bon, et juste, et légitime, et urgent, pour se protéger de cet autre « dangereux », infiltré, double et avec lequel une équation unique, et sans inconnue, est à l'œuvre : s'il ne nous ressemble pas absolument, il est donc forcément le contraire de ce qu'il dit ou paraît. Il dit « citoyenneté », comprenez « communautarisme » ; il dit « réformisme » ; entendez « fondamentalisme » ; il dit « liberté » ; interprétez « contrainte »… et tout à l'avenant. Dialogue impossible. Une impasse.

La France sourde

La France est un formidable laboratoire de cette expérience de la crispation et de la surdité collectives. Les débats de ces deux dernières années (2002-2004) autour de « la question du voile » sont et resteront un cas d'école. Alors que la situation paraissait apaisée depuis plus de dix ans (1990-2002), voilà qu'une formidable machine s'est mise en marche emportant, dans son effet boule-de-neige, les esprits les plus communément raisonnables. Du simple citoyen au chef de l'État, la majorité des Français ont été soudain saisis et terrifiés par les nouveaux dangers qui guettent : les filles qui portent le foulard, le communautarisme, l'intégrisme, les islamistes… La laïcité serait en péril. De commissions en déclarations solennelles, on a laissé croire que l'on protégerait la France par une loi sur « les signes religieux » : les avis se sont peu à peu ralliés à cette idée et lentement, sûrement, la certitude s'est renforcée. Une loi, une loi de la sécurité, une loi de la fermeté. « Une loi sur la laïcité ». Voire. Le monde entier a observé avec étonnement, et parfois un réel dépit, cette étrange « passion collective » qui a emporté la très grande majorité de la classe politique française dans une surenchère surprenante, grave, dangereuse. Rares furent celles et ceux qui surent raison garder : alors que les sondages indiquaient que la plupart de la population approuvait l'idée d'une loi ; alors que des expressions d'un racisme trop ordinaire à l'endroit des Arabes et des musulmans se sont multipliées ; alors que le matraquage médiatique laissait peu de place au débat serein… on a tout de même entendu des voix rappelant que la République était laïque certes, mais qu'elle était aussi et surtout sociale. Qu'elle ne saurait d'ailleurs être réellement laïque que si elle renouait avec sa dimension sociale. Ils ont eu le courage de rappeler que le « communautarisme économique », la ghettoïsation, la violence et les manifestations de rejet de la société (comme d'ailleurs l'émergence d'un racisme judéophobe dans les banlieues) avaient pour cause, en France comme ailleurs, la politique sociale et urbaine et le corps entier des discriminations touchant d'abord et surtout la population française « arabo-musulmane ». Ils le disent et le répètent encore...

Rien n'y fait pourtant, la surdité semble profonde et presque infinie. Le débat de fond est devenu impossible. Même les paragraphes du rapport Stasi mentionnant les dimensions éducatives, sociales et humaines du « vivre ensemble » sont négligés, oubliés... au point que quatre sages déçus finissent par avoir l'impression d'avoir été politiquement instrumentalisés et le disent publiquement. Emportés par des considérations électoralistes, et somme toute populistes, les politiques continuent la surenchère : aux Français auxquels la pression médiatique quotidienne se charge de faire peur et les pousse à l'extrême de la droite, on répond par un discours légaliste ferme, censé protéger l'identité française, et la culture, et le quotidien, et les cités, et la démocratie. On reste interdit devant la tournure des événements et l'on se questionne : existe-t-il ici ou là des citoyens prêts à relever le défi du pluralisme, du dialogue calme, apaisé, raisonnable... sans compromission mais toujours ouvert, sans démission mais fondamentalement respectueux. Les partenaires de ce débat existent-t-ils ? Le peut-on ? Le veut-on ?

Et si la majorité des Français se trompait ?

On peine à voir en Europe et en France les évolutions qui traversent les communautés musulmanes. Il s'agit pourtant bien d'une petite révolution. Une révolution silencieuse mais dont les bouleversements sont profonds et conséquents. La visibilité des jeunes générations musulmanes est de plus en plus évidente : dans la société, sur les lieux de travail, à l'école, à l'université, dans les milieux culturels, dans les médias, dans les clubs sportifs ou autres. Cette visibilité récente est accueillie par un sentiment très mitigé et souvent on craint le « phénomène communautaire », le « communautarisme » selon le terme consacré en France. Or, à l'inverse de ce que pense la majorité des Français, c'est exactement le contraire qui est en train de se passer : les musulmans sont, nous l'avons dit, en voie de sortir des ghettos, ils commencent à se faire plus présents, plus audibles, plus revendicateurs aussi car leurs droits légitimes sont souvent bafoués. Le processus sera long, difficile, crispant, mais il est déjà en branle : des femmes et des hommes revendiquent leur citoyenneté et leur appartenance à la France et désirent être respectés en tant que tels. Pratiquants ou non, ils refusent que l'on continue à parler « d'intégration », « d'origine immigrée » ou autres : ces temps sont révolus et même s'il existe encore des « Arabes ou musulmans de service » prêts à faire le jeu de tel ou tel parti, ils se présentent, eux, en tant que consciences libres, autonomes et critiques.

On se trompe. La très grande majorité des populations ne se reconnaissent pas aujourd'hui dans les mouvements type « SOS Racisme » ou « Ni putes ni soumises » et ce non pas parce que les revendications qu'ils avancent sont infondées ou erronées. Bien au contraire. Le problème tient essentiellement au positionnement de celles et de ceux qui parlent au nom des habitants des banlieues : pendant vingt ans, depuis la *Marche des beurs*, ces populations ont assisté à l'instrumentalisation de leur cause par des « représentants » en service commandé de certains partis ou alors plus soucieux de leur réussite politique personnelle que des véritables réformes sociales. Au bout du compte, que reste-t-il des marches, des mobilisations et des concerts ? Pas grand-chose si ce n'est la « réussite » parcimonieuse de quelques « Arabes » ou « intégrés » aux noms exotiques, alibis de toutes les déficiences et manœuvres politiciennes. L'important « crédit sympathie » que les médias offrent à ces mouvements censés présenter l'alternative et la mobilisation des banlieues de même que l'adhésion naturelle qu'ils suscitent dans un large public ne saurait cacher les réalités d'un échec, profond, durable, continué. Les méthodes d'interventions dans les cités sont à revoir du tout au tout : imposer des modèles de comportement, façonner des leaders artificiels, intervenir par le haut et faire parler des représentants « marionnettes de partis » a fait long feu. Il faut désormais compter sur des politiques de proximité et travailler sur la représentation de soi, de l'autre, de la société ; parier sur la démocratie participative et rétablir des zones de droit et de confiance. L'islam n'a rien à voir avec ces fractures sociales et la religion n'est pas en cause lorsque l'on fait l'analyse des problèmes de terrain. Il demeure néanmoins que le matraquage médiatique quotidien qui finit par donner une image aussi négative de l'islam et des musulmans ne peut qu'avoir des conséquences sur la représentation que les populations marginalisées ont d'elles-mêmes. On ne peut pas entretenir un discours collectif aussi lourd de suspicion à l'endroit d'une religion et de ses fidèles et supposer que ceux-ci vont s'épanouir sans crispation ni ressentiment. Pourtant, il semble bien que les dynamiques les plus prometteuses pour demain viennent des populations auxquelles on accorde aujourd'hui peu de crédit, voire que l'on soupçonne du pire. Ces citoyennes et citoyens français qui revendiquent leur appartenance à l'islam sont en train de faire un travail important et de l'intérieur. Elles/ils sont audibles parce qu'à aucun moment, elles/ils ne donnent l'impression d'utiliser la banlieue comme marchepied politique. Le travail effectué pendant près de vingt ans porte peu à peu ses fruits et une génération de nouveaux citoyens est en train d'apparaître : loin des feux médiatiques, mais tellement proches des réalités du terrain, il faudra compter avec eux, les femmes autant que les hommes, bon gré mal gré.

L'antisémitisme

Il est courant d'entendre aujourd'hui que les populations « arabes et musulmanes » sont responsables du « nouvel antisémitisme qui vient ». On semble accepter en France, comme parfois en Europe, ces raccourcis et ces analyses dangereuses. Ils sont nombreux les intellectuels, juifs ou non juifs, à alimenter ces représentations. Dans un texte qui a suscité une polémique de plus de quatre mois sans discontinuer, j'ai critiqué l'attitude de ces intellectuels alimentant sans précaution une vision alarmiste et de plus en plus communautariste de la société française. On m'a traité d'antisémite mais aucune plainte n'a été déposée contre moi ; on s'en est pris à ma personne mais aucune réponse n'a été formulée quant à mes critiques. On relèvera que mon texte n'a été la cause d'aucun dérapage dans les banlieues françaises, d'aucune dérive… il n'avait rien d'antisémite et je n'avais à m'excuser de rien contrairement à ce qu'aurait espéré Nicolas Sarkozy lors de notre débat. Posons plutôt la question légitime de savoir qui aujourd'hui est responsable d'alimenter cette crainte de l'Arabe et du musulman ; qui entretient la peur ; qui la stigmatisation et cette forme larvée de racisme « islamophobe ». La plupart des (nouveaux) intellectuels communautaires que j'ai cités (il n'y a jamais eu, soit dit en passant, ni « liste » ni spécification malveillante de leur appartenance juive) ont une responsabilité conséquente dans cette représentation de la réalité en France. De plus, les propos perpétuellement alarmistes de certains représentants du CRIF sont dangereux alors même que les chiffres montrent une baisse des actes antisémites : il faut condamner l'antisémitisme comme toute forme de racisme, ce que je n'ai de cesse de faire, mais on ne peut pas laisser certains irresponsables stigmatiser toute une communauté simplement pour que l'ensemble de la classe politique soit, dans les faits, obligée de faire silence sur la politique du gouvernement israélien d'extrême droite. La majorité des représentants musulmans ont montré une maturité et une maîtrise réelles en ces temps difficiles et les quelques cas de comportements inacceptables sont le fait de jeunes en marge, très éloignés du tissu associatif musulman. Il faut en prendre conscience car ce sont là des signes positifs qui contredisent l'image souvent déformée qu'en donnent certains responsables politiques et les médias.

La scène internationale

La situation s'est aggravée après le 11 septembre, cela est certain. La scène internationale n'offrait déjà pas, tant s'en faut, une image du monde musulman particulièrement attrayante et les attentats odieux aux États-Unis, comme ailleurs, ont achevé de dessiner un portrait effrayant de l'islam. La guerre contre le terrorisme, les attentats, les alertes renouvelées, les visibilités plus grandes, les mesures de sécurité touchant d'une façon ou d'une autre toute la population… tout cela, consciemment ou inconsciemment, a un impact considérable sur la conscience collective. Non seulement par leur présence de plus en plus massive et visible en Occident, mais également à cause de la nature supposée des enseignements de leur religion, les musulmans font peur et l'islam est devenu, en soi, un « problème », un univers opaque, étrange, croisement de mille fantasmes, terre symbolique de toutes les répulsions.

Il faudra que l'on fasse l'étude un jour de l'évolution profonde de cette mystification de l'islam et de ce qu'elle tend à jouer comme rôle pour aujourd'hui et pour l'avenir. Il demeure, néanmoins, que la scène internationale offre suffisamment à voir de choses terrifiantes pour que les musulmans se sentent l'obligation morale de dire quelque chose, d'expliquer et, parfois, de clairement condamner. Cette responsabilité leur incombe pour au moins trois raisons : d'abord et surtout au nom de leur conscience et du respect de leur propre tradition religieuse qui ne peut légitimer l'horreur ; ensuite pour faire évoluer les mentalités à l'intérieur de leur univers de référence, en particulier parmi les musulmans pour lesquels les débats intracommunautaires sont désormais impératifs ; enfin pour clarifier leur position vis-à-vis de leurs concitoyens qui ont besoin de comprendre et, à terme, de pouvoir faire confiance.

Les concitoyens des musulmans sont perplexes. Ils ne comprennent pas et leurs questions sont le plus souvent sincères et légitimes, nous l'avons dit. Qu'en est-il des femmes en islam, des châtiments corporels, de la violence ou de la démocratie par exemple ? Pourra-t-on vraiment « vivre ensemble » ? En clair, *peut-on vivre avec l'islam ?* Le présent ouvrage d'entretiens veut être une contribution en ce sens : avec Jacques Neirynck, nous avons abordé ici les questions les plus sensibles et la thèse fondamentale de nos rencontres est « oui ! » le vivre ensemble est possible si chacun prend ses responsabilités et fait un travail d'explications, d'études, de décentrage, d'empathie au nom de la conscience humaine, de sa foi le cas échéant, des valeurs humanistes et de notre commun avenir. Il faudra du temps et surtout comprendre que les mentalités, de part et d'autre, évoluent lentement, parfois régressent, parfois se figent, parfois se crispent ou s'emportent et que seul un engagement de proximité, continué, pédagogique et crédible « de l'intérieur » est de nature à forcer les choses et à nous faire éviter la rupture entre deux univers de représentation qui coexistent aujourd'hui sans trop se connaître.

Les femmes

De tous les sujets sensibles, celui des femmes est le plus porteur de passion et d'incompréhension. La référence à l'islam semble être la cause de tous les excès, de tous les drames, de toutes les horreurs. Répudiation, violence conjugale, lapidation, excision et jusqu'aux viols collectifs dans les banlieues… face à ces pratiques inacceptables, difficile d'éviter le trouble, au moins le doute sinon la répulsion. Je me suis efforcé ici de répondre aux questions précises de Jacques Neirynck de la façon la plus claire et la plus exhaustive possible. Le lecteur trouvera, je l'espère, un certain nombre d'explications à ces interrogations légitimes et pourra comprendre, au demeurant, que les choses sont en mouvement dans le monde islamique comme d'ailleurs dans les communautés musulmanes d'Occident.

J'ai néanmoins appris ces dernières années que les explications ne suffisent pas. La passion est telle, les certitudes si ancrées et la surdité si collectivement partagée que le propos nuancé, rendant leur densité aux faits, aux mentalités et aux cultures, est précipitamment perçu comme une tentative de fuir la question, d'éviter de répondre ou de noyer le poisson. Un téléspectateur m'a un jour fait parvenir un email qui m'a fait réfléchir et considérer les termes du débat actuel sur l'islam en général et les femmes en particulier : « Malheureusement, la nuance dans votre bouche est perçue comme de l'ambiguïté par l'oreille de votre interlocuteur ». Je crois qu'il a raison, profondément, et s'il est temps pour les musulmans de faire l'effort de mieux s'exprimer, il est impératif que leurs interlocuteurs s'engagent à mieux écouter et à s'imprégner des références, des logiques, du temps et de la psychologie de leurs concitoyens musulmans. Sans cet engagement dans le dialogue, nous n'y arriverons pas. Les simplifications et les caricatures sur l'autre sont les prémices de la guerre des mots... avant l'affrontement symbolique ou réel. Nos responsabilités respectives et communes sont immenses.

Supposer que le port du foulard est, en soi et définitivement, un signe d'aliénation imposée ou assumée ; penser que c'est en le refusant que l'on libérera les femmes musulmanes ; contraindre les consciences à choisir « nos » valeurs, « nos » libertés, les seules vraies, les seules universelles... imaginer, enfin, que c'est ainsi que nous réussirons le pari du pluralisme et du « vivre ensemble » est proprement sidérant. Comment peut-on être si aveugles, simplistes ou plus gravement démagogues et continuer à entretenir de tels raccourcis d'analyses ?

Les questions essentielles qui concernent les femmes, toutes les femmes, et les musulmanes en particulier, ne sont pas de l'ordre des débats sur les symboles. Ce qui importe aujourd'hui, c'est le respect de l'intégrité physique de la personne, l'autonomie, le droit à l'éducation, au travail, la lutte contre toutes les discriminations fussent-elles produites par les traditions ancestrales ou les sociétés modernes encore traversées par des comportements sexistes et machistes. C'est de cela dont il faut parler, c'est à cette libération qu'il faut prêter intellectuellement, socialement et politiquement main-forte. Or, aujourd'hui, des femmes voilées ou non, de l'intérieur des

références musulmanes sont en train de faire un travail de réforme considérable. On refuse de le voir et de l'entendre et le débat en France a atteint un
tel niveau de superficialité dans la référence symbolique que la seule apparition d'un foulard signifie «régression», «soumission des femmes», etc.
Que des femmes musulmanes, avec ou sans leur foulard, se battent contre
les discriminations, contre la violence conjugale, contre l'excision, contre les
mariages forcés, qu'elles s'engagent pour le droit à l'éducation, au travail et
au salaire égal ne voudrait rien dire? Ce féminisme-là n'existerait pas car il
ne répondrait pas aux canons vestimentaires des représentations occidentales? Seule compterait la coiffe? Et donc une loi de circonstance, contre
cette dernière, serait donc de nature à résoudre tous les problèmes… On
reste coi devant tant de certitudes et de prétentions et les musulmans qui,
de l'Amérique à l'Asie se sont émus et ont été choqués, ont quelque raison
somme toute de s'inquiéter de l'orientation empruntée par la France.

Peut-être devrait-on inviter les acteurs politiques de la société française
à méditer sur la récente expérience marocaine quant à la question féminine.
Pendant des années, la crispation et la passion furent la règle dans le débat
sur le statut privé et le mariage. D'aucuns, les traditionalistes, les littéralistes
et les islamistes, voyaient dans ces réformes la main insidieuse et coloniale
de l'Occident et de la France; les autres, le plus souvent francophones et
francophiles, luttaient au nom de la liberté des femmes affirmant que la
réforme était impérative. Ces derniers avaient raison, à l'évidence, quant à
la nécessité d'évoluer, mais il est non moins clair qu'ils avaient mal entamé
le débat et qu'ils avaient tort sur la méthode employée. Comment fallait-il
avancer? Comment pouvait-on faire accepter des réformes alors que ce
sujet sensible touchait à la légitimité islamique et politique des acteurs du
débat. Une commission a été mise en place et a réuni des représentants des
différentes familles de pensée de la société marocaine. Lentement, en se
concertant, de l'intérieur, en respectant les valeurs islamiques, les sensibilités respectives et la rationalité critique, les termes d'*al-mudâwana* ont pris
corps. Un code de la famille revu, des réformes profondes, une évolution
tangible qui respectent davantage le droit des femmes et qui, surtout, ont été
discutés puis acceptés par des protagonistes marocains. On est allé moins
vite et il reste un travail conséquent à fournir mais le dossier a été débloqué.
Lors d'une récente conférence au Maroc, dont l'organisateur et l'animateur
était M. Bousta, responsable de ladite commission sur *al-mudâwana* et

Marocain de l'année 2003, celui-ci m'a confié que les partenaires se sont parlé, que la réforme est en marche et qu'elle est ressentie comme étant le fruit d'une maturation *fidèle*, de l'intérieur, des consciences marocaines. L'exemple vaut l'étude et du Maroc à la France, il faut être conscient que les processus de réforme doivent impliquer les actrices et les acteurs du débat et non pas imposer des grilles de lecture ou des agendas politiques qui répondent à des visées ou à des ambitions totalement étrangères aux dynamiques de terrain.

Pour faire avancer la cause des femmes, il ne faut ni parler à leur place, ni imposer des schémas étrangers à la représentation qu'elles ont d'elles-mêmes et de leurs espoirs. Il faut apprendre à vivre au rythme de leur évolution, en suivant les méandres de leurs formulations et de leurs revendications qui deviennent de plus en plus claires et précises. Elles ne correspondront peut-être pas au schéma « occidental » de la libération de l'être et du corps mais il est fort probable qu'elles sont plus en avance que l'on croit en matière de revendication et d'acquisition de droits, d'exigence de l'autonomie financière et sociale et de lutte contre le sexisme et la marchandisation des corps. Il se pourrait aussi qu'elles offrent une contribution intéressante dans le débat concernant l'idéal et les modèles pluriels de la féminité moderne, libre et assumée.

Un moratoire ?

Que n'ai-je entendu depuis le jour où j'ai osé prononcer ce mot à la télévision française. Il a dit « un moratoire » sur la lapidation ! Comment peut-on ? Quelques acteurs politiques et autant de journalistes désiraient tellement que l'on prouvât enfin mon « double discours » qu'ils se sont précipités sur le terme… « un moratoire ! », une horreur, « vous voyez bien qu'il n'est pas modéré ». De commentaires en articles et en gloses redoublées, la surdité s'est approfondie et rien, à l'instar des débats sur la laïcité et « le voile islamique », ne semblait pouvoir ébranler la certitude que je défendais bien une vision rétrograde du monde. Comme si l'on n'avait pas entendu, comme si l'on ne voulait plus entendre. Inquiétants enfermements.

Je visite régulièrement le monde musulman, et depuis plus de quatre ans aujourd'hui, j'appelle, par oral et par écrit, à un « moratoire absolu » sur tous les châtiments corporels et la peine de mort dans les pays musulmans. Pas seulement dans les pays pauvres, comme au Nigeria ou au Soudan, mais également dans les pétromonarchies sur lesquelles, comme l'Arabie Saoudite, on fait silence tant y sont conséquents les intérêts économiques et géostratégiques occidentaux. Le Coran et la tradition prophétique *(sunna)* mentionnent d'une façon ou d'une autre, ces divers châtiments et leurs conditions et nous avons avec Jacques Neirynck abordé ces questions de façon directe : le lecteur pourra prendre connaissance de ma position (énoncée depuis plus de dix ans et, pour le présent dialogue, en 1999 déjà). Mon opposition à leur application ne souffre pas de doute. Cela étant, comment faire évoluer les mentalités dans le monde musulman lui-même : suffit-il de se donner bonne conscience en condamnant ces pratiques tout en affirmant qu'elles ne concernent de toute façon pas l'Europe ni la France ? Aurais-je dû, comme me l'ont suggéré certains, rétorquer à l'attaque insidieusement préparée de M. Nicolas Sarkozy que ce débat n'avait rien à voir avec la laïcité (qui devait être notre sujet ce soir-là) quand, de surcroît, il se référait à la pensée de mon frère qui n'est, par définition, pas la mienne ? Je ne le crois pas : au-delà du mauvais procès fait à la notion de « moratoire », il faut regarder la réalité en face et prendre conscience que les musulmans occidentaux doivent prendre leur responsabilité et proposer des voies et des solutions pour faire évoluer les mentalités et les pratiques dans le monde islamique.

Aujourd'hui, sur la base de lectures strictement littéralistes ou parfois tronquées des textes, des États musulmans riches comme pauvres, appliquent des châtiments corporels qui s'abattent inconditionnellement sur les plus démunis et les femmes. Les gouvernants savent que des pans entiers de leur population réagissent favorablement, et presque émotionnellement, à l'utilisation des références islamiques et ils en jouent pour légitimer leur régime autocratique et leur pouvoir répressif. La peine de mort, les châtiments corporels, la lapidation (qui soit dit en passant ne concerne pas que les femmes dans les sources scripturaires) et autres peines sont appliqués aujourd'hui dans le monde musulman au vu et au su de tous. Que faire pour faire évoluer les mentalités ? Condamner les sources scripturaires et ne plus être entendu par le monde musulman ? Imposer une opinion dite moderne en étant dans les faits perçu comme un « occidentalisé » ou, pire, un agent dévoyé à la cause de « l'ennemi » ? Être entendu de l'Occident en ayant perdu l'écoute du monde islamique ? Se faire plaisir dans sa modernité assumée en n'ayant plus aucun rôle à jouer dans un univers sombrant dans la répression et la légitimation religieuse la plus hypocrite ? Quel rôle jouer depuis l'Occident ? Quelle contribution apporter ?

L'expérience marocaine citée plus haut devrait nous faire réfléchir : la seule voie envisageable est celle qui consiste à engager le débat de l'intérieur en s'appuyant sur un premier consensus parmi les musulmans. La grande majorité des savants musulmans, à quelques très rares exceptions, sont d'accord pour dire que l'application des peines est aujourd'hui illégitime et qu'elle ne répond pas à l'exigence de justice du message de l'islam. Prenons acte de ce consensus et exigeons « un moratoire absolu » sur leur application (je parle donc ici de tous les châtiments corporels et de la peine de mort) en appelant à l'ouverture d'un débat dans le monde musulman relatif aux versets et aux chapitres du droit qui concernent ces pratiques. Cessons d'accepter que certaines autorités, oubliant ou jouant sur les conditionnalités du droit islamique, continuent à oppresser leur peuple. Un moratoire… pour faire cesser la répression, pour ouvrir le débat et aller vers la cessation de ces pratiques dont les conditions exigées dans les textes rendent impossible l'application dans les faits. Comme pour *al-mudâwana* au Maroc, le débat et la pédagogie de l'intérieur est, me semble-t-il, le seul moyen de faire avancer les choses en refusant de se cacher derrière de belles déclarations de principes en Occident et un silence complice quand on visite le monde musulman et en particulier les pétromonarchies. Je ne suis pas prêt à ces compromissions et je continuerai à faire preuve de nuance et de pédagogie en Occident (dussé-je faire face au soupçon d'ambiguïté tant certains de mes interlocuteurs ont décidément du mal à entrer dans la logique de l'autre et confondent clarté et simplification) ; comme en Orient (dussé-je faire face aux critiques des dictatures ou au soupçon d'occidentalisation entretenus par les courants les plus littéralistes, les plus traditionalistes et les plus radicaux). C'est, je crois, avec celles et ceux qui, en Occident comme en Orient, acceptent l'effort de l'étude et du décentrage religieux, culturel et psychologique et sont prêts à affronter la critique des deux bords que se construira l'avenir.

La responsabilité des musulmans

Je ne cesse de le répéter depuis des années, la responsabilité des musulmans est immense. Ils doivent refuser l'attitude victimaire, la position défensive et l'enfermement communautaire et/ou communautariste. Si les réactions sont si vives aujourd'hui à leur égard, c'est justement, nous l'avons dit, parce qu'elles/ils sortent des ghettos. Le brouhaha médiatique, les débats politiques passionnés, l'émergence d'un nouveau racisme et de l'islamophobie auraient naturellement tendance à pousser les musulmanes et les musulmans à se recroqueviller, à faire profil bas, à disparaître ou alors à tenir des propos de circonstance en disant ce que l'on a envie de leur entendre dire, à devenir les «bons» Arabes et de «gentils» musulmans… Certains ont même décidé de se faire adouber politiquement. En France le parti socialiste a son *SOS Racisme* et ses *Ni putes ni soumises* alors que certains à droite s'appuient sur le *Conseil Français du Culte Musulman* et ses *Conseils régionaux*… Chacun ses pions, chacun sa stratégie, chacun son électorat. Mais à l'heure où se mettent en scène ces parades politiciennes et symboliques, les réalités demeurent: une religion stigmatisée, des espaces sociaux de ghettoïsation et de discrimination inadmissibles, des exclusions, de la violence, de la souffrance. Que peut-on espérer?

L'avenir appartient à ces nouveaux citoyens qui dérangent. Femmes et hommes, ils sont libres et revendiquent désormais leur indépendance et leur droit à prendre la parole partout, devant n'importe qui et sur n'importe quel sujet de société. Des femmes d'un type original qui refusent les discriminations faites au nom de l'islam, qui se libèrent de la tutelle des pères, des frères et de la culture mais qui refusent dans le même temps les diktats de l'uniformisation ou de l'assimilation aveugle. Voilées ou non, elles travaillent de plus en plus ensemble, rejoignent des mouvements sociaux et féministes et revendiquent d'être entendues, elles, directement et sans intermédiaire masculin ou «blanc», «Français(e) de souche». Elles bousculent, elles interpellent… on n'a pas l'habitude. Il faudra bien les entendre pourtant et ce sera à elles désormais de s'exprimer toujours plus et d'occuper le terrain de l'expression réelle autant que symbolique.

De la même façon, les acteurs associatifs (les citoyens français de confession musulmane qui, pratiquants ou non, sont souvent renvoyés à leur origine, à leur culture et à leur religion) commencent à prendre langue avec de plus en plus de partenaires de la société civile. On refuse encore d'en faire l'analyse dans la société française mais les participations répétées de ces acteurs aux manifestations contre la guerre en Irak (en phase avec la majorité des Français et en soutien à la position du gouvernement), au Forum social européen et, plus discrètement et sur le plus long terme, au sein des dynamiques locales… sont autant de signes de changements profonds dans la nature et la qualité de la présence des musulmans en Occident. Les choses vont vite et la responsabilité des musulmans reste entière : c'est à eux de créer des espaces de confiance en tenant des discours clairs et en s'engageant positivement dans les luttes nationales et internationales pour le droit et la justice. Sans esprit partisan, sans démarche sélective. Le soupçon, nous le voyons tous les jours, ne disparaîtra pas du jour au lendemain… la route de la confiance mutuelle est longue, difficile, astreignante, jonchée de heurts et de blessures ; mais elle est incontournable et, au demeurant, salutaire pour tous puisqu'elle impose la modestie et l'écoute.

Depuis mon article sur « Les (nouveaux) intellectuels communautaires », la pression médiatique n'a pas cessé. Pendant plus de quatre mois, les articles, portraits, enquêtes et émissions se sont multipliés. L'accusation d'antisémitisme ne tenait pas et il était clair qu'il n'y avait pas de « liste » (sinon pourquoi toutes les organisations qui en général attaquent en justice les auteurs de ces pratiques ne l'ont pas fait à mon encontre ?). On a alors déplacé le propos : on a cherché du côté de mon grand-père, de mon frère, de ma filiation, de mon inconscient familial, de mes relations imaginées et de mon « double discours ». Une véritable tempête médiatique a donné corps à ce que certains journaux ont appelé « l'affaire Tariq Ramadan ». La crispation était tangible, les esprits échauffés, les réactions à fleur de peau : chacun y est allé de son commentaire et dans l'avalanche mes positions revendiquées, mes livres, mon engagement de terrain sont passés par pertes et profits. À quoi bon lire, ou écouter… La même surdité s'est installée. D'aucuns ont suivi le mouvement et sont désormais persuadés de ma duplicité et de mon « double discours » ; d'autres ont été interpellés et ont pris le temps de lire et de discuter. Alors que la passion dans laquelle s'est enfermé le débat sur l'islam en France a aveuglé tant d'esprits, ces derniers se sont ouverts et ont refusé les procès en sorcellerie, les caricatures et les jugements hâtifs. Ils ont refusé d'écouter sans jugement critique ceux qui criaient au danger en dissimulant des visées politiciennes peu avouables.

Ils ont compris qu'au-delà de ma personne et de ce que je pouvais représenter, le problème était plus profond, bien plus complexe, et touchait la société française en sa réalité la plus sensible : pour aujourd'hui et pour demain, la vraie question est de savoir si les Français sont prêts à accepter le fait que leur société a changé et que leurs concitoyens, « d'origine immigrée », « de confession musulmane », ont les mêmes droits au respect, à la parole, à la justice et à la dignité. Le droit fondamental à la confiance. À l'heure de la suspicion – du déni de droit au délit de faciès – l'histoire retiendra que comme les résistants d'hier sont la dignité de la France d'aujourd'hui ; les nouveaux citoyens libres d'aujourd'hui, qui revendiquent leurs droits malgré les critiques et le rejet, seront l'honneur de la France plurielle de demain.

À Genève, à Paris
Février 2004

INTRODUCTION

Peut-on se battre au nom de Dieu?

I L FAUT OSER aborder de front les relations entre l'islam et la société occidentale, qui ont souvent été franchement mauvaises dans le passé lointain, mais qui ne cessent de s'aggraver ces dernières années. L'islam, considéré à la fois comme religion et comme culture, est confronté à cette entité beaucoup plus vague, qui s'appelle la société occidentale et que l'on hésite à désigner comme chrétienne, parce qu'elle est entrée dans un processus de laïcisation et de sécularisation où la religion semble n'avoir plus grand rôle à jouer. Les deux mondes se méfient l'un de l'autre et n'hésitent pas à utiliser la violence pour exorciser cette crainte.

Partons d'un affrontement concret qui a été vécu récemment. Chacune des parties en cause s'est conduite aussi mal qu'elle le pouvait, faisant fi de ses propres principes sous prétexte de les défendre.

Nous faisons référence aux deux attentats qui ont eu lieu en 1998 contre les ambassades américaines à Nairobi et à Dar es-Salaam, suivis instantanément par les mesures de rétorsion des États-Unis, visant deux pays, l'Afghanistan et le Soudan, qui n'étaient pas directement impliqués dans l'attentat, et qui ont été frappés dans un acte de punition collective à l'égard de l'islam.

Les deux parties renient complètement leurs principes. Les terroristes musulmans s'en sont pris à des innocents. Cette agression aveugle, perpétrée au nom du Coran, va bien sûr à son encontre. Même si certains pays musulmans peuvent s'estimer agressés par les États-Unis, s'en prendre à des diplomates viole le droit international et dépasse le droit de légitime défense. Non seulement, les victimes étaient des innocents, mais la majorité n'avaient rien à voir avec le conflit, puisque c'étaient des Africains. Et peut-être un certain nombre étaient-ils même des musulmans?

En sens inverse, les forces aériennes américaines s'en sont pris aussi à des innocents en Afghanistan et au Soudan, deux pays dont le tort principal était leur appartenance à l'Islam. Et à l'intérieur de l'Islam à la mouvance qui refuse de se plier aux diktats politiques de l'Amérique et qui résiste à l'entreprise d'occidentalisation qui séduit d'autres pays musulmans. Des missiles de croisière au nombre de quatre-vingts ont frappé des objectifs plus symboliques que réels. Le coût total des missiles s'élève à soixante millions de dollars. Lancer ce genre d'armes sur des pays aussi pauvres constitue un crime qui crie vengeance au Ciel. Avec soixante millions de dollars que ne pourrait-on pas faire pour nourrir les affamés au Soudan et pour instruire les illettrés en Afghanistan ? Les États-Unis ont violé le droit international alors qu'ils se considèrent d'une certaine façon comme la norme morale du monde et comme les gendarmes de la planète. Ils se sont livrés à des actes de guerre sur le territoire de pays avec lesquels ils ne sont pas en conflit.

Cependant cet épisode n'est que le dernier en date. Et très provisoirement sans doute. Il s'inscrit dans une longue chaîne de violences. Les épisodes les plus dramatiques sont les guerres au Liban, en Afghanistan, en Bosnie, au Kosovo, en Irak qui ont opposé ou opposent encore des chrétiens et des musulmans. De même les persécutions ouvertes ou larvées à l'égard des minorités chrétiennes sont multiples : au Soudan, au Pakistan, en Indonésie, aux Philippines. Le massacre en Algérie de plusieurs religieux européens (en 1994 deux religieuses et cinq religieux, en 1995 quatre religieuses, en 1996 les sept trappistes de Tibéhirine et l'évêque d'Oran) a déshonoré les GIA (groupements islamiques armés) et démontré l'incapacité du gouvernement algérien à assurer la sécurité intérieure. Malheureusement les victimes algériennes ont été encore plus nombreuses : il est devenu banal d'apprendre qu'un village a été encerclé par des tueurs du GIA et que des dizaines de victimes ont été égorgées, sans autre mobile que de répandre le désordre et la terreur.

La violence déborde même dans le monde occidental. L'écrivain Salman Rushdie fut l'objet d'une *fatwa* iranienne autorisant son exécution et rémunérant le tueur. En 1993 un attentat contre le World Trade Center à New York a causé trois morts : l'objectif était de faire s'écrouler symboliquement un des plus hauts bâtiments du monde au centre de la finance mondiale. Durant la fête de Noël 1994, un Airbus d'Air France est détourné, les passagers pris en otage, trois d'entre eux exécutés jusqu'à ce que le GIGN français donne l'assaut et tue les terroristes sur l'aéroport de Marseille, au vu et su de toute la France accrochée en direct aux écrans de télévision. En 1995 et 1996, le terrorisme algérien a mis Paris en état de siège pendant de nombreux mois. Le 17 août un attentat, avenue de Friedland fait dix-sept blessés. Le 28 août, le déraillement du TGV Paris-Lyon est évité de justesse. Le 29 septembre, un des terroristes, Khaled Kelkal, est exécuté presque en direct sur les écrans de télévision. Le 6 octobre, un attentat à la station de métro Maison-Blanche fait treize blessés. Le 3 décembre 1996, à la station Port-Royal, à l'heure de pointe de sortie des bureaux, une explosion fait quatre-vingt-deux blessés graves dont deux mourront.

Des patrouilles de CRS et de parachutistes ont arpenté les endroits stratégiques pendant de longs mois. Les poubelles ont été condamnées. Les sacs ont été fouillés à l'entrée des magasins. Paris s'est installé dans un état de siège, comme si la violence de la guerre civile algérienne avait le droit de s'imposer à l'ancienne puissance coloniale, tenue pour responsable du malheur de l'Algérie jusqu'à la consommation des siècles. Albert Camus, cet habitant d'Oran, tout aussi Algérien que les musulmans, avait déjà prédit à la fin de *La Peste* qu'un jour les rats ressortiraient des égouts et que la peste reviendrait dans les cités heureuses. Il ne croyait pas si bien dire. On semble revenu à l'époque des guerres de religion, des croisades et du *djihad*.

Moins dramatique mais tout aussi dangereuse est l'atmosphère de suspicion qui croît autour des communautés musulmanes expatriées en Europe. Les conflits liés au foulard islamique dans les écoles publiques françaises se répètent au point que le Ministère de l'éducation nationale rémunère une médiatrice spécialisée pour les dénouer. Abandonnés à eux-mêmes, incapables de s'insérer dans le monde du travail, de jeunes musulmans transforment certaines banlieues en enclaves sans loi que les employés des transports publics refusent de desservir. Tout devient occasion de conflit : la construction d'une mosquée en Occident (jamais facile même si elles sont nombreuses en France et en Europe) ou l'interdiction formelle d'ériger une église en Arabie Saoudite ; la prohibition de l'alcool pour les Occidentaux vivant dans certains pays de la péninsule arabique ; la demande de cimetières musulmans en Europe ; le sacrifice rituel de moutons en dehors du circuit autorisé des abattoirs. Sur ce terreau propice, les partis d'extrême droite, racistes et xénophobes, ont beau jeu de recruter des adhérents : dans une France comportant une minorité importante de plus de quatre millions de musulmans, souvent concentrés dans de véritables ghettos en périphérie de grandes villes, resurgit la vieille crainte d'un groupe inassimilable, menaçant la culture du pays, ses traditions ancestrales et les institutions de la République. Les musulmans, très souvent de nationalité française, jouent le rôle très inconfortable qui fut jadis celui des protestants ou des juifs.

La même situation prévaut en Belgique où un parti néo-nazi a emporté 28 % des voix dans le grand port d'Anvers sur la base d'un programme xénophobe, qui voue du reste à la même exécration musulmans, juifs et francophones, tous ceux qui ne rentrent pas dans le canon du bon Germain blond aux yeux bleus. L'Allemagne se montre toujours réticente à intégrer une minorité de près de trois millions de Turcs en assouplissant ses règles de naturalisation. La Suisse pratique une politique sélective d'immigration qui exclut pratiquement l'entrée de musulmans : selon son habitude, elle résout élégamment un problème en évitant de le poser.

Il ne sert à rien d'allonger cette liste. L'Occident se sent menacé par l'islam qui éprouve du reste le sentiment réciproque. Toutes les conditions d'un malentendu ou d'un conflit sont réunies en permanence. Tout se passe comme si les deux cultures n'avaient d'autre ressource que de se contredire, se dénigrer et se redouter.

Face à une telle incompréhension, à un tel déni du droit des gens et à une telle caricature des religions, le plus important consiste à interroger la foi elle-même. Qu'est-ce que la foi de l'islam dit face à ces manifestations de violence aveugle ? Qu'est-ce que la foi des chrétiens répond face à ces agressions mutuelles ? Quelle est la relation entre cette foi de l'islam et la foi des chrétiens ? Est-ce que ces religions seraient par nature opposées sur des points fondamentaux qui entraînent des conflits inévitables et récurrents ? N'existe-t-il aucun terrain d'entente ? Peut-on, au nom du même Dieu, se battre en prétendant chacun en être le propriétaire, obéir à sa volonté en massacrant et disposer de sa bénédiction jusque dans le meurtre ?

Les termes d'un conflit

Ceci est un livre de bonne foi et de bonne volonté. Il prend le contre-pied de l'attitude de méfiance et d'hostilité qui devient la règle. Il s'efforce de promouvoir une compréhension et un respect réciproques entre les deux cultures chrétienne et islamique qui se partagent le pourtour de la Méditerranée, ces vieilles terres de civilisation, arrosées de tant de larmes et de tant de sang, sources tout à la fois de sagesse et de folie. Sans oublier la troisième culture, le judaïsme, qui a constitué la matrice originale des deux autres monothéismes. Puisque les affrontements se font au nom de religions concurrentes, parlons de ces religions, prenons-les au sérieux, essayons de remonter à leurs racines les plus profondes.

Depuis l'effondrement du marxisme, l'Occident vainqueur n'a plus à craindre que ses propres excès et ne semble rencontrer plus d'autre contra-diction que celle de l'islam, en même temps religion et culture, indissocia-bles l'une de l'autre. La véritable opposition ne se situe pas vraiment entre deux religions concurrentes et divergentes. Il s'agirait plutôt d'un face-à-face entre, d'une part, l'Occident pratiquement athée, rationaliste, scientiste, mercantile, observant une religion de la consommation et du bien-être, de l'aujourd'hui et de l'ici-bas, niant toute transcendance, réduisant la morale à ce strict minimum qui assure pragmatiquement la stabilité des sociétés et, d'autre part, l'Islam demeuré massivement croyant au Dieu unique qui parle aux hommes par l'intermédiaire des prophètes et, surtout, par le der-nier de ceux-ci, Muhammad. Des sociétés qui prennent la foi au sérieux au point d'en imprégner toute la vie et de ne pas concevoir une morale, une économie, une politique qui ne trouvent leur source dans les enseignements du Livre révélé, le Coran.

Tels sont les termes d'un possible affrontement. Non pas entre des chré-tiens et des musulmans, mais entre deux univers, l'un niant pratiquement la transcendance et l'autre majoritairement attaché à la foi. On peut diffi-cilement imaginer de pires conditions pour un malentendu radical. Dans le premier, on estime que toute foi religieuse exprimée collectivement est quasiment de l'ordre du délire, de la manipulation par le clergé, de la sur-vivance d'une mentalité archaïque. Dans le second, on peine à comprendre que l'on puisse ne pas croire et on soupçonne l'Occident de vouloir imposer partout une révolte luciférienne, à la fois lucide et haineuse.

Pas de paix entre les peuples sans paix entre les religions

Ce livre est de bonne foi et de bonne volonté parce qu'il utilise un biais, le seul possible. Les deux auteurs sont tous les deux des croyants engagés. Dès lors, le fossé s'avère moins difficile à franchir. Chacun prend au sérieux la foi de l'autre et comprend qu'il faut partir de celle-ci pour comprendre tout l'être humain jusque dans ses manifestations les plus étranges. Tel a été le moteur de cette entreprise. Réduire patiemment les malentendus, évaluer lucidement les choix qui unissent et les nuances qui séparent.

Le souhait le plus cher des deux auteurs est que l'amitié, qu'ils ont nouée dans un travail commun, fasse école. Ils espèrent l'un et l'autre qu'un jour proche ou lointain ils retrouveront à Jérusalem tous les enfants d'Abraham – juifs, chrétiens et musulmans – pour défendre fraternellement tout ce qui les unit contre tout ce qui les menace. Ils s'associeront de fait à tous les êtres de bonne volonté qui, au nom de leur conscience, défendent le sens de la vie, la justice, le droit, l'égalité et le dialogue. Alors – et seulement alors ! – nous serons fidèles à la foi au Dieu miséricordieux, qui nous apprend non pas la vengeance mais l'amour et le pardon.

CHAPITRE 1

Une foi en Dieu
partagée par trois religions

L'unité fondamentale des trois religions monothéistes

JACQUES NEYRINCK En préparant ces entretiens, il m'est apparu que ce qui réunit juifs, chrétiens et musulmans est beaucoup plus fort que ce qui les sépare. Et ce qui les réunit, c'est la foi en un seul Dieu. Mais la méconnaissance réciproque constitue la règle plutôt que l'exception.

À titre d'exemple presque caricatural, le *Catéchisme de l'Église catholique*, publié en 1992 sous l'égide du Vatican, est un gros volume de sept cents pages où l'on peut trouver des références au judaïsme, à l'athéisme, au matérialisme mais aucune à l'islam qui est tout simplement ignoré. On réussit à faire comme si ce n'était pas la religion la plus diffusée dans le monde après le christianisme, comme s'il n'y avait aucun lien historique entre les deux religions. Il n'y a pas une seule citation du Coran ou du nom de Muhammad. Inutile de rappeler que la réciproque n'est pas vraie et que l'islam tient en grande vénération la personne de Jésus, abondamment cité dans le Coran.

Au départ, ce Dieu unique surgit au sein d'une libération du polythéisme, les religions tribales d'essence animiste qui existaient au Moyen-Orient et qui ont été remplacées par les trois grands monothéismes. Cette affirmation d'un Dieu transcendant et unique mérite aujourd'hui d'être répétée face aux idoles modernes, qui ne sont plus de petites divinités animistes, rurales et folkloriques, mais qui ont comme noms argent, technique, compétition, vitesse, mode, rentabilité.

Êtes-vous d'accord avec ce point de départ?

Tariq ramadan Je vous remercie de poser les termes d'un débat et d'un dialogue sur le terrain des bases fondatrices. Je crois que, effectivement, par rapport à tous les excès que l'on peut constater dans le monde d'aujourd'hui, et en particulier par rapport à l'islam, on est dans l'obligation de revenir aux principes fondamentaux. Une étude approfondie de ce qu'est l'islam dans la formulation première, dans sa traduction littérale, en fait de soumission au Dieu unique, nous permet de retrouver le souffle de tous les monothéismes. La révélation coranique se présente comme l'union et la réalisation de tous ces monothéismes des gens du Livre. Les gens du Livre, les juifs avec la personne de Moïse, les chrétiens avec la personne de Jésus, sont reconnus dans la tradition coranique. Considérer cette dimension de la foi met en évidence que ce qui nous unit, quant à la présence du Créateur et à la vision du monde qui en résulte, mais également en ce qui concerne la perception de la responsabilité humaine en face du monde et en face des hommes. C'est le socle intangible de tous les monothéismes. J'irais plus loin encore en affirmant qu'il est le tronc commun de toutes les spiritualités vivantes et actives qui donnent une dignité à l'homme dans son intimité et/ou sa foi.

J.N. Avant d'aller plus avant, il faudrait peut-être se mettre d'accord sur ce que c'est que la foi. Je voudrais citer une définition qui provient du reste d'un théologien chrétien, Hans Küng «Pour les juifs, les chrétiens et les musulmans, la foi signifie que l'homme ici et maintenant, avec tout ce qu'il est, avec toutes les ressources de son esprit, s'engage de façon inconditionnelle et s'en remet en toute confiance à Dieu et à sa parole.»
Est-ce un acte de foi auquel peuvent souscrire les musulmans?

T.R. Les propos de Hans Küng correspondent tout à fait à ce souffle de la foi et à son exigence devant le Créateur. La foi n'est pas simplement un sentiment vague, elle est un sentiment que nourrit une exigence devant Dieu. Nous sommes donc, sur ce point, en complète harmonie.

J.N. On pourrait entrer maintenant plus profondément dans le sujet en rappelant que ce Dieu unique auquel croient tous les gens du Livre – appelons comme ça tous les fils d'Abraham : juifs, chrétiens et musulmans – n'est pas le dieu des philosophes.

Ce n'est pas le dieu que découvre Platon, par exemple au terme d'une réflexion philosophique. Le dieu des philosophes est un principe, une métaphore, un postulat, tout ce que l'on veut mais pas une Personne.

Blaise Pascal a très bien fait la distinction dans son célèbre Mémorial où il dit : « Dieu d'Abraham, Dieu d'Isaac, Dieu de Jacob, non des philosophes et des savants. » Cette rencontre d'un Dieu vivant et personnel a marqué Pascal, philosophe et mathématicien, au point où il avait cousu un papier portant ce texte dans son habit. Un musulman préférerait peut-être une variante : « Le Dieu d'Abraham, d'Isaac et d'Esaü mais, à part ce détail, la formulation doit lui convenir.

Ce qui marque en commun les trois grandes religions monothéistes, c'est qu'elles s'adressent à un Dieu historique. Un Dieu, qui a pris ses responsabilités dans l'histoire, qui s'est manifesté à travers ses différents prophètes. Il n'est pas le résultat d'une élaboration intellectuelle par des gens très savants, il n'est pas le bouche-trou de nos ignorances scientifiques, il est tout simplement. Il n'est pas inventé par l'homme, il va vers l'homme et se manifeste à lui. L'homme découvre Dieu dans la mesure où celui-ci se révèle. La démarche de Dieu est première.

T.R. En tant que musulman la formulation pascalienne du Dieu d'Abraham, d'Isaac et de Jacob me convient tout à fait et elle apparaît en l'état dans le Coran. Quant à la distinction entre le dieu des philosophes et le fait de la révélation, elle est tout à fait appropriée et traduit parfaitement l'approche islamique. Pour le musulman, la révélation est fondamentale. Dieu se manifeste et se présente à l'homme par la voie du Livre révélé. La foi commence, ou plutôt se découvre, au sens littéral, au travers de l'acte de révélation et tous les Livres, selon la tradition musulmane, sont, dans le cycle des prophéties, une révélation que Dieu décide de faire à un moment donné de l'histoire des hommes pour en orienter les responsabilités.

Ce qui est à relever, c'est que nous admettions en tant que musulmans – comme c'est le cas dans toutes les autres traditions – qu'il y ait eu des modifications et des évolutions dans les prescriptions révélées. L'élément central qui jamais n'a changé tient au fait, selon la tradition musulmane, que tous les prophètes sont venus avec le message de l'unicité divine, *at-Tawhid*. Il est dit : « *Et Nous n'avons pas envoyé avant toi de Prophètes à qui Nous ne révélions : il n'y a de Dieu que Moi, adorez-Moi* ». C'est ce qui unit par nature les trois monothéismes. Il ne s'agit donc pas d'une pure construction intellectuelle, mais d'abord d'une révélation que viendra confirmer, a posteriori la faculté rationnelle en l'homme. Le Coran l'indique en permanence : la révélation vient confirmer l'intuition intellectuelle et ce particulièrement par les signes qui sont en nous et autour de nous. L'élaboration rationnelle confirme ensuite la vérité de ladite intuition.

L'idée contenue dans la formule le « Livre du monde », ou le « Livre déployé » devant nos yeux, qu'on retrouve d'ailleurs dans la tradition philosophique médiévale, existe dès l'origine en islam. Il y a en effet le « Livre révélé », qui est le livre que l'on reçoit. Et il y a le « Livre déployé », qui est la manifestation de la présence du Créateur par l'intermédiaire des signes émanant de la création mais également du plus profond de notre être. En fait, le terme arabe ayat, qui veut dire signe, indique tout à la fois les « signes » de l'intimité et du monde et les versets du Coran : c'est le même terme. De fait la correspondance entre les deux Livres est presque immédiate, en tous les cas naturelle. Tout participe à rappeler à l'homme, par les deux révélations, que quelque chose l'habite et le façonne.

J.N. Dans les trois traditions juive, chrétienne et musulmane, ce Dieu est aussi un Dieu Créateur. Ce qui veut dire qu'il est à l'origine de tout. Mais pas seulement comme quelqu'un qui a créé le monde et puis qui s'en est désintéressé. Dieu maintient le monde. Il le maintient en existence. D'une certaine façon, il agit continuellement à travers ce monde. Il est, si l'on veut une formule, coauteur de tous les actes de l'homme. Bien entendu comme l'homme est libre et responsable, celui-ci peut ne pas faire ce qui est attendu de lui. C'est bien cela ?

T.R. Tout à fait, même si l'idée spécifique d'un « Dieu coauteur des actes humains » est étrangère à l'islam. La tradition musulmane a d'emblée institué l'idée d'une création continuée avec la présence permanente de Dieu telle qu'on la retrouve plus tard dans la philosophie cartésienne par exemple. Dieu accompagne Sa création. En ce sens, pour le musulman et pour le croyant – d'un point de vue général – cette relation de Dieu au monde établit un double rapport de responsabilité et de confiance. Conscience de sa responsabilité et confiance en Sa bonté et en Son amour.

Les divergences entre les trois religions monothéistes

J.N. Puisque nous avons découvert les points de convergence, occupons-nous maintenant des points de divergence.

À l'intérieur de chacune des trois religions, il existe un point d'accrochage. Une idée sur laquelle les adhérents de cette foi se crispent : il leur semble que renoncer à cette idée reviendrait à perdre leur identité. Et cette idée est précisément inacceptable pour les deux autres religions.

Pour le judaïsme, cette singularité revient à dire que le peuple d'Israël est un peuple élu. Au fond, Dieu se révèle à travers une descendance humaine, tandis que le reste de l'humanité est exclu de cette révélation. Cela ne veut pas dire que les non-juifs soient damnés ou perdus pour autant. Mais il reste qu'un goy ne peut pas devenir juif. La conversion d'un non-juif vers le judaïsme constitue une entreprise extrêmement difficile. D'ailleurs les juifs n'ont jamais essayé d'entretenir une activité missionnaire d'envergure même s'il y a eu des conversions isolées.

Cette conception d'un peuple élu, d'un lien privilégié entre Dieu et un groupe humain, n'est évidemment pas acceptable pour les autres, les exclus de l'Alliance. Certainement pas pour l'islam qui rassemble des Arabes et des Persans, des Touaregs et des Soudanais, des Indiens et des Indonésiens, des Turcs et des Albanais, puisqu'il y a aussi des Européens qui sont musulmans. L'exclusivité d'un peuple élu n'est pas non plus acceptable pour les chrétiens, car le christianisme est né d'un mouvement de conversion où des païens grecs, romains et celtes ont adhéré au moins en partie à la tradition judaïque. Les chrétiens se sont approprié le monothéisme d'Israël en affirmant qu'ils accomplissent la promesse faite aux prophètes et que Jésus de Nazareth est le Messie qu'Israël continue à attendre.

Si l'on se tourne vers la foi chrétienne, on y découvre aussi un point central, qui constitue un sujet d'accrochage. Dieu incarné en la personne de Jésus constitue un concept inassimilable et inacceptable pour les deux autres religions. Dieu incarné en un homme est un blasphème pour les juifs, blasphème pour lequel Jésus a été dénoncé aux occupants romains qui l'ont condamné et mis à mort. Et c'est aussi un blasphème pour un musulman : Jésus de Nazareth est un prophète mais il n'est pas de nature divine.

Si on cherche le point central de l'islam, qui constitue la pomme de discorde avec chrétiens et juifs, j'ai le sentiment que cela tourne autour de la place éminente tenue par le Coran, parole textuelle de Dieu, à laquelle on ne peut rien retrancher ou ajouter. Serait-ce, à votre avis, le point sur lequel vous, en tant que musulman, vous ne transigeriez pas? Le point sur lequel vous vous sentiriez le plus différent des autres croyants au Dieu d'Abraham.

T.R. Vous avez justement traduit les choses quant aux positionnements respectifs des religions sur les points fondamentaux de divergence. On pourrait bien sûr aller plus loin dans les détails des désaccords et notamment entre l'islam, le judaïsme et le christianisme sur les questions importantes ayant trait aux Textes eux-mêmes, à la Loi, à la Trinité, à la grâce, etc. Mais l'essentiel est bien ce que vous avez mentionné.

J'ajouterai cependant qu'il y a une notion qui, pour les musulmans, fait problème; je veux parler du péché originel qui a un lien direct avec la conception de l'homme et la représentation de la personne de Jésus dans la tradition chrétienne. La question est centrale puisqu'elle entre en conflit avec le principe de l'innocence, lequel est au cœur de la conception islamique de l'homme: d'innocent, l'homme devient responsable; il ne se considère pas comme coupable de la faute d'un autre, en particulier de celle d'Adam.

En tant que musulmans, il est vrai qu'aujourd'hui, les éléments sur lesquels nous sommes le plus interpellés – en tout cas dans mon expérience personnelle – touchent à la place que tient le Coran dans notre religion puisqu'il est considéré par nous comme la Parole de Dieu telle qu'elle a été révélée, non pas simplement dans son sens, mais également dans sa forme, c'est-à-dire qu'il est sacré à tous points de vue (et ce même sur la façon dont on agit avec le livre physique dans notre quotidien). Un respect profond émane de notre lien au Livre, dans son contenu, dans sa forme, comme dans sa lecture et vous verrez, chez les musulmans, un grand égard par rapport au texte révélé.

Ici se pose la question de l'exégèse critique et scientifique et qui, somme toute, est un débat fondamental. Il m'est parfois arrivé, dans les discussions que j'ai pu avoir avec des amis chrétiens, de toucher à la limite d'un débat par ailleurs fort intéressant. C'est-à-dire qu'à un moment donné, la critique dite «moderne et scientifique» que l'on aimerait que je fasse du texte supposerait que je renie l'un des éléments fondamentaux de ma foi, qui est de considérer que le texte coranique est révélé et qu'il est la parole de Dieu.

Ce qui ne veut pas dire – et c'est ce que j'essaie toujours d'expliquer – que l'on s'impose une lecture littéraliste et figée. Bien au contraire, la Parole révélée exige une lecture et une compréhension toujours renouvelées à travers les siècles. Le texte reste néanmoins la référence en ce sens qu'il oriente et circonscrit forcément la lecture. Je l'ai dit, cette dernière n'est pas figée et c'est ce qui explique qu'il y a, chaque siècle, de nouveaux commentaires du Coran : un, deux, trois ou même davantage mais l'on ne va pas jusqu'à reconsidérer le statut de cette parole révélée. Ce qui m'amène encore, pour poursuivre, à discuter les interprétations que j'ai pu entendre chez un certain nombre de chrétiens dans les dialogues interreligieux et qui les amènent à dire : dans le christianisme, l'incarnation s'est faite par l'homme ; dans l'islam, l'incarnation se fait par le Livre. Le statut du Livre en islam n'a absolument rien à voir avec le statut de l'incarnation de Jésus dans le christianisme. Il convient de ne pas mélanger les références, même si l'on admet que le statut du Coran peut faire problème dans le débat interreligieux.

La place éminente du Coran dans la foi musulmane

J.N. Il est peut-être temps d'essayer de présenter le Coran, puisque les lecteurs ont probablement des idées assez imprécises à ce sujet-là. La forme définitive du texte du Coran a été fixée par un des premiers califes, qui l'a fait mettre par écrit et qui a fait détruire tous les brouillons antérieurs.

T.R. Selon la tradition musulmane, le texte du Coran a été élaboré en trois étapes principalement. La première étape de la constitution du texte a été réalisée à l'époque de la vie du Prophète. C'était d'abord une tradition orale mais déjà, selon les recommandations du Prophète, des scribes choisis par lui transcrivaient les versets révélés sur tous les matériaux à disposition, les omoplates de chameaux ou toute autre sorte de support. Pendant vingt-trois années, l'ange Gabriel transmit le texte au Prophète et chaque année, durant le mois de ramadan, il venait lui faire réciter l'ensemble du texte révélé jusqu'alors. Lors de la dernière année de la vie du Prophète, l'ange Gabriel le lui a fait réciter deux fois dans l'ordre et sous la forme que nous connaissons aujourd'hui.

J.N. À ce moment précis, le Coran est-il purement oral ?

T.R. Oral, oui mais accompagné des textes écrits sur les divers supports dont j'ai parlé. Des scribes, comme l'un des plus connus, Zayd Ibn Thabit, s'occupaient de retranscrire et de préserver les versets révélés. Après la mort du Prophète et particulièrement après la bataille de Yamama (en 633, une année après le décès du Prophète) qui a vu la mort de plus de soixante-dix personnes connaissant le Coran par cœur, il a été décidé sur une suggestion de Umar qu'il fallait réunir les feuillets épars et constituer un texte complet. Ce sera le premier *mushaf* (« réunion des feuillets ») qui sera déposé chez une femme, Hafsa, la fille de ce même 'Umar, qui sera le deuxième calife.

J.N. Il existe toujours matériellement ?

T.R. Il existe encore une étape entre ce texte initial et ceux que nous avons aujourd'hui. Le troisième calife Uthman voyant, avec la dispersion des musulmans, que les lectures commençaient à diverger, a fait copier des exemplaires du Coran à partir de l'original de Hafsa et les a fait distribuer dans l'ensemble du territoire musulman en exigeant que ce texte soit désormais la référence. Nous sommes alors en 653, vingt ans après la mort de Muhammad. Le texte que nous avons aujourd'hui est issu de ces copies elles-mêmes fondées sur l'original de Hafsa.

J.N. À cette époque, entre 650 et 660, un certain nombre de copies sont diffusées. Bien entendu, ces copies sont manuscrites.

T.R. La fixation de la référence écrite date de 633 déjà et la diffusion va effectivement courir jusqu'en 660 et même au-delà dans l'ensemble du territoire musulman. Pour nous, ce qu'il reste est bien la transcription d'Uthman.

J.N. Quels sont actuellement les plus anciens manuscrits dont nous disposons ?

T.R. Les avis sont divergents. Il existe la copie dite « de l'Imam » qui aurait appartenu à Uthman lui-même, tué, selon la tradition, alors qu'il la lisait. Elle est aujourd'hui en Turquie et daterait des années 650. Des expertises ont confirmé le caractère plausible de cette datation. Il existe une autre copie, celle de la Bibliothèque nationale égyptienne qui daterait de l'an 688, soit cinquante-six ans après le décès du Prophète, et qui a dû être constituée sur la base du manuscrit d'Uthman. D'autres fragments anciens existent de façon éparpillée à travers les musées du monde en Syrie, en Égypte, en Afrique du Nord, etc.

J.N. Ce manuscrit est conservé actuellement à la charge de qui? Des États, d'une autorité religieuse, d'une université?

T.R. Ce sont les États qui, par l'intermédiaire de leurs institutions religieuses et/ou de leurs musées, préservent ce patrimoine musulman. À partir de l'époque ottomane, on a beaucoup travaillé à la conservation du patrimoine.

J.N. Donc, on dispose très rapidement d'un témoignage écrit, matériel, d'un manuscrit, trente à quarante ans après la mort du Prophète, qui se situe en 632. La coïncidence est-elle parfaite entre toutes les copies qui ont été faites de ce manuscrit original?

T.R. Dès l'origine la possibilité de copier le Coran fut donnée de façon très restreinte. Il en va de même aujourd'hui : aucun Coran ne peut être édité sans avoir reçu l'*imprimatur* et ce, après une relecture scrupuleuse par les institutions spécialisées. Le texte est donc le même aujourd'hui et les différences que nous constatons tiennent à la graphie, au mode de transcription, à l'apparition des signes diacritiques mais, hors cela, le texte est le même.

J.N. Cette cohérence des textes disponibles résulte donc de la rapidité avec laquelle il a été fixé. À titre de comparaison, les meilleurs manuscrits du livre d'Isaïe dans la Bible dataient du VIIe ou VIIIe siècle de notre ère, jusqu'à ce qu'on retrouve à Qumran un manuscrit datant de 200 av. J.-C. On a découvert des variantes importantes entre ces deux versions manuscrites d'Isaïe. Cela n'a rien d'étonnant lorsque l'on compare deux copies faites à mille ans de distance. Copier et recopier un texte entraîne inévitablement des infidélités, volontaires ou non d'ailleurs. Nous sommes tellement habitués à la photocopieuse que nous avons tendance à oublier cette limitation dans la transmission des textes par les méthodes de l'Antiquité.

T.R. Il peut effectivement s'agir d'une question de rapidité de transmission. Cependant, pour un musulman, il trouve dans le Coran l'idée que Dieu a fait descendre le « souvenir » (*adh-dhikr*) – c'est un des noms du Coran – et qu'il a fait en sorte que celui-ci soit conservé dans le texte originel. Pour nous, ce fait est un des signes qu'il est le dernier texte révélé, confirmé dans sa forme originelle et ce, pour tous les temps. Le texte et sa force évocatrice, pourrait-on dire, confirment la confiance née de la foi.

J.N. On retrouve du reste une attitude identique chez des fondamentalistes chrétiens qui prennent le texte de la Bible au pied de la lettre et se refusent à l'interpréter. Ils sont extrêmement choqués quand on leur dit qu'il y a non seulement des variantes entre différents manuscrits mais aussi, au fil des copies, des ajouts qui sont parfois importants.

Ainsi le seul texte mentionné par l'Évangile où Jésus dit explicitement qu'il est le Fils de Dieu est considéré comme apocryphe par les exégètes contemporains. Il ne faisait pas partie des Évangiles originaux. Cela a quelque importance quand on songe qu'il s'agit précisément du point d'accrochage entre chrétiens d'une part, juifs et musulmans, d'autre part.

T.R. Il est important, au moment où vous faites le parallèle avec la tradition fondamentaliste, de préciser un point central car il existe ici une différence radicale qui exige que l'on se décentre quelque peu de la seule histoire du christianisme et de son rapport au texte. La position étroite et fermée que l'on pourrait trouver chez certains musulmans n'est pas fonction du fait de dire : c'est un texte révélé auquel on ne touche pas. Sur ce point, il y a dans la communauté musulmane une position qui est de l'ordre du consensus général. Dire cela ne signifie pas qu'on se prive de l'interpréter et on trouvera de nombreux ulémas disant : c'est un texte révélé, mais nous sommes dans l'obligation de produire une interprétation, certains passages nous y obligent du reste. On se doit d'établir des normes interprétatives.

On perçoit ici un décalage par rapport à la tradition fondamentaliste chrétienne. Le caractère absolu n'empêche pas la relativité et le renouveau de l'interprétation, au contraire, il tend à en faire un impératif de la fidélité au texte. L'interprétation n'est certes pas libre mais elle ne peut faire l'économie du contexte de vie des hommes qui se penchent sur le texte. C'est donc un travail de rapport permanent entre le texte et le contexte qu'on ne trouvera pas chez les fondamentalistes chrétiens et qu'on ne trouvera d'ailleurs pas chez un certain nombre de musulmans, qui ont effectivement une lecture très traditionaliste, très littéraliste.

J.N. Dans la tradition musulmane, il existe un grand respect pour les sciences et pour le travail intellectuel. La foi de l'islam n'est absolument pas irrationnelle. En revanche, il existe une certaine expression outrée de la foi chrétienne qui consiste à dire « *credo quia absurdum* » ou encore « je crois parce que cela me paraît absurde ». Ce genre d'argument est inadmissible pour un musulman. Il ne croit pas parce que la foi est absurde, mais parce qu'elle est praticable et raisonnable. Sur les points de morale ou de droit où le Coran ne prescrit rien, il appartient à l'intelligence humaine de s'exercer par analogie avec les grandes orientations transmises par le Prophète. Tels sont les grands principes de la lecture du Coran.

Parlons encore brièvement de la langue utilisée. Bien entendu, c'est l'arabe d'un bout à l'autre, un arabe classique, qui demeure la norme de la langue. Elle a dérivé depuis le VIIe siècle, elle a éclaté en toutes sortes de dialectes qui rendent une discussion difficile entre un Tunisien et un Saoudien : ils risquent fort de finir par discuter en anglais.

Il est tout de même frappant de découvrir un auteur utiliser une langue aussi parfaite, car il ne s'agit pas d'un intellectuel. De son métier, Muhammad est un caravanier, l'équivalent à l'époque de ce que serait aujourd'hui le patron d'une petite entreprise de transports routiers, un homme affronté à une vie difficile et dangereuse, pas un lettré enfermé dans son cabinet. La qualité du texte est évidemment surprenante. Selon la tradition, Muhammad a retenu par cœur les paroles qui lui ont été dictées par un messager céleste. Il s'agit donc au départ d'une littérature orale qui a ensuite été mise par écrit par des scribes puisque le Prophète ne savait pas écrire. Est-il l'auteur du texte ou est-il simplement celui qui transcrit ?

T.R. Il ne fait que répéter ce qu'il reçoit. Il n'en est pas l'auteur. Pour les musulmans, c'est Dieu qui parle dans la forme comme dans le fond du texte et c'est pourquoi nous sommes parfois gênés, en situation de dialogues interreligieux par exemple, lorsque nos interlocuteurs disent, en se référant au Coran, «Mahomet a dit». C'est gênant, mais on le comprend à la lumière de la tradition de l'autre. Pour nous donc, le texte fut révélé en l'état et le Prophète n'en fut que le dépositaire et le transmetteur.

Il y a un consensus parmi toutes les traditions et écoles islamiques: le miracle de l'islam est essentiellement le Texte, dans sa forme, son contenu, son rythme et l'énergie spirituelle qui s'en dégage. C'est un texte qui manie une langue parfaite. Sur le plan grammatical, il est la référence de la langue arabe classique de même que de tous les dialectes qui en sont issus. La référence de l'arabe classique en matière de morphologie, de grammaire, c'est le texte coranique. En sus, ce qu'il dégage sur le plan émotionnel et spirituel, lorsqu'il est psalmodié, confirme pour le croyant le miracle de sa révélation.

Le travail d'interprétation du Coran

J.N. Depuis deux siècles la Bible a fait l'objet de nombreuses études philologiques qui ont permis de mieux comprendre comment elle a été décrite. Même à l'intérieur d'un livre présenté comme l'œuvre d'Isaïe ou de Jean par exemple, on a découvert qu'il y avait eu plusieurs auteurs. De même en comparant les manuscrits, en se fiant à l'analyse de la langue, on sait mieux aujourd'hui ce qui fait vraiment partie du texte original et ce qui a été rajouté par la suite. Cette vaste entreprise d'exégèse a profondément modifié le rapport que les chrétiens entretiennent avec leur livre saint. Une étude de ce type est-elle concevable pour le Coran?

T.R. On touche là au point central. C'est-à-dire que vous énoncez ce qui, pour un musulman, est considéré comme mettant en cause l'un des éléments de sa foi: je l'ai dit, le texte révélé est d'origine divine. Il existe, bien sûr, des études sur la langue, sur la contextualité des révélations et bien d'autres domaines, mais jamais au point d'aller jusqu'à supposer l'intervention de plusieurs rédacteurs puisque que cela participe de la foi fondamentale du musulman de penser qu'il est l'expression de la révélation du Dieu unique. On ne va donc pas jusque-là. Il faut cependant dire que le travail d'interpréta-tion, de compréhension et d'analyse ne cesse d'être poursuivi, afin de rendre le texte accessible, audible, présent à l'intelligence des hommes qui le lisent à travers les siècles. C'est sur ce point que l'on peut parler de renouvellement et de dynamisme permanent dans le rapport au texte. Sur le plan social, comme sur le plan moral comme encore sur le plan des sciences.

J.N. Quelle différence par rapport au texte du Nouveau Testament! Dans sa version originale, il est rédigé en koïné, une sorte de grec de très mauvaise qualité, qui est l'espèce de sabir qu'on utilise à travers le Moyen-Orient, pour communiquer entre les différentes cultures. Le texte de l'Évangile de Marc, d'après ce que je me suis laissé dire, est un texte écrit par un homme du peuple qui ignore certains modes et temps des conjugaisons, tout comme aujourd'hui le subjonctif n'est plus utilisé dans la langue populaire française.

On peut peut-être rappeler aussi que le texte du Coran est intraduisible par définition, quand bien même il se publie des traductions qui ne font absolument pas foi. Dans vos livres, par exemple, vous utilisez toujours le texte original en arabe en le faisant suivre d'une traduction en français. Est-ce qu'il n'y a pas une sorte de purisme à l'égard d'un texte, certes précieux et respectable, mais qui n'est en dernière analyse qu'un moyen parmi d'autres pour attester la foi? Dieu ne parle ni hébreu, ni grec, ni arabe. Il parle aux hommes qui essaient ensuite de transmettre le message qu'ils ont reçu en utilisant des mots humains, bien pauvres et insuffisants.

T.R. Il est vrai qu'une traduction n'est pas « le Coran ». Cependant la possibilité de traduire le texte est offerte et il faut s'y engager. C'est un travail que l'on a très vite encouragé dans la tradition musulmane et particulièrement quand l'expansion musulmane s'est réalisée. On doit pourtant reconnaître un point fondamental : la traduction n'est pas le Coran, elle en est déjà l'interprétation, puisque traduire, c'est interpréter. Toute traduction doit mettre en avant la marge interprétative qui est la sienne, raison pour laquelle je m'astreins à cette démarche méthodologique qui consiste à placer les versets en arabe avant la traduction française ou anglaise. Ce me semble un bon rappel pour le lecteur.

Il ne faut pourtant pas être rigide et les citations immédiates en langues européennes n'ont rien de sacrilège et il m'arrive souvent, dans les articles ou même certains ouvrages, de procéder par traduction immédiate. L'important reste la fidélité pointilleuse au sens et de rappeler que les déficiences sont dues aux traducteurs, non pas au texte original. Aujourd'hui, il existe de nombreuses traductions françaises. Aucune n'est totalement parfaite, mais l'on peut s'y référer pour accéder au texte : elles permettent une première approche et sont nécessaires.

J.N. Et, en particulier, une aide indispensable à la propagation et à la conservation de la foi parce qu'on ne peut pas supposer que tous les musulmans maîtrisent parfaitement l'arabe. Ne parlons même pas de l'Indonésie ou de la Bosnie. Mais même dans le Maghreb, on fait répéter dans les *medersas* aux enfants des versets coraniques en arabe classique, qu'ils sont donc capables de lire, mais leur langue orale, utilisée tous les jours en famille, est très loin de l'arabe classique.

T.R. Il y a effectivement de grandes difficultés dans la capacité à interpréter ou à comprendre les textes. Plus encore aujourd'hui qu'hier. On doit avoir recours à l'explication et au commentaire. Le texte est compris dans sa globalité mais beaucoup d'éléments de détail échappent à la compréhension. Ce qui touche beaucoup, c'est également le rythme et la psalmodie. On ne trouve pas cela dans les traductions, mais dans la langue arabe, ce fait est patent et la tradition musulmane met en avant les lecteurs du Coran qui ont la capacité de restituer la force émotionnelle qui réside en lui.

J.N. Il existe, dans la tradition chrétienne, au moins deux textes analogues : d'une part la Bible de Luther, qui a servi de norme pour la langue allemande ; d'autre part, en anglais, la version de King James, que tous les anglophones utilisent. En français, c'est le travail que l'on a essayé d'entreprendre avec la Bible de Jérusalem, où l'on a sollicité des poètes, pour avoir finalement un texte compréhensible, lisible et beau. Mais il est déjà remplacé par la TOB (*Traduction œcuménique de la Bible*).

Résumons-nous : face au texte du Coran, l'attitude du musulman est un travail d'interprétation. Mais jamais un travail de critique historique, qui serait considéré comme blasphématoire ? Est-ce que l'on peut aller jusque-là ?

T.R. Oui, mais il faut prendre garde à la formulation. Comme je l'ai dit, c'est là un des éléments fondamentaux de la foi mais le terme « blasphème » est un terme qui est connoté dans une tradition spécifique. Difficile de l'exporter comme cela. Je crois qu'effectivement le type d'analyse critique qui enlèverait, ou nierait, au texte son caractère de révélation divine mettrait son auteur en marge des fondements de la tradition musulmane. Ce point est effectivement essentiel.

J.N. Ce rapport révérencieux à l'égard du texte a constitué aussi la norme dans l'Occident chrétien. La toute première personne qui a essayé de faire de la critique biblique, un prêtre de l'Oratoire, Richard Simon, au XVIIᵉ siècle s'est heurté à un prélat aussi connu que Bossuet. Il est clair à cette époque que les livres sacrés, non traduits et intraduisibles, constituent l'assise du pouvoir monarchique : moins le peuple est capable d'accéder au texte, mieux cela vaut pour entourer d'une aura de mystère un pouvoir sacralisé. Louis XIV tient prétendûment son pouvoir directement de Dieu. À la même époque, les chrétiens réformés ont accès au texte traduit en langue vulgaire. Dès la seconde moitié du XIXᵉ siècle, Adolf von Harnack et puis Rudolf Bultmann vont se livrer à un travail de relecture de la Bible à la lumière de l'exégèse historique et critique. Mais cela a été très mal reçu aussi bien par les fondamentalistes protestants que par les intégristes catholiques : beaucoup de gens tiennent à prendre la Bible au pied de la lettre.

Face à cette situation, on se demande s'il ne serait pas important – et cela commence à se faire, bien entendu – qu'il y ait à la fois des islamologues chrétiens, c'est-à-dire des chrétiens qui essaient de se pénétrer de l'islam, qui fassent une étude du Coran avec des yeux chrétiens, et en sens inverse, des christologues musulmans, c'est-à-dire des intellectuels musulmans qui essaient de pénétrer d'abord la Bible hébraïque et puis l'Évangile.

D'une façon comme d'une autre, il faut bâtir un pont, parce qu'on ne peut pas organiser une société vivable s'il n'existe pas une connaissance et un respect réciproque.

T.R. Votre intervention m'amène à préciser deux ou trois points. Le premier relève d'une situation à laquelle je fais face très souvent. J'aimerais donc y répondre de façon claire. Elle tient dans l'opinion que les différences ne sont rien d'autre qu'un retard dans le temps. Du style : « Nous aussi, il fut un temps où l'on ne remettait pas en cause le statut du texte révélé et puis on en est revenu. Aujourd'hui, seule compte l'étude scientifique. »

Ce propos laisse entendre qu'en fait, en matière religieuse et culturelle, l'islam et les musulmans sont en retard, doivent encore évoluer vers cette attitude critique qui serait devenue la norme universelle de la modernité. Je peux comprendre, compte tenu de l'histoire de chaque civilisation, que l'on ait cette attitude. Elle est naturelle et humaine mais elle n'est pas, elle-même, très scientifique. Il faut que les bases du dialogue soient claires et si, par exemple, je dis d'une conception qu'elle participe du fondement de ma foi, on serait malvenu, et injuste, de dire que ce que je crois n'est que l'expression de mon retard et qu'il me faut évoluer. Comme si la norme de la seule bonne « conviction moderne » était entre les mains d'une histoire particulière, ici celle de l'Occident.

Il ne faut pas confondre la situation du monde musulman, sur le plan économique, qui relève du sous-développement le plus explicite, avec l'idée d'un sous-développement religieux et culturel. Le glissement est dangereux et infondé et tend à laisser croire que la discussion ne sera possible que quand, enfin, les musulmans auront vécu ce que nous, les Occidentaux, nous avons vécu. C'est une sorte d'universalisation d'une histoire particulière et, en aval, de ses valeurs et de ses méthodes.

Je crois qu'il faut comprendre que nous avons là deux sphères de civilisation, deux religions, si l'on parle du christianisme et de l'islam, qui ont des fondements différents et des histoires spécifiques. L'une n'est pas le paramètre de l'autre même si économiquement elle est en avance. Chacune doit réussir à trouver les modalités qui lui permettront de faire face à la modernité, sans que cela signifie remettre en cause un élément de sa foi, de son être, de son identité. J'ai souvent expliqué à mes amis chrétiens, juifs et humanistes : Attention ! Vous ne touchez pas là à un élément qui évolue avec l'histoire, vous touchez là à un élément qui est l'essence d'une foi. La question est de savoir si les musulmans peuvent, avec la foi qu'ils ont en un texte révélé, faire face aux défis du monde moderne et au pluralisme et ce alors même qu'ils pensent l'absolu de leur référence. C'est un premier point.

Le deuxième élément sur lequel vous concentrez votre question – à savoir cet échange qui devrait exister – me paraît une démarche fondamentale. J'ai l'impression, malheureusement, qu'il fut un temps où l'on était plus avancé dans ce dialogue que nous le sommes aujourd'hui et ce, pour deux raisons. D'une part, les orientalistes que nous avons connus au début du siècle maîtrisaient la langue arabe et avaient une très bonne connaissance du monde musulman. Des personnalités comme Massignon, Berque, Laoust ou Gardet étaient des intellectuels qui avaient un degré de maîtrise de la langue arabe et une compréhension de la logique interne des références musulmanes qui n'ont malheureusement plus rien à voir avec ce que j'appelle aujourd'hui «les nouveaux spécialistes de l'islam». Ces derniers sont malheureusement trop exclusivement occupés à l'analyse sociale et politique des mouvements islamiques. Il reste que nous avons un besoin urgent de ce dialogue et bien en amont des logiques sociales : il faut d'abord s'assurer de la bonne compréhension mutuelle des références religieuses et culturelles (c'est d'ailleurs ce que nous sommes nous-mêmes en train de faire). Commencer un ouvrage comme nous le faisons, c'est commencer par le commencement, le vrai commencement, le vrai dialogue, sinon on se perd trop vite dans des analyses dérivées et déjà trop orientées vers le politique ou le social.

Je crois que, de la même façon, les musulmans feraient bien d'aller dans ce sens. Lors de mon récent séjour en Angleterre, j'ai pu me rendre compte que trois ou quatre étudiants musulmans se sont désormais engagés dans des études théologiques chrétiennes. C'est relativement peu mais c'est intéressant parce que les musulmans ont une vision de la théologie et de l'approche chrétienne parfois très caricaturale, comme s'il ne s'agissait plus que d'une démission devant l'idéologie moderniste, comme s'il ne restait plus rien de la foi chrétienne. Impression à laquelle il faut ajouter une interprétation de la Trinité qui n'a plus grand-chose à voir avec ce qu'un chrétien en dit. Je crois que le minimum de ce que l'on a à faire quand on se respecte, c'est de savoir ce que l'autre dit lui-même de sa foi, puisqu'on aimerait qu'il entende ce qu'on a à dire, nous, de la nôtre. Vous avez donc parfaitement raison. Il faut mettre en évidence, et avec force, le déficit de dialogue profond et constructif… parce que le dialogue qui se borne à analyser les seules situations politiques ne peut mener à ce respect.

Le rapport entre les religions : l'islam victorieux

J.N. Je propose de clôturer le chapitre du Coran : il s'agit bien d'un point d'accrochage, car l'islam tient comme sa vérité la plus précieuse que ce livre a été dicté par Dieu lui-même à Muhammad et que rien ne peut être changé au texte qui doit être rigoureusement suivi dans ses prescriptions. Face à ce roc de la foi musulmane se situent les deux autres fois monothéistes qui se sentent menacées. L'islam est une religion monothéiste, qui est centrée sur la réussite du Prophète. Le christianisme prend sa source dans la mort de Jésus même si celle-ci est ensuite abolie par la résurrection de Pâques. Le peuple juif a traversé une longue histoire de défaites et d'exil : sa réussite actuelle est d'autant plus précaire qu'elle repose sur l'affrontement avec le peuple palestinien, majoritairement musulman mais aussi chrétien. D'un côté donc la réussite terrestre, des deux autres côtés, l'échec perpétuel.

Rappelons le cadre historique : le Prophète est né en 570 ; en 610 commence sa mission ; en 622 a lieu l'Hégire, l'exil des musulmans persécutés à La Mecque et partis se réfugier à Médine ; le Prophète meurt en 632 ; l'expansion de l'islam est absolument prodigieuse, puisqu'en 732 a lieu la bataille de Poitiers.

Un siècle après la mort du Prophète, il y a déjà une armée musulmane, qui se trouve au centre de la France. À ce moment-là, au bout d'un siècle, toute l'Afrique du Nord est devenue musulmane. Tous les habitants ne sont pas encore convertis, mais ils vont le faire petit à petit. Toute l'Espagne est également au pouvoir de l'islam même si nombre d'espagnols demeurent chrétiens ou juifs. Jérusalem, la Palestine, la Syrie sont conquises par les armées arabes.

Il reste, bien entendu, ce qui est maintenant la Turquie, l'Anatolie, qui est toujours entre les mains de Byzance, héritière de l'Empire romain. Il reste l'Empire perse, qui était encore en bloc zoroastrien (religion de Zarathoustra, prophète ayant vécu aux alentours de 600 av. J.-C.). Mais le monde musulman est gigantesque, à peu près la moitié du rivage de la Méditerranée et il s'organise en un siècle. Quelle est la raison de cette expansion rapide ?

Dans une vision caricaturale de l'histoire, on présente souvent cette expansion comme le résultat d'une conquête guerrière faite de massacres, de pillages et de conversions forcées. Cela fait partie de l'image classique d'un islam conquérant et violent.

Cette image sommaire ne tient pas la route. Comment imaginer que quelques tribus de bédouins et quelques villes de la péninsule arabique aient réussi à conquérir la moitié de l'ancien Empire romain contre le sentiment des populations. Très rapidement, l'islam convertit les populations locales, les chrétiens du reste mais pas les juifs. Des minorités chrétiennes ont d'ailleurs subsisté à travers tout le Moyen-Orient et en Égypte, ce qui prouve que les conversions n'ont pas été systématiquement imposées. Il y a donc une énigme : pourquoi les chrétientés au contact de l'islam se sont-elles si facilement converties ? Qu'est-ce qui les rendait si fragiles ?

L'épopée de l'islam au VIIᵉ siècle a donc plusieurs faces : elle est à la fois religieuse et politique bien plus que militaire. Le Prophète est un vainqueur. Si on s'intéresse par contre au fondateur du christianisme, on peut dire que la vie de Jésus est un échec. Il meurt de façon infamante au point que c'est insupportable pour l'islam. Jésus fait partie des Prophètes, au même rang que Noé, que Moïse et plus tard que Muhammad. Le Coran explique donc que les juifs croient avoir mis Jésus à mort, mais qu'en réalité Jésus est enlevé au Ciel par Dieu.

T.R. Oui. Tout à fait. L'épisode de la crucifixion et de la mort de Jésus tel qu'il apparaît dans la Bible n'est absolument pas confirmé dans le Coran, au contraire. Comme vous l'avez dit, il leur apparaît (*shubihha lahum*, selon la formule coranique) qu'ils ont tué Jésus mais ce n'est pas le cas. Dans la tradition musulmane, cet épisode, la crucifixion, ne concerne pas la personne de Jésus. Le Coran confirme son statut de Prophète et d'envoyé de Dieu mais point cet épisode-là, ni la thèse de sa nature divine. Par ailleurs le cri de Jésus en croix « Mon Dieu pourquoi m'as-tu abandonné ? » rapporté par l'Évangile, révèle un paradoxe en totale opposition avec le message coranique.

J.N. Il y a quelque chose de fondamentalement optimiste dans l'islam, par opposition à un certain pessimisme chrétien.

Le mythe chrétien de la culpabilité universelle

J.N. Venons-en à ce que vous avez évoqué plus haut, le mythe du péché originel. Je dis bien mythe du péché originel, parce qu'on peut tourner la Torah dans tous les sens, nulle part l'expression « péché originel » n'y est utilisée. Selon le récit, Adam et Ève commettent une faute, qui est au fond la représentation de toutes les fautes que les hommes commettront plus tard. Cela signifie fondamentalement que l'humanité est faible et pécheresse. Dans la Torah, Adam et Ève sont expulsés du Paradis terrestre, Dieu les rejette, les maudit et ne laisse même pas entendre sur le moment qu'il y aura un rachat par Jésus.

Ce rachat par la mort de Jésus est du reste, même pour les chrétiens, difficilement compréhensible dans la mentalité actuelle. On ne comprend plus aujourd'hui que Dieu veuille la mort soit d'un Prophète, soit de son propre Fils, pour apaiser son courroux. Un tel Dieu se comporte comme un tyran de l'Antiquité. À l'époque de la rédaction des Évangiles, la culpabilité n'était jamais individuelle mais collective. Toute une famille payait pour la faute d'un de ses membres. Dans les régions les plus arriérées de la Méditerranée, cette tradition a été maintenue, en Corse, en Sicile, au Mont-Liban.

On trouve, dans les cérémonies et dans les textes chrétiens, beaucoup d'allusions à ce mythe du péché originel, qui est un mythe absolument horrible. Dans le Coran, qui raconte la même histoire du péché d'Adam et d'Ève, prototype du péché de tous les hommes, Dieu leur pardonne instantanément. Les chrétiens et les juifs disent bien que Dieu est miséricordieux, mais il a l'air d'être un petit plus miséricordieux dans l'islam que chez les chrétiens.

T.R. La façon dont vous venez de rapporter les histoires respectives ayant trait à Adam et Ève est tout à fait correcte. En allant plus loin dans l'analyse comparative, on peut dire que l'on touche là un point fondamental sur lequel j'insiste beaucoup. Il s'agit aussi de la notion de tragique qui naît de l'incompréhension qu'on ne peut manquer d'éprouver en face du récit de la Bible. On se dit presque naturellement : mais comment Dieu a-t-il pu vouloir cela ? Par rapport à la tradition musulmane, deux éléments m'apparaissent importants en amont de l'histoire d'Adam et d'Ève qui vont expliquer ce qui s'apparente à l'optimisme de l'islam dont vous parliez et que j'associe, par opposition au tragique chrétien, à la confiance et à la sérénité intérieure.

Dans la tradition musulmane, à l'origine de la création, l'humanité entière, tirée des reins d'Adam, est présente et témoigne de la réalité d'un pacte originel entre Dieu et l'humanité. Dieu fait attester les hommes : « Ne suis-je pas votre Seigneur ? » Et toute l'humanité va répondre : « Certes, nous l'attestons. » Cet épisode de la création est très important pour comprendre tout ce qui vient en aval. Pourquoi ? Parce ce que selon la tradition musulmane il existe, dans le cœur de chaque être, une aspiration naturelle vers la transcendance (*fitra* en arabe). Elle pourrait s'apparenter à l'idée énoncée par Mircea Éliade, bien que par incidence seulement, lorsqu'il affirme que la dimension spirituelle participe de la structure de la conscience humaine. En islam, cette dimension existe dans le cœur de chacun et même de celui qui plus tard la niera. L'aspiration vers le transcendant reste. En d'autres termes, la foi n'est pas quelque chose qui s'ajoute, mais quelque chose qui préexiste et qui peut se voiler. C'est un point fondamental sur lequel on n'insiste pas assez alors qu'il met en évidence une conception très particulière de l'homme.

La foi originelle peut donc être voilée et, de fait, découvrir la foi, c'est dévoiler, re-trouver. C'est une opposition complète avec la tradition philosophique rationaliste jusqu'à Camus qui dit : la foi est un saut, de la raison à autre chose. Kant ne disait pas autre chose quand il affirmait qu'il devait laisser le savoir pour s'occuper de la croyance. En islam, la géographie des facultés est différente et il ne s'agit jamais de « sauter » plus loin, dans une sphère de la connaissance intrinsèquement et qualitativement différente ; bien au contraire, il s'agit de revisiter, de revenir à la nature profonde du cœur qui « *souffle quelque chose* » avant que la raison n'élabore une quelconque construction de vérité scientifique. La différence est de taille.

Si l'on revient à Adam, un éclairage nouveau se révèle : la foi, originelle et confirmée, ne prévient pas de la faute. Mais qui a confiance, après la faute, trouve le pardon. La confiance est omniprésente parce que l'élan vers Dieu est un souffle naturel et que l'homme sait tout à la fois sa responsabilité première et sa fragilité. Il y a un lien indissociable entre le sentiment de responsabilité et la confiance envers Dieu et Son pardon : par la nature même de l'homme et dès l'histoire de l'origine. On peut ici exprimer le deuxième élément fondamental qui découle de cette perception : l'humanisme islamique est fondé sur une conception de l'innocence originelle de l'homme. Il est innocent par essence et ne devient responsable qu'à partir de l'âge de raison, l'âge de la conscience. Jusqu'alors il est en harmonie avec la création comme l'oiseau et la nature le sont. C'est une participation et une soumission naturelles à l'ordre de la création qui précèdent la soumission de la conscience et de la volonté de l'être qui se distingue par sa liberté. Dans les deux cas, le même terme est employé dans le Coran, *islam* (littéralement, « soumission »).

C'est une religion qui fonde la responsabilité sur la confiance et cette dernière sur l'humilité, jamais sur la culpabilité. Ce rapport à la culpabilité originelle n'existe pas en islam.

J.N. Le christianisme a fonctionné pendant des siècles comme une religion de la culpabilité. Cette attitude est devenue difficilement acceptable aujourd'hui. Peut-être à cause de la sécularisation, qui semble représenter une sorte de révélation à l'intérieur de la révélation chrétienne, un aboutissement tardif par lequel les chrétiens finissent par se pardonner à eux-mêmes d'exister. On ne culpabilise plus beaucoup aujourd'hui. L'utilisation de la confession devient exceptionnelle.

Il y a tout de même eu, dès le départ, deux interprétations chrétiennes de la venue de Jésus. Il y a l'interprétation majoritaire : le rachat d'une faute cosmique, rachat qui doit être sanglant, qui n'est que partiel. Par ailleurs une interprétation plus optimiste, celle d'Irénée de Lyon, par exemple, selon laquelle Jésus est venu pour parfaire la création et pour apporter un message. Sa fonction n'est pas d'être victime, il aurait pu parfaitement ne pas mourir sur la croix, ce n'était pas indispensable. Sur ce point-là, peut-être que l'islam peut apporter quelque chose aux chrétiens dans la perception de leur propre foi.

Bien entendu la différence d'attitude des chrétiens et des musulmans sur le mythe fondateur de l'humanité implique une attitude différente dans la vie de tous les jours. Pourrait-on résumer tout cela en disant que dans l'islam, tout ce qui n'est pas interdit est autorisé ?

Tout ce qui n'est pas interdit par l'islam est autorisé

T.R. Cela dépend de ce dont on parle. Il existe clairement deux domaines en islam qui exigent deux méthodologies spécifiques.

En ce qui concerne le lien avec Dieu, le culte, les seules pratiques autorisées sont celles qui sont prescrites dans un texte du Coran ou de la tradition du Prophète. Les prières canoniques, l'impôt social purificateur (la *zakat*), le jeûne, le pèlerinage suivent des règles très précises. Pour tout le reste, c'est-à-dire dans l'ordre des affaires sociales, de la morale au sens large, tout est permis sauf ce qui est explicitement interdit. Le champ de l'interdit est très restreint et la créativité humaine trouve ici une latitude d'expression très importante. C'est ce qui a permis le foisonnement des premiers siècles de l'islam au niveau de la législation, des sciences, des cultures, etc. Les musulmans sont encouragés à entreprendre, à être inventifs et curieux.

Cette dynamique positive s'est arrêtée à un moment de l'histoire à cause de circonstances sociales et politiques. Elles n'ont rien à voir avec le message islamique qui, comme vous l'avez dit, permet tout ce qui ne contredit pas une prescription révélée. Or le Texte comprend peu d'interdits.

J.N. En particulier, les mortifications, l'ascèse, la pénitence, le célibat, le monachisme qui constituent l'idéal du christianisme, une expression de la perfection religieuse, ne sont pas du tout prônés dans l'islam. Les jeunes chrétiens qui entrent dans un ordre religieux, surtout s'il est contemplatif, abandonnent leur famille. Ils ne sont plus tenus de veiller à l'entretien matériel de leurs vieux parents ou, plus simplement et plus humainement, de leur tenir compagnie dans leurs vieux jours et dans leurs derniers moments. Littéralement ils quittent leur famille. Ils l'abandonnent en fonction d'un conseil qui est répété à trois reprises dans l'Évangile. Jésus dit : « Si tu n'abandonnes pas ton père, ta mère, tes frères, tes sœurs, pour me suivre et prendre ta croix, tu ne t'engages pas vraiment à ma suite ».

Comparons cela au verset du Coran au sujet des parents : « *Mon Seigneur, sois Miséricordieux envers eux comme ils m'ont élevé quand j'étais enfant* ». Il y a un respect infini pour les parents, bien entendu, mais aussi pour toute la famille. On ne va jamais, dans l'islam, donner le conseil : abandonnez votre famille, partez définitivement et ne la revoyez plus jamais.

T.R. Non, effectivement. En islam, la relation de bienfaisance envers les parents vient tout de suite après l'affirmation de l'unicité de Dieu ; la formule coranique dit : « *Dieu commande que vous n'adoriez que Lui et [d'établir] la bienfaisance envers les parents* ». Le sens de cette formule revient plusieurs fois dans le Coran sous des formes différentes mais l'enseignement est le même. C'est vraiment la deuxième dimension de l'être : être avec Dieu, puis respecter ses parents.

Il faut mentionner que l'on trouve aussi dans le Coran l'idée que vos familles, vos enfants, vos biens, peuvent devenir une tentation par rapport à Dieu. Quand cette relation de famille devient exclusive, égoïste et qu'elle fait oublier la responsabilité vis-à-vis du Créateur et de l'humanité. Dans tous les cas, nous sommes toujours, en tant qu'êtres humains, mis en demeure de nous référer à notre conscience. Aimer sa famille est une exigence, ne jamais oublier Dieu et les hommes en est une autre, il faut donc trouver cet équilibre qui nous permet d'aimer sa famille dans l'exigence de l'amour de Dieu et de la fraternité de ses semblables. Il existe un rapport intime et subtil entre la verticalité et l'horizontalité.

Et tout ce dont vous avez parlé, la mortification, le fait de se libérer du monde, etc. n'existe pas car l'épreuve des hommes n'est pas dans la fuite du monde. L'épreuve de la foi, c'est au contraire la vie dans le monde, nourri et armé de la conscience de la maîtrise et de la limite. Et ce, en toutes circonstances. Il n'y a jamais l'idée par exemple de mettre un terme à sa vie sexuelle comme il n'y a jamais l'idée de mettre un terme à sa vie sociale. Ce qui est central, c'est cette idée de le vivre dans la conscience de ses responsabilités et dans la maîtrise de son être.

Au cœur de cette démarche réside le travail de la spiritualité, la lente initiation à donner une vie intense au souffle qui nous habite. La mystique musulmane se situe très exactement à la lumière de cet enseignement qui est la source de l'islam lui-même. L'islam exige une mystique quotidienne au cœur même de la vie sociale et participative. La pratique même des musulmans en est un exemple à l'instar du jeûne du mois de ramadan. Il est impressionnant que les musulmans, dans notre monde moderne, restent si massivement attachés à la pratique du jeûne qui n'est pas une pratique légère. Ils maintiennent dans leur vie, même s'ils ne font pas les prières quotidiennes, un moment de prise de distance, de recueillement, de souvenir du Créateur et de proximité avec les pauvres.

J.N. Cette souffrance d'être qui fonde le christianisme n'est pas conforme à ce que les Évangiles disent de Jésus. On le représente participant à des festins, se faisant parfumer, se mêlant à des gens peu convenables comme les publicains (collecteurs d'impôts collaborateurs des occupants romains) et les prostituées. Mais quand on regarde une icône ou un tableau, jamais il ne sourit : le Sauveur est malheureux ou tragique. Certes, il n'y a pas de représentation du Prophète Muhammad et la comparaison serait donc difficile. Mais le Jésus sévère et triste, le Christ Pantocrator de l'orthodoxie, le supplicié sanglant de l'iconographie allemande est tout différent de l'iconographie bouddhiste. Bouddha sourit. Pour un chrétien, il est même inquiétant, voire repoussant. Comment peut-on sourire en priant ?

Le christianisme est une religion triste dans ses manifestations, même si une foule de chrétiens sont des gens amicaux, conviviaux et souriants.

En tant que chrétien et en tant que chrétien pratiquant, j'attends du contact entre les religions que cette pente de ma propre religion que j'estime perverse soit corrigée.

T.R. Il n'y a pas de représentation imagée du Prophète Muhammad, mais les traditions authentifiées nous rapportent qu'il ne riait jamais du rire de l'oubli et de l'arrogance, mais qu'il souriait, plaisantait, s'amusait, jouait très souvent et n'oubliait jamais le bien-être de son entourage. Il se dégage de sa vie, avec la méditation et le recueillement, une sérénité, une joie dans la fraternité, une simplicité affective, une convivialité, un humour digne et une constante jovialité. Il avait l'exigence qu'une fête soit une fête pour qui avait besoin de vivre la fête… C'est bien le sens de ce verset coranique : « *Cherche, en ce que Dieu t'a donné, la demeure dernière, et n'oublie pas ta part de la vie de ce monde. Sois bienfaisant et généreux comme Dieu a été Bienfaisant et Généreux avec toi.* »

La racine théologique de la discordance

J.N. Je voudrais continuer cette discussion sur les différences de type théologique. L'islam n'est pas féru de théologie, en ce sens qu'on n'y passe pas son temps à spéculer interminablement sur la nature de Dieu, Dieu est Dieu, il est unique et puis c'est tout. Un musulman n'essaie pas d'inventer Dieu. Certains théologiens chrétiens sont de la même opinion. Nicolas de Cuse, par exemple, prônait la théologie négative : le seul discours sensé qu'on puisse tenir au sujet de Dieu consiste à dire ce qu'il n'est pas. Il n'est pas une de ces idoles que les hommes fabriquent. Abstenons-nous de le définir, de le circonscrire, de le singulariser car c'est toujours une façon de nous l'approprier.

Or la théologie chrétienne traditionnelle a fait tout juste le contraire. À partir du IVe siècle le christianisme devient la religion officielle de l'Empire romain. Il surgit des tensions violentes entre, d'une part, l'Église d'Occident, qui est à la fois grecque et romaine, affligée d'une pente philosophique et juridique, organisée à l'image de l'Empire romain et, d'autre part, les chrétiens orientaux, singulièrement les judéo-chrétiens, c'est-à-dire les juifs convertis, et beaucoup d'Arabes aussi. Ces Orientaux n'ont absolument aucun attrait pour la formulation classique de la Trinité, à savoir Dieu est une nature et trois personnes, le Père, le Fils et l'Esprit, tandis que Jésus unit deux natures, divine et humaine, en une personne.

Cette conception philosophique constitue peut-être un des points les plus faibles du christianisme. Une fois par an, on célèbre un dimanche de la Trinité. Le prêche de ce jour est toujours très embarrassé. L'auditoire baye aux corneilles et pense à autre chose. Les prêtres enseignent aux chrétiens qu'il est important de croire en la Trinité selon cette formulation philosophique, de type hellénistique, qui manifestement n'intéresse absolument plus personne, parce que la différence entre nature et personne ne veut rien dire. Et cela ne va pas changer le comportement d'un chrétien dans la vie de tous les jours.

Les théologiens chrétiens aujourd'hui insistent plutôt sur le cœur de la foi chrétienne : le fait massif, c'est croire en un seul Dieu. Comment articuler cette foi fondamentale avec l'expression de la Trinité?

Croire en Dieu le Père, cela signifie croire dans le Dieu UN, celui du judaïsme, du christianisme et de l'islam, qui partagent cette même foi dans le Dieu UN. Le mot Père n'est pas utilisé dans le Coran, par précaution à l'égard du polythéisme. Dans les mythologies de l'antiquité, les dieux ont des rapports avec des femmes mortelles et ils engendrent des fils. Si on veut prêcher le monothéisme dans le contexte de l'époque, il faut insister sur le fait que Dieu n'est pas engendré et que Dieu n'engendre pas. Il faut bien évidemment ne pas utiliser le mot « Père ». Donc, on peut parfaitement comprendre que l'utilisation du mot Père par les chrétiens soit inadmissible dans la tradition de l'islam et de la même façon, il faudrait que l'islam comprenne que le mot Père est utilisé de façon tout à fait symbolique. Cela aurait pu être Mère tout aussi bien, comme ne manquent pas de le défendre certaines féministes américaines.

Croire au Fils de Dieu signifie croire à la révélation du Dieu UN dans l'homme-Jésus. Et cela, je crois que c'est une formulation qui est à la fois chrétienne et qui est admissible pour un musulman. Jésus est l'envoyé, le Messie, la Parole du Dieu éternel, sous figure humaine. Est-ce que là, il y a une différence?

T.R. Dans la même veine que l'interprétation que vous donnez, je dois dire que j'ai entendu, de la bouche de chrétiens, plusieurs façons de traduire cette Trinité. De toutes les façons, l'idée centrale est – de ce point de vue, je crois que beaucoup de musulmans doivent écouter ce que les chrétiens disent de leur foi – que nous croyons en un Dieu unique qui n'est pas représenté sous une forme humaine ou sous toute autre forme. C'est dans cette perspective que le Coran nous enseigne et nous commande de respecter le monothéisme chrétien. Quant à la Trinité, l'embarras que vous relevez, et que certains théologiens traduisent parfois, est effectivement troublant. Difficile pourtant d'aller au-delà de ce trouble. Mon expérience du dialogue interreligieux m'a appris que le discours rationnel sur la Trinité aboutit à la formulation de son « mystère ». Je m'en tiens donc à la position de respecter cette dimension du « mystère de la Trinité ». Cela m'apparaît comme la seule position honnête par rapport à ce que les chrétiens disent d'eux-mêmes. Nous nous retrouvons sur le principe que Dieu est unique et qu'il a envoyé des prophètes. Difficile de dire davantage : le principe de la Trinité ne tient pas dans l'ordre de la logique rationnelle, on doit donc respecter le fait que, pour les chrétiens, il y ait autre chose. Il faut prendre acte et reconnaître un point fondamental de désaccord entre l'islam et la tradition chrétienne aujourd'hui majoritaire (la question de la reconnaissance de Muhammad reste également, bien sûr, problématique).

J.N. Je vais essayer de définir ce que représente la troisième personne de la Trinité pour les chrétiens. Croire en l'Esprit saint signifie : croire en la force de puissance efficace de Dieu dans l'homme et dans le monde. Pour l'islam aussi, Dieu est le guide et le secours, proche et présent aux croyants et à la communauté des croyants, invisible et néanmoins puissant, insaisissable et néanmoins aussi indispensable à la vie que l'air, le vent, l'haleine, le souffle de vie. Le mot qui est utilisé en hébreu pour désigner l'esprit est tout à fait concret, *rhua* en hébreu ; *pneuma*, en grec ; *esprit* en français. Mais on le voit bien, quand on arrive au terme esprit en français, à quel point les Occidentaux ont tendance à abstraire. C'est ainsi, me semble-t-il, que l'affirmation de la proximité de Dieu à l'homme, comme dans la citation du Coran «*Il est plus proche de lui que sa propre carotide*», de sa présence dans l'esprit par l'esprit, comme esprit, prend également tout son sens pour le musulman. Est-ce que cette présentation de l'esprit de Dieu est acceptable pour vous ?

T.R. Oui, en effet, l'expression de cette proximité traduit bien la perception de la présence du divin, de Dieu pour nous. Jamais dans la confusion ou le panthéisme, mais bien dans la proximité du cœur et de l'intimité. Très proche de nous donc, au sens de cette proximité. Vous avez cité une formule coranique et il en est une autre qui dit : «*Si mon serviteur te questionne à Mon sujet, certes Je suis proche*». Il arrive souvent que nous entendions un chrétien parler de sa foi dans la proximité, par cette énergie spirituelle… Il n'y a absolument aucune divergence entre nous quant à la proximité du divin et de la foi. C'est vraiment la formulation rationnelle et le nœud de la Trinité qui posent un problème. La question est certes essentielle mais je ne pense pas qu'en aval, dans les conséquences qu'il peut y avoir dans l'acte de celui qui croit à la présence du Créateur, il y ait des divergences aussi importantes. Le débat théologique n'est pas clos ou, si vous voulez, on arrive à une limite dans l'interprétation des uns et des autres, mais, finalement, ce qui doit aussi nous intéresser dans ce rapport entre islam et christianisme, ou entre islam, christianisme et judaïsme, c'est ce que cette foi fait de nous dans la proximité que nous avons avec le Créateur. De ce point de vue-là, nous partageons, de façon profonde, l'exigence du dialogue avec Dieu et de l'action cohérente devant les hommes.

Trois religions étroitement liées par l'histoire

J.N. Il faut tout de même rappeler au lecteur que les trois fois mono-théistes se succèdent, qu'il y a une filiation entre elles et qu'elles ne se sont pas développées indépendamment. L'origine commune se situe quarante siècles en arrière avec l'errance d'Abraham, qui est un Bédouin nomadisant avec ses troupeaux entre l'Irak et l'Égypte : il est le premier à découvrir la foi monothéiste de façon confuse et contradictoire. L'origine commune se situe aussi dans l'aventure de Moïse, quand les tribus d'Israël sortent d'Égypte, quand un peuple pour la première fois préfère la vie dure du désert à la sécurité d'un esclavage dans un pays riche. Enfin la relation forte entre l'islam et le christianisme, en dehors du judaïsme, trouve sa source dans Jésus de Nazareth. Muhammad, au VIIe siècle, est le Prophète des peuples qui n'avaient pas été touchés jusque-là par la prédication du monothéisme. Pourriez-vous nous expliquer brièvement le contexte religieux, politique et social, dans lequel il commence sa mission ? Sa terre de mission est la péninsule arabique.

T.R. Tout à fait. Au moment où la révélation commence, le Prophète a quarante ans et vit dans la péninsule arabique, très exactement à La Mecque. Celle-ci avait en son centre la *Kaaba* («pierre carrée») et était alors un lieu de pèlerinage et de foire pour les tribus polythéistes qui vivaient alentour et qui y adoraient des idoles. Il existait également des individus monothéistes et de petites communautés chrétiennes et juives. Ce sera surtout dans le contexte de Médine que la proximité avec ces dernières sera plus importante.

Le Prophète est donc en contact avec des juifs et des chrétiens et il existe aussi, dans la région, des individus pratiquant un monothéisme naturel et qui refusent le polythéisme ambiant ; on les appelle *hanifs* dans la tradition musulmane, qui est également le terme employé pour décrire Abraham. L'émergence, à ce moment-là, de ce monothéisme simple, naturel, pur, va immédiatement s'identifier aux enseignements de l'islam nouvellement révélé avec, de surcroît, l'établissement de la filiation claire, très vite annoncée par la révélation coranique, de l'islam avec le judaïsme et le christianisme.

Très tôt la persécution sera la règle. Les premiers croyants subiront, patienteront et résisteront passivement pendant près de treize années, puis ils devront s'exiler à Médine en 622. C'est l'Hégire. La diffusion du message sera d'envergure dès ce moment. Vous avez eu raison de dire que le monothéisme musulman se réfère très directement au prophète Abraham, qui est l'expression forte du monothéiste sincère ayant totalement mis sa foi confiante en un Dieu (même si pour nous le monothéisme est déjà manifesté avec Adam, Abraham n'est pas le « premier » monothéiste). L'ensemble des autres prophètes, d'Adam, à Noé, à Ismaël, à Isaac, à Jacob et tant d'autres, sont inscrits dans la tradition musulmane. C'est cette tradition monothéiste qui, avec le message de l'islam, se réveille dans la péninsule arabique, contre le polythéisme.

Vous avez mis en évidence, tout à l'heure, le fait que Muhammad est envoyé pour un peuple dans lequel il n'y avait pas eu de prophète auparavant (ce qui pour nous est à relativiser grandement si nous tenons compte de la généalogie qui remonte à Ismaël et à Abraham : le Coran mentionne le fait de ce premier prophète, mais dans un sens très précis). L'important pour les musulmans, c'est cette foi et cette conviction qu'il s'agit là du dernier message. Il y a là une conviction qui traduit un rapport à l'universel parce que l'on se trouve en face de la révélation. Cela est parfois mal compris mais c'est bien un point central de la croyance musulmane. Cela ne veut pas dire qu'il y ait une négation des autres fois et du pluralisme, en aucune façon, mais bien que le message n'est pas adressé aux Arabes exclusivement. Contrairement à ce que croyait Chateaubriand, au XVIIIe siècle, en disant « la religion des Arabes » pour parler de l'islam. Cette représentation est en opposition complète avec la conviction des musulmans et elle ne répond pas non plus à la réalité des chiffres puisque les Arabes représentent aujourd'hui moins d'un tiers des musulmans du monde.

J.N. Le peuple musulman le plus nombreux est constitué par les Indonésiens et non par les nations arabes.

T.R. Tout à fait.

J.N. Lors de l'épopée initiale de l'islam, qui mène en un siècle les armées musulmanes de La Mecque jusqu'à Poitiers, les judéo-chrétiens disparaissent. Il n'en reste plus aujourd'hui, sinon quelques dizaines de familles juives, vivant en Israël et pratiquant le christianisme dans l'atmosphère de suspicion et de désapprobation que l'on imagine. Cette disparition d'une composante de la chrétienté est absolument stupéfiante. Simultanément, les chrétientés orientales d'inspiration grecque subsistent non seulement dans les territoires où Byzance les protège mais aussi en Égypte, en Palestine, au Liban, en Syrie et en Irak. Mais à Jérusalem, les judéo-chrétiens disparaissent complètement. C'est peut-être le moment de se demander ce qui s'est passé pour qu'une communauté soit aussi radicalement gommée de l'histoire.

Durant les premiers siècles de la chrétienté, il s'est tenu une série de Conciles où l'on a essayé de définir la nature du Christ – ce qui a mené aux discussions sur la Trinité évoquées plus haut. Des oppositions virulentes se sont manifestées entre Orientaux et Occidentaux, sémites et grecs. La volonté de définir la nature de Dieu et celle de Jésus procède d'un esprit philosophique et juridique qui est insupportable pour les Orientaux.

On peut dès lors supposer que les judéo-chrétiens sont devenus musulmans, tout simplement parce que ces discussions philosophiques ne leur convenaient pas. Non seulement ils ne les comprenaient pas, mais ils trouvaient que l'affirmation d'un Dieu unique est suffisamment forte pour qu'il ne faille pas aller plus loin. Le succès initial de l'islam provient du fait qu'il récupère la moitié de la chrétienté, chrétienté qui est traversée par des schismes. En dehors des chrétiens unis à Rome, on trouve un foisonnement de sectes : des ariens, des nestoriens, des monophysites, des docètes, des pélagiens. Une sorte de salade théologique où chacun affirme, par opposition aux autres, sa vision particulière de Jésus, dont on prétend tantôt qu'il n'était pas vraiment homme ou qu'il n'était pas vraiment Dieu, avec toutes les variantes possibles et imaginables. En commun, tous ces hérétiques sont avant tout des Orientaux qui, par tradition, ne supportent ni la philosophie grecque, ni le droit romain, ni l'arrogance occidentale dans la captation de l'héritage spirituel de Jésus.

À partir de ce point de vue, on peut considérer Muhammad comme un réformateur radical du judéo-christianisme. Plus tard dans l'histoire, au XVIᵉ siècle surgiront de nouveaux réformateurs, en Occident cette fois-ci, Calvin, Zwingli, Luther, etc., comme s'il fallait que l'on revienne à l'essentiel à intervalles réguliers par une correction souvent violente. Est-ce que cette façon de présenter le surgissement de l'islam vous paraît acceptable pour un musulman ?

T.R. L'interprétation musulmane de l'histoire des religions, est que Dieu, à périodes régulières, envoie des prophètes pour réformer et réorienter la foi des hommes par rapport à l'essentiel. L'analyse que ferait un chrétien en disant : « Mais peut-être que finalement Muhammad est venu pour recentrer la tradition », correspond à notre interprétation, à cette différence près que, ici, vous le présentez comme un cas spécifique pour une mouvance donnée. Pour les musulmans, il est certain que Muhammad, le Prophète de l'islam, est venu pour réformer et réorienter vers l'essentiel et en particulier dans le cas du christianisme (qui est perçu comme une déviation du message premier fondé sur l'absolue unicité divine). Il est clair qu'un certain nombre de chrétiens, et en particulier les judéo-chrétiens, se sont totalement reconnus dans ce message essentiel, présenté et vécu loin des disputes théologiques, qui leur paraissaient bien obscures et dont, en fait, il apparaît qu'ils n'en comprenaient pas les termes ni même les enjeux dans leurs formulations grecques.

Cette référence hellénistique a également posé un problème aux savants musulmans influencés par les modes d'intellection des références et des notions abstraites. Un musulman n'est pas choqué par le fait que l'on présente le Prophète de l'islam comme un réformateur. C'est ainsi qu'il s'est lui-même présenté : comme un réformateur et un continuateur. Dans le Coran, il lui est commandé de dire : « *Je ne suis pas un innovateur parmi les envoyés* ». C'est vrai par rapport à certaines mouvances chrétiennes qui se sentiront appelées par la simplicité de l'islam, mais c'est plus généralement une position de principe vis-à-vis de toutes les religions précédentes.

J.N. En somme, il y a deux composantes dans la constitution de l'islam primitif. D'une part, les païens de la péninsule arabique, qui sont convertis du polythéisme au monothéisme. D'autre part, cette phagocytose de la moitié du monde chrétien, celle qui provenait de la conversion du judaïsme. Il est remarquable que, dans les mêmes territoires dont le judéo-christianisme disparaît, se trouvent des communautés pratiquant le judaïsme qui, elles, ne se convertissent pas à l'islam. Du reste, le conquérant musulman ne les y force pas.

Pas de contrainte dans la religion

J.N. Un verset du Coran affirme : « *Pas de contrainte dans la religion* ». En principe, l'islam demande une adhésion volontaire, engageant l'individu dans la sincérité de son cœur. En principe, on ne convertit pas à la pointe de l'épée. Ce qui ne veut pas dire qu'en pratique des potentats locaux n'ont pas exercé des pressions considérables. Mais ce qui est remarquable, c'est à quel point les juifs se sont montrés résistants à la conversion. Peut-être parce que l'islam ne leur rapportait rien de neuf, rien qui puisse les surprendre et les séduire.

T.R. Peut-être, effectivement. Sans doute faudrait-il, pour expliquer cette spécificité, faire une étude un peu approfondie sur le type de rapport que les juifs ont pu avoir, et ont, avec leur religion et qui a été, et reste, différent du type de rapport que les chrétiens ont développé à l'égard de la leur. Il me paraît évident que les juifs se sont sans doute retrouvés dans le monothéisme exigeant que pratiquaient les musulmans, et qu'il n'y avait rien de neuf pour eux quant à cet élément essentiel de la foi. La référence au sang, de même que le caractère particulier du lien social que le judaïsme a très tôt entretenu de par le monde, a sans doute provoqué cette espèce de résistance du judaïsme. Il ne faut pas oublier les circonstances historiques ; il y a eu très tôt des conflits et des questions d'alliance politique entre les musulmans et les juifs, à Médine déjà. À la vérité, pour les deux traditions, il y eut généralement une tolérance, une acceptation et un respect de leur foi respective. Beaucoup de chrétiens sont restés chrétiens. Il ne faut pas non plus idéaliser l'histoire de l'islam qui est l'histoire des musulmans, donc d'êtres humains, qui ne furent pas toujours fidèles aux enseignements de leur religion et qui ont parfois injustement contraint, vexé, humilié, voire tué. Il n'y a pas de doute sur ces réalités qui furent l'exception plus que la règle mais dont il faut se souvenir pour les dénoncer.

J. N. La conquête initiale de l'islam est donc en partie de type missionnaire. Ce n'est pas l'action de quelques Bédouins surgis des déserts d'Arabie qui parviennent à se constituer un empire. Ce sont des marchands, ce sont des commerçants, ce sont des caravanes, ce sont aussi certainement des armées, bien entendu, puisque le pouvoir politique est confisqué de l'Arabie jusqu'à l'Espagne.

Une autre explication du succès de l'islam, qui peut du reste coexister avec la première, c'est que les judéo-chrétiens et les chrétiens orientaux en général avaient fait partie des cadres de l'Empire romain. Au moment où un nouvel empire s'installait, ils firent ce que font souvent les notables : se placer du côté du manche. Les juifs, eux, étaient habitués à subsister en dehors du pouvoir ou contre le pouvoir. Ils ont toujours eu une relation difficile avec les gouvernants : tantôt ils servaient de collecteurs d'impôts, tantôt ils prêtaient aux princes et, de temps en temps, ils ont été persécutés tout simplement parce qu'ils étaient devenus riches en pratiquant le métier de financier.

La constitution d'un grand empire au Nord de l'Afrique entraîne spontanément la conversion des chrétiens, au point que, dans le Maghreb, il ne reste absolument plus aucune communauté chrétienne alors que subsistent des communautés juives. À Marrakech ou à Djerba, on peut encore découvrir de telles communautés parfois vieilles de vingt ou trente siècles. Ces considérations ont pour but de montrer au lecteur occidental que la relation entre les religions monothéistes ne s'est pas toujours inscrite dans un rapport de force.

Si l'on veut parler de conversions forcées, il y en a surtout eu au XVIe siècle dans l'Espagne reconquise par les rois catholiques Ferdinand et Isabelle.

T.R. Merci de rappeler ces vérités trop souvent oubliées. Cela permet de battre en brèche une vision tronquée de l'islam qui ne se serait répandu que par le sabre et l'épée, bref par la contrainte. Il faut identifier, dans cette histoire, un certain nombre de facteurs objectifs qui ont permis cette si rapide expansion et c'est ce que vous venez de faire. Prétendre que tout s'est fait par la violence, la guerre, la colonisation meurtrière est une contrevérité qui ne tient pas à l'analyse : parce qu'on ne peut, en cent ans, faire ce qui a été fait au seul moyen de l'épée, en s'imposant par la contrainte. Il y a eu un intérêt religieux, c'est évident, mais également politique, économique, social et parfois culturel. Les situations de guerre ont existé, c'est non moins certain, mais elles ne furent de loin pas la clef de cette réussite et de cette acceptation de l'islam par des pans entiers de populations étrangères.

Cette autre vision nous permet de pondérer grandement l'idée d'un islam conquérant et guerrier par nature. J'espère que la façon dont vous avez présenté les choses permettra au lecteur de nuancer cette approche et, en tout cas, de la revisiter.

J.N. Je me suis permis d'insister sur ce contexte historique lointain, afin de détruire l'image d'Épinal d'un islam conquérant et intolérant. En cette fin du deuxième millénaire chrétien, l'Occident a triomphé de son grand ennemi traditionnel, feu le communisme. Le dernier « ennemi », qui résiste à l'emprise culturelle de l'Occident, c'est l'islam. Par définition, un musulman ne se convertit pas, non seulement parce que c'est considéré comme une abomination dans son milieu, mais aussi parce qu'il n'en a guère envie. La présence française dans le Maghreb pendant plus d'un siècle, avec tout le prestige que pouvait avoir l'occupant français, n'a pas entraîné une conversion massive des Algériens, à part des cas isolés, rarissimes, malgré tout l'intérêt qu'une telle conversion aurait pu présenter pour bénéficier de la complaisance de l'occupant.

La source du conflit actuel entre l'Occident et l'Islam

J.N. L'Occident s'efforce de convertir toutes les cultures à la mondialisation, au règne de l'argent, à la productivité, à la diffusion d'une sous-culture audiovisuelle à base de violence, de sexe, de convoitise pour les biens matériels, de refus de toute norme transcendante. La Chine, le Japon, la Thaïlande, les Philippines se sont laissé séduire. Cela ne leur apporte du reste pas la fortune qu'ils espéraient comme le démontre la crise actuelle. La résistance à cet Occident sécularisé, marchand, inculte, la seule résistance organisée provient de l'islam, qui est d'une certaine façon inassimilable. Il y a eu des moments très forts dans cette résistance. Le peuple iranien s'est révolté contre le shah Reza Pahlavi, parce que le shah voulait une occidentalisation à outrance.

Nos entretiens ultérieurs vont se centrer sur ce rapport singulier entre deux religions cousines qui ont donné naissance à deux cultures opposées. Essayons de déminer le terrain. De montrer que l'islam n'est pas l'ennemi de l'Occident. Que dans certaines de ses singularités, dans certains de ses raidissements, il essaie de préserver quelque chose d'essentiel, pas seulement d'essentiel au monde arabe ou à l'islam, mais d'essentiel à l'humanité.

Cette résistance constitue peut-être une chance pour l'humanité face au polythéisme d'aujourd'hui qui est l'argent, le pouvoir, la technique, le sexe, la violence, le bruit, la négation astucieuse ou brutale de toute spiritualité, de toute morale, de toute transcendance. Telles sont les idoles d'aujourd'hui. L'Occident vit en état d'athéisme pratique. Sa foi traditionnelle se meurt par épuisement interne dans ses propres contradictions, par incapacité de prendre ses distances à l'égard du pouvoir économique et politique.

T.R. Vous avez utilisé une formule à laquelle j'adhère, si vous prenez la précaution de dire « un certain Occident ». Cette vision d'un Occident qui trouverait en face de lui l'islam comme ennemi peut être porteuse de caricatures dangereuses et il faut être prudent. J'ai vécu toute ma vie en Occident et je sais que cet « Occident » n'est pas un, mais qu'il a plusieurs facettes et qu'il y existe une pluralité de positionnements. Je refuse la simplification en ce sens, comme je la refuse dans l'autre sens quand on présente l'islam superficiellement et que tout y est associé aux dérives des groupes radicalisés et extrémistes.

L'Occident, tel qu'il s'offre au travers de l'idéologie du modernisme, par exemple, avec le culte du seul rendement, de la productivité, de la réussite immédiate, de la compétition aveugle et inhumaine, de la maîtrise des technologies et du progrès quel qu'en soit le prix, tous ces constats, qui expriment effectivement l'une des facettes de l'Occident, sont bien en totale contradiction avec les valeurs de la civilisation islamique. L'islam, par nature et par essence, est inassimilable à ce mode de vie et de pensée, parce que le principe aura toujours la prééminence par rapport à l'efficacité.

Mais relever cela, quant à l'islam, c'est également dire que les musulmans vont rencontrer en Occident de nombreux partenaires qui, comme vous l'avez traduit vous-même, subissent les dérives et les excès d'une civilisation en mal de repères. Il y a énormément de femmes et d'hommes qui vivent en Occident, qui sont soit chrétiens, soit humanistes, soit de toute autre tradition religieuse et qui, par rapport à la situation actuelle, disent leur malaise et organisent une réelle résistance. Il est trop simple de dire : l'Occident contre l'Islam. Le monde musulman manifeste aujourd'hui, il est vrai, une résistance forte et quasi générale. Mais il n'est pas seul contre tous et les femmes et les hommes de conscience et de bonne volonté ne manquent pas dans les deux sphères de civilisation ; encore faudrait-il qu'ils prennent langue et se reconnaissent compagnons et amis du même combat pour la dignité.

J'aime bien répéter cette parole d'un homme de foi, de conscience, d'humilité et de grande rigueur intellectuelle qui m'a énormément apporté dans ma vie : Pierre Dufresne, qui fut le rédacteur en chef du journal *Le Courrier*, à Genève, avait l'habitude de dire : *il ne faut pas se tromper d'ennemi*. Il voulait toujours que le dialogue aille plus loin jusqu'à l'engagement commun, au moins concerté, entre les hommes de foi et de conscience. C'est vrai, il faut agir et ne pas se tromper d'ennemi. Je pense qu'il nous faut résister ensemble contre tous les nouveaux prophètes du rendement, de l'efficacité, et de ce nouvel appareil idolâtre, dans son expression moderne, à l'autel duquel sont sacrifiées des dignités et des vies dans la souffrance et l'exclusion. L'Occident, c'est cela mais ce n'est pas que cela. L'Occident, c'est aussi des résistances, c'est aussi des chrétiens engagés, c'est aussi des juifs à la conscience vive, c'est aussi des humanistes. Il faut entrer dans ces nuances et dans cette profondeur pour pouvoir développer un dialogue qui soit cohérent. J'ai tant d'amis, de diverses sensibilités religieuses ou tendances

politiques, auxquels je manquerais de respect en versant dans la simplification et la caricature. C'est François, Alain, Marco, Philippe, Michèle, Jean,
Erica, Serge, Christian, Elisabeth, Pierre et tant d'autres… Chacun avec une
conscience, un cœur, une détermination à résister, pour Dieu, pour leur idée
de l'homme et contre ses folies. Ils sont mes amis sur la route.

Être contre l'Occident, cela ne veut pas dire grand-chose. Être contre
les excès de l'Occident et de sa violence symbolique, quant au modèle
de vie qu'il veut imposer, me paraît un indice de bonne santé spirituelle,
intellectuelle et morale que beaucoup expriment aujourd'hui. Les alliances
constructives sont possibles, somme toute elles sont impératives.

J.N. Pour qu'il n'y ait pas de malentendu, on précisera tout de suite que
cette alliance n'est pas contractée entre intégristes, passéistes, fondamentalistes des deux religions. À un certain moment, dans certaines circonstances,
les membres de l'Opus Dei ou la secte intégriste de Mgr Lefebvre pourraient
peut-être finir par s'entendre avec ce qu'il y a de plus intégriste dans l'islam,
par exemple les talibans.

T.R. Vous avez raison de mettre en évidence le fait qu'on pourrait
imaginer, et ce surtout quand on utilise le terme « alliance », qu'il s'agit du
regroupement des derniers convaincus radicalisés.

C'est effectivement une tout autre approche que nous proposons ici.
Il s'agit d'une approche de personnes, d'êtres, qui, au nom de leur foi ou
de leur conscience, ont l'exigence d'une humanité digne. L'Occident a produit une conscience de la dignité humaine qui trouverait un écho chez des
intellectuels et des croyants musulmans, si seulement ils prenaient le temps
de discuter ensemble. Malheureusement on s'arrête trop souvent, des deux
côtés, aux représentations caricaturales de l'autre. Il faudrait que nous ayons
l'intelligence de ne pas tomber dans un piège.

La force du système dominant actuel tient aussi dans sa capacité à
diviser ses ennemis et à leur donner l'impression qu'il leur est impossible de
collaborer. C'est une stratégie élémentaire qui reste très efficace. Les mêmes
qui développent, par exemple, une attitude critique par rapport aux médias
– quand ceux-ci jouent le jeu du modèle ultralibéral – tombent pourtant
dans son piège et se laissent influencer par la logique sommaire et uniformi-
satrice de ces mêmes médias quand ils décrivent le monde « obscurantiste »

de l'islam. La logique de défense du système et de ses intérêts est pourtant la même, il faudrait enfin s'en rendre compte. Ce phénomène fonctionne à plusieurs niveaux et c'est notre responsabilité commune de déconstruire les modes de représentations et les discours agréés par le système dominant et inhumain pour aller au bout de notre résistance et développer un partenariat responsable.

Malheureusement, combien de femmes et d'hommes sont ouverts et défendent des positions de tolérance et de respect dans leur société et se ferment quand il s'agit de l'islam ? Oserions-nous leur suggérer que le système auquel ils ne veulent pas se soumettre dévoile là, avec subtilité et à leur corps défendant, sa formidable efficacité en se retournant contre eux-mêmes ? Résistants au système, ils en deviennent insensiblement les gardiens par les représentations simplificatrices et dangereuses qu'ils entretiennent par rapport à ce qui n'est pas «occidental», et au premier chef l'islam. Efficacité redoutable et machiavélique d'un système qui réussit à faire, de ses plus ardents opposants à l'intérieur, des alliés vis-à-vis de ce qui est perçu comme «extérieur». Pour réussir ce tour de force, il suffit à la «méga machine», pour parler comme Latouche, de manipuler la représentation que l'on a de ceux qui également lui résistent – mais à l'extérieur du champ de référence occidental – pour en faire un danger troublant. Peut-être faudrait-il que nous apprenions, les uns et les autres, à ne pas tomber dans le piège de tenir pour gratuites et innocentes les représentations superficielles et tronquées que nous propose l'énorme machine contre laquelle nous disons vouloir résister.

L'islam tenu en suspicion

J.N. Qu'il me soit permis ici de faire part d'un témoignage personnel. J'ai été pendant de nombreuses années engagé dans des projets humanitaires et j'avais fondé, avec des enseignants, une association pour la promotion de la «pédagogie de la solidarité» au sein de l'institution scolaire genevoise. Notre fonction – nous étions alors des enseignants au niveau secondaire – exigeait que nous n'affichions aucune étiquette, ni religieuse ni politique, et, en tant que président, je me tenais strictement et scrupuleusement à cette règle. Cet engagement a reçu un accueil si magnifique que nous en fûmes tous surpris et je ne cessais pour ma part de recevoir des témoignages de respect, de sympathie et d'encouragement.

Après dix ans d'intense activité pour défendre le bien-fondé de cette pédagogie de la solidarité et de la responsabilité, j'ai décidé d'orienter mon engagement dans une voie qui était le prolongement naturel de ce travail éducatif. J'ai démissionné de mon poste de président de même que du poste de doyen que j'occupais à cette époque avec l'idée de poursuivre une même mission : j'avais passé mon temps à apprendre à des jeunes à respecter autrui, les jeunes, les personnes âgées, les démunis, les marginaux, etc. ; à développer en eux la conscience solidaire et responsable ; à leur ouvrir le cœur et les yeux sur la réalité du pluralisme des civilisations, des religions et des cultures. J'avais organisé des rencontres, des visites, des voyages en Inde, en Amérique du Sud, en Afrique. Nous avions rencontré Dom Helder Camara, Sœur Emmanuelle, Mère Teresa, le dalaï-lama, Edmond Kaiser, Hubert Reeves, Albert Jacquard, l'abbé Pierre et tant d'autres femmes et hommes… Avec chacun d'entre eux, j'ai noué des relations amicales, et souvent profondes.

N'avais-je pas aussi, en tant que musulman d'origine égyptienne, une richesse à partager ? N'étant désormais plus lié, au niveau de ma vie publique, par les nécessités de ma fonction, il m'est apparu normal de faire le même travail mais de l'intérieur et d'expliquer ma religion et ma civilisation que je voyais tant méconnues et si maltraitées. Mais dès lors, tout a changé. Certes, quelques amis et anciens collaborateurs ont compris que ma démarche était la même, que je n'avais pas changé et que la même exigence humanitaire et la même ouverture d'esprit m'animaient ; mais un très grand nombre ont versé dans la caricature, la simplification, le rejet. Le compagnon de résistance d'hier était devenu un « intégriste », un « fonda-mentaliste », un « extrémiste » retors. Les fantasmes sur l'islam étaient vite réapparus jusqu'à propager le doute sur les activités passées que, hier encore, on saluait. Je me suis même vu interdire de parole par certains collègues. J'ai appris que la route serait longue, que le travail d'information et d'explica-tion était énorme parce que les préjugés et les soupçons étaient profonds même chez ceux qui professaient des idées progressistes et humanistes.

Leurs idées mêmes devenaient la caution du bien-fondé de leur ferme-ture d'esprit quant à l'islam, puisque, somme toute, on ne pouvait pas les soupçonner d'être des réactionnaires fermés et intransigeants. Des femmes et des hommes qui n'avaient de cesse de prononcer les mots «dialogue», «pluralité», «tolérance», «respect», «solidarité» devenaient crispés, fermés et parfois étrangement obtus en face de l'islam considéré à travers le prisme de tant de clichés entretenus… Les rejets auxquels j'ai eu à faire face alors m'ont blessé mais ils m'ont beaucoup appris : car enfin tous les beaux termes susmentionnés ne sont rien s'ils sont prononcés par des esprits qui ne se pénètrent pas de la profondeur de leur exigence. C'est un travail quotidien qui doit nous pousser à analyser et à évaluer nos attitudes par rapport à autrui de façon profonde et toujours pondérée. Avec cœur et lucidité.

C'est finalement l'alliance des êtres humains qui s'imposent cette démarche que j'appelle de mes vœux. Elle est possible, j'en suis convaincu. Je ne veux plus m'arrêter aux seuls bons sentiments parce que j'ai trop vu de femmes et d'hommes parler d'amour, d'attention et de solidarité et ne considérer les êtres qu'ils avaient en face d'eux qu'à travers des préjugés et des clichés médiatiques déplorables et dangereux. Le partenariat dont nous parlons ne peut pas être un engagement de surface mais la réalité d'une rencontre exigeante, d'un dialogue dans lequel on ne s'interdit aucune question tant nous avons le souci de comprendre pour mieux nous accompagner mutuellement. Je ne connais pas d'autre attitude vraiment humaniste aujourd'hui. Nos fois et nos consciences respectives nous y invitent, je crois, et c'est l'objet même du présent ouvrage.

CHAPITRE 2

La pratique de l'islam

Jacques Neyrinck Notre premier entretien avait débouché sur un constat. Les trois religions monothéistes, le judaïsme, le christianisme et l'islam, ont bien plus en commun qu'elles n'ont de différences, plus de similitudes qu'elles ne l'imaginent au point qu'il faille se demander pourquoi elles ont toujours vécu dans un état d'antagonisme larvé ou déclaré. Le point de convergence est bien évidemment la foi en Dieu UN, même s'il y a parfois eu des malentendus sur la formulation de cette foi, les chrétiens faisant bande à part en soutenant que Dieu s'est incarné, ce qui est inacceptable pour les musulmans ou les juifs.

Autant il est encore relativement facile de s'accorder sur ce sujet-là, qui est suffisamment abstrait pour ne pas provoquer de conflits d'intérêts matériels, autant il devient difficile d'établir des relations entre les différentes cultures lorsqu'on ne s'occupe non pas de la foi elle-même dans toute sa pureté, mais des pratiques.

Il existe une diversité des pratiques, qui reflète, bien entendu, des diversités de culture, ce que l'on appelle *l'acculturation* d'une foi. Cela est vrai pour l'islam comme pour le christianisme. L'islam en Afghanistan n'est pas l'islam en l'Indonésie. Il existe des différences profondes. Pendant ce second entretien, nous parlerons spécifiquement des pratiques, sachant que ces pratiques sont importantes dans le cas de l'islam.

On pourrait, dans une formule un petit peu abstraite, dire que l'islam n'est pas une orthodoxie, c'est une orthopraxie. Le problème n'est pas d'avoir la juste doctrine. Le problème, c'est d'avoir la juste pratique. Et en ce sens, l'islam est radicalement différent du christianisme où les querelles entre orthodoxes et hérétiques ont fait l'essentiel de l'histoire. On s'est égorgé mutuellement pour démontrer qu'il y a trois personnes en Dieu ou non, que les âmes sont prédestinées ou non au salut.

Donc, pour l'islam, il n'y a pas d'hérésie sur la doctrine, même entre des confessions différentes, mettons les sunnites et les chiites.

Alors, est-il bien vrai que les sunnites et les chiites sont d'accord sur l'essentiel?

Une pratique unanime

TARIQ RAMADAN Oui effectivement. Il y a certes des divergences de doctrine entre différents courants de l'islam mais celles-ci n'ont pas la même importance que dans le christianisme par exemple. La dimension de la pratique – comme vous l'avez mis en évidence – est effectivement essentielle. Il y a eu, à l'intérieur de la tradition musulmane, des débats – parfois même influencés par les traditions grecques et les traditions chrétiennes – sur les fondements de la religion, en particulier sur ce qui s'appelle la *'aqida*, qui traite en fait du contenu de la foi en tant que telle, et également sur ce qui touche aux noms et aux attributs divins.

Il y a eu des débats qui ont parfois mené à des séparations entre ceux qu'on appelle les Ahl as-*Sunna*, qui sont considérés comme étant ceux qui représentent l'«orthodoxie» majoritaire, et des mouvements divergents comme les chiites ou les rationalistes qui restent bien sûr à l'intérieur de la référence et de la tradition islamiques. Ces débats-là vont très rarement mener à des exclusions. La différence doctrinale entre les chiites et les sunnites n'est pas d'abord de nature théologique, même si, après coup, des positions spécifiques des tenants de l'une ou de l'autre branche ont pu mener à un clivage de cette nature.

Il s'est d'abord agi de gérer la succession du Prophète : pour certains, Ali, qui est donc tout à la fois le gendre et le cousin du Prophète, aurait dû naturellement succéder au Prophète à cause de son sang, mais également de sa valeur. Pour les sunnites la succession devait suivre le choix de la communauté et honorer la personne la plus compétente sans référence aux liens du sang.

J.N. Pour que ce soit clair, les chiites soutiennent qu'ils sont fidèles à la succession d'Ali, les sunnites prenant au contraire de la distance par rapport à ce traditionalisme. Ali n'a été que le quatrième calife, alors que les trois premiers califes n'étaient pas dans la descendance du Prophète. Le calife Ali est entouré de multiples légendes qui en font le grand absent dans l'islam. Parfois, il est dit qu'il va revenir. Les chiites le croient-ils ?

T.R. Il y a différentes écoles dans la branche chiite. On connaît essentiellement les deux grandes traditions de ceux que l'on appelle les dnodécimains et les septimains qui se réfèrent respectivement au nombre des imams qu'ils reconnaissent dans l'histoire avant que ne se produise le phénomène de la « grande occultation » de l'imam qui marque une période d'absence jusqu'au temps du retour du Mahdi. Il y a également les zaydites qui sont présents aujourd'hui au Yémen. À l'intérieur de ces traditions et à leur marge, certains sont allés très loin, jusqu'à « idolâtrer » la personne d'Ali. Ces derniers ne sont pas reconnus par les sunnites. Il reste que, entre les chiites majoritaires et les sunnites, sur le plan de la doctrine fondamentale, l'essentiel est le plus souvent préservé.

Des divergences existent sur les textes de référence, la place des compagnons, la question de l'autorité religieuse et politique, l'infaillibilité de l'imam et l'imamat en général. La tradition sunnite développe l'idée que le choix doit être celui de la base, alors que les chiites défendent la filiation de sang, par le haut, et cela s'apparente à une système proche de la hiérarchie cléricale. On connaît l'exemple de l'Iran par les étiquettes des dignitaires formant une sorte d'institution religieuse assez hiérarchisée avec des titres comme *ayatollah* ou *mollah*.

Reste que les chiites et les sunnites, se parlent, prient ensemble, se respectent et défendent fondamentalement le principe central du *Tawhid* (unicité de Dieu) avec les mêmes pratiques quotidiennes de la prière, de la *zakat*, du jeûne, et ils se retrouvent ensemble à la Mecque pour le pèlerinage. La perception globale du mode de vie islamique est la même.

J.N. Plus tard nous discuterons de la difficulté d'adapter cela dans une société occidentale.

Donc, sunnites et chiites observent un certain nombre de pratiques sur lesquelles ils sont parfaitement d'accord et qui, finalement, font la distinction entre celui qui est musulman et celui qui ne l'est pas.

Même en Occident, si on interroge un écolier, il peut énumérer les cinq piliers de la pratique de l'islam. Ces cinq piliers recoupent les pratiques de la plupart des religions. Il y a, bien entendu, l'acte de foi, pour commencer, puis la prière, le jeûne, le pèlerinage et l'aumône. Mais, dans le cadre de l'islam, toutes ces pratiques prennent une signification particulière. Passant en revue ces cinq piliers, pourriez-vous chaque fois commenter à la fois ce qui ressemble dans cette pratique à celle de la plupart des religions et, surtout, ce qui la distingue.

Le premier pilier : l'acte de foi

J.N. Commençons par le premier, l'acte de foi, qui est au fond la démarche volontaire par laquelle on entre dans la communauté.

T.R. Oui. C'est la *shahada*, qui est littéralement l'attestation, le témoignage, du fait que l'être humain, femme ou homme, reconnaît, atteste, qu'il n'est de dieu que Dieu. C'est la reconnaissance de verticalité fondamentale, la reconnaissance de la présence du Créateur, qui fait qu'il est musulman. Au sens littéral, *musulman* veut dire : « soumis à la présence du Créateur ».

J.N. Le terme *islam* veut dire « soumission » ?

T.R. Soumission, exactement.

Deux raisons essentielles donnent de l'importance à cette formulation. La reconnaissance de la présence du Créateur, bien sûr, mais également, sur un autre plan, son unicité et le fait que l'on voue sa vie à ce Créateur. C'est la première partie de la formulation : *j'atteste qu'il n'est de dieu que Dieu, la deuxième partie étant : et que Muhammad est Son envoyé.* Il s'agit là de la reconnaissance de la présence dans l'histoire des envoyés et des prophètes dont le dernier est Muhammad, selon la conception musulmane. Les commentateurs et les savants musulmans (*ulémas*) ont mis en évidence que cette formule englobe la reconnaissance du cycle entier des prophéties de l'origine jusqu'à l'islam dont le message est considéré comme universel, confirmant ceux qui l'ont précédé dans l'essence même de la foi en le Dieu unique. Le dernier Prophète, nous l'avons déjà dit, porte un message de confirmation, de réforme et de parachèvement.

Ce sont ces deux domaines, un de la verticalité, l'autre de l'horizontalité, avec le témoignage au travers de l'histoire des prophètes, qui tous deux font entrer l'être humain et son cœur dans un rapport spirituel et intime avec le Créateur en l'associant à une compréhension du sens de l'histoire.

Ce dernier point est capital, car il ne suffit pas de vivre un rapport intime à Dieu. Ce lien de l'intériorité avec Dieu, essentiel en islam, projette une lumière particulière sur l'histoire des hommes, à savoir : être avec Dieu dans l'instant, c'est comprendre l'histoire dans son projet, c'est élaborer une vision de l'histoire qui a une finalité, qui a un sens.

J.N. Ce premier pilier qui atteste de la foi est au fond le plus important. C'est celui qui est décisif ?

T.R. Il donne sens à tous les autres, c'est-à-dire qu'il n'y a pas de prière possible sans attestation. Il n'y a pas de jeûne sans attestation. Il est, par un consensus explicite dans la communauté musulmane, ce qui fait ou non le musulman. Au point que celui qui dit l'attestation de foi, non pas simplement en la prononçant du bout des lèvres, mais en l'exprimant avec la sincérité de son cœur, est de fait musulman. Ensuite, il a personnellement à rendre compte de sa pratique devant Dieu dans le respect des quatre autres piliers et des diverses prescriptions.

J.N. Donc, c'est l'équivalent du baptême pour les chrétiens, le baptême étant ce qui fait rentrer quelqu'un dans la communauté chrétienne. L'acte de foi est aussi ce qui fait rentrer quelqu'un dans la communauté musulmane. Cette entrée est relativement facile alors que la conversion au judaïsme est quasiment impossible, puisqu'elle dépend pratiquement d'une question de filiation. Un baptême d'adulte en Europe peut se pratiquer, mais les Églises chrétiennes baptisent surtout des enfants à un moment où ils sont tout à fait inconscients. Quel est le moment dans sa vie où le jeune entre dans l'islam. Est-ce qu'il y a un âge limite ?

T.R. Votre comparaison avec le baptême révèle des limites dont l'une est fondamentale. En islam, tous les éléments de la nature, même ceux qui ne possèdent pas de raison et de conscience, sont musulmans, *soumis par nature*. C'est-à-dire que tous les enfants, de quelque pays et de quelque religion qu'ils soient, avant même de la choisir, sont naturellement soumis, musulmans de fait. C'est-à-dire que leur être, avant même l'apparition de la conscience, est naturellement soumis à l'ordre de la création divine. La nature, les oiseaux, les animaux, et même les enfants, participent naturellement à cette reconnaissance. Dans une tradition rapportée sur le Prophète, il est dit qu'il fit un rêve dans lequel il vit les enfants des polythéistes au paradis alors même que leurs parents étaient en guerre contre Muhammad. Cela avait étonné les compagnons qui dirent : « Comment ! Eux qui nous combattent et nous persécutent ! Leurs enfants vont au Paradis ? »

L'enseignement de cette tradition est que personne ne paie pour la faute de ses parents et, surtout, que *la soumission des enfants est leur innocence naturelle*. Dès l'âge de raison, c'est-à-dire à partir du moment où un enfant possède la claire conscience de la présence divine et de sa responsabilité personnelle, il confirme par le cœur et la conscience ce qui, auparavant, était en sa nature.

J.N. Au fond, c'est ce que l'on appelle l'âge de raison, aux alentours de six à sept ans. Il y a une cérémonie spéciale ?

T.R. Non, pas de cérémonie particulière même si parfois, comme il arrive dans certaines régions africaines, on marque le passage. Il s'agit d'un trait propre à certaines cultures mais qui n'est pas directement islamique. Quant à l'âge de raison, une tradition du Prophète dit qu'il faut habituer les enfants à prier, mais sans aucune contrainte, à partir de sept ans. Il faut que la prière participe plus clairement de leur vie dès l'âge de dix ans. Ce sont des recommandations et pour tous les ulémas la norme est bien l'âge de la puberté qui varie selon les individus mais qui se situe entre douze et quatorze ans. À partir de cet âge, chacun devient responsable de ses actes devant Dieu proportionnellement, bien sûr, à son degré de maturité.

J.N. L'entrée dans la foi se caractérise donc par une grande sobriété de l'islam, comparée à la circoncision dans le cas des juifs ou du baptême dans le cas des chrétiens. Non seulement, la démarche est sobre mais elle est purement intérieure sans l'exigence d'un signe sensible, comme la circoncision d'un côté ou le baptême. Il s'agit peut-être d'une façon de prendre une plus grande distance par rapport aux cultes païens qui regorgent et foisonnent de différentes cérémonies d'initiation.

Venons-en au deuxième pilier.

Le deuxième pilier : la prière

T.R. Le deuxième pilier, traduit la proximité des traditions monothéistes, puisqu'il s'agit de la prière. Il y a prière et prière en islam. Il existe une prière rituelle et codifiée d'une part (le deuxième pilier dont nous parlons, *as-salat*) et il y a une prière plus libre dans sa forme, qu'on appelle « invocation » (*ad-du'a*).

La prière rituelle est fondée sur les cinq prières quotidiennes, qui rythment la vie du croyant, et qui doivent se faire selon des moments spécifiques, mais pas à un instant précis comme on le pense communément. Pour la prière du matin, la période va de, à peu près, une heure et quart à une heure et demie avant le lever du soleil jusqu'au lever du soleil ; c'est la prière du *subh*. Les musulmans pratiquants se lèvent donc avant le lever du soleil pour faire cette prière.

La deuxième prière, celle de l'après-midi, commence juste après le passage du soleil à son zénith, jusqu'aux passages des deux tiers de l'après-midi (plus précisément quand l'ombre d'un objet mesure le double que l'objet lui-même) ; c'est la prière du *dhohr*.

La troisième prière doit se faire entre la fin de la période précédente jusqu'au coucher du soleil ; c'est la prière du *'asr*.

La quatrième prière commence avec le coucher du soleil jusqu'à environ une heure et demie après avec une très grande recommandation de la faire au début de la période ; c'est la prière du *maghreb*.

La cinquième peut se faire jusqu'au début de celle du jour suivant avec une préférence pour qu'elle soit réalisée au milieu de la nuit ; c'est la prière du *'isha*. On voit donc qu'elles respectent des mesures assez strictes mais avec une marge quant au moment où l'on peut les faire.

J.N. On prie cinq fois au début de chacune des périodes ?

T.R. Pas forcément au début. Tout au long de la période même s'il existe des préférences pour leur accomplissement. Il est important de savoir cela, car certaines personnes, quand elles nous voient vivre en Europe, supposent qu'on doit tout arrêter, étendre notre tapis et prier de suite et n'importe où. Ce n'est pas le cas. On a une période de temps, et on peut s'adapter.

Ajoutons que chacune des prières est faite de cycles (*rak'a*). Le matin, par exemple, on a deux cycles: on est d'abord debout, puis incliné, puis prosterné, puis à genoux, puis on recommence. Cela fait un cycle. Dans l'ordre, les prières sont constituées de deux cycles, puis de quatre, puis de quatre encore, puis de trois, puis de quatre, ce qui fait, en une journée, dix-sept cycles. Ces prières ont quelque chose de particulier et elles se construisent autour de la récitation du Coran. La première *sourate* («verset») du Coran, la *fatiha*, est lue à chacun des cycles alors que l'on ajoute une sourate ou quelques versets, selon un libre choix, dans les deux premiers cycles de chaque prière. Ces prescriptions exigent du musulman l'apprentissage par cœur de passages plus ou moins long du Coran. En général, cet apprentissage est rapide mais il existe un grand nombre de musulmans qui connaissent le Coran par cœur dans sa totalité: on les appelle *hafiz*. C'est une tradition, pendant le ramadan, de réciter la totalité du Coran durant les prières de la nuit: chaque jour un trentième. Cela explique également la place importante que le texte sacré tient dans la vie des musulmanes et des musulmans.

Les prières rythment la vie du musulman. Et elles sont des pauses dans sa vie quotidienne. Pourquoi? À quoi servent-elles? La révélation coranique répond à ces interrogations: *Et accomplis la prière pour te souvenir de Moi.* Le plus grand risque pour un croyant, une fois qu'il a prononcé la *shahada*, c'est l'oubli, la négligence au point de finir par faire de sa relation avec Dieu un fait annexe, secondaire, marginal. La prière aide celui qui porte la foi à ne pas oublier. Telle est la fonction première de la prière rituelle qui exige donc une grande présence de cœur et de conscience. Elle est vraiment centrale dans la vie du musulman, à tel point que le Prophète a dit qu'*entre la foi et la négation de la foi, il y a le délaissement de la prière.*

Il faut ajouter encore ce que nous mentionnions tout à l'heure, à savoir les invocations (*ad-du'a*). En effet, les croyants sont invités à invoquer Dieu en permanence, à prendre le temps de prières à Dieu qui ne sont pas codifiées. Ils sont libres, ils peuvent s'exprimer comme ils le veulent, dans leur langue. Alors que la prière rituelle est faite en arabe et suppose l'apprentissage de quelques courtes sourates ou versets. Toute autre invocation est faite dans la langue de la personne, dans un dialogue intime et immédiat avec Dieu.

J.N. Revenons un instant sur la prière rituelle. Est-ce qu'elle doit obligatoirement être faite en communauté? Ou est-ce qu'il vaut simplement mieux qu'elle soit faite en communauté?

T.R. C'est une bonne question. La prière peut être faite seul ou en communauté. Mais il y a une tradition prophétique qui dit que *la prière faite en communauté vaut vingt-sept fois plus que la prière faite seul*. La prière, comme chacun des autres piliers de la pratique musulmane, porte une double dimension : celle de l'individu, qui répond dans sa solitude aux exigences de sa foi, mais également celle de la communauté qui se réalise dans la présence de soi pour l'autre, dans une pratique partagée, dans une fraternité chaque jour alimentée. C'est en somme la verticalité jamais réellement vécue si elle ne se complète par l'horizontalité, à savoir l'exigence de communion avec les hommes.

Le terme *mosquée* veut dire littéralement le « lieu où l'on se prosterne » (*masjid*). Dans ce lieu où l'on se prosterne, il y a l'idée de la communauté de foi. Donc on peut faire une prière seul, mais il est toujours préférable de la vivre en communauté. C'est une dimension très importante, même dans notre vie en Europe, et il est nécessaire qu'elle participe de l'identité du musulman : ce sentiment d'appartenir à une communauté est intrinsèquement lié au fait d'être musulman. Il faut cependant bien faire la différence entre une communauté de foi et de spiritualité et l'enfermement communautaire. Nous aurons à revenir à cette question dans l'un de nos futurs entretiens.

J.N. Arrêtons-nous un instant sur le rôle de la mosquée. Bien entendu, il est préférable de faire les prières dans la mosquée, sauf si, pour une raison quelconque, on ne peut y accéder, le déplacement étant tout de même difficile durant les jours de la semaine. En revanche, le vendredi est le jour où l'on se rend à la mosquée pour dire les prières. Est-ce une présence obligatoire?

T.R. Le vendredi (*al-jum'a*) est, littéralement, le « jour de la réunion » comme l'exprime le mot arabe. Les musulmans sont invités à venir à la mosquée pour accomplir la prière du début de l'après-midi. Cette prière est particulière, elle commence par un sermon que fait celui qui officie et qui va diriger la prière *l'imam*. Après le sermon, une prière de deux cycles est accomplie exceptionnellement puisqu'on considère que le sermon a remplacé les deux autres cycles dont est normalement constituée cette prière. Elle est obligatoire dans la majorité des écoles de droit islamique mais avec des considérations qui pondèrent la nature de cette obligation en fonction de la situation de chacun. Cette prière est vraiment la réalisation de la prière rituelle en communauté.

J.N. Le sermon est-il, en règle générale, un commentaire du Coran ?

T.R. Pas forcément. Ce peut être n'importe quel sujet à partir du moment où il est orienté vers l'éveil de la foi dans la vie quotidienne des gens et le réveil de leur conscience et de leur intelligence. Il est grandement conseillé, pendant ce sermon, de parler aux gens en fonction de leur environnement et de ne pas leur parler de choses abstraites.

J.N. Celui qui prononce le sermon est un *imam*. Le nom désigne celui qui se tient devant l'assemblée. Est-ce le chef de la communauté ou bien un lettré qui vient parler ? Quelle est exactement sa fonction ?

T.R. Il existe aujourd'hui des instituts qui délivrent des diplômes et officialisent le statut d'imam pour celui qui a suivi un cursus déterminé selon les pays. Souvent les gouvernements cherchent à généraliser ce procédé pour avoir un droit de regard sur qui parle dans les mosquées. Cela reste une réalité très marginale.

Dans la très grande majorité des situations, l'imam est celui dont la communauté locale a reconnu les compétences. C'est donc un homme qui soit a suivi des études officielles, soit a une bonne connaissance de l'islam, du Coran et des divers domaines des sciences islamiques avec une maîtrise de la langue. L'imam n'a pas de fonction cléricale spécifique, il peut parallèlement être étudiant, ingénieur, médecin ou d'une autre profession à partir du moment où il est musulman, pubère, de bonne réputation sur le plan moral et bien sûr compétent. L'imam est, littéralement, « celui qui se place devant » et en islam il doit être choisi par ceux qui se placent derrière. On officialise parfois ce statut mais la plupart du temps la gestion se fait de façon interne et informelle. Il arrive, il faut l'avouer, que cette gestion soit anarchique et peu maîtrisée, avec, de surcroît, des luttes d'influence qui parfois mènent à ne plus respecter les principes de compétence et de bonne moralité.

J.N. Le plus étonnant dans cette organisation est l'absence de hiérarchie religieuse. Peut-être existe-t-elle à certains endroits ou dans certains pays mais c'est essentiellement chacune des communautés qui choisit. D'une certaine façon, l'islam rejoint la pratique des protestants où le Conseil de paroisse élit le pasteur, contrairement à ce qui se passe chez les catholiques où la nomination du curé est faite par la hiérarchie.

Par contre, dans certains pays, par exemple en Iran qui est chiite, la nomination des ayatollahs dépend d'une hiérarchie largement impliquée dans la gestion politique du pays.

T.R. C'est cela. C'est l'influence restante du principe de filiation dont nous parlions toute à l'heure, avec Ali, qui a mené à une sorte de hiérarchie à l'intérieur de la tradition chiite. Elle est inexistante dans la tradition sunnite qui, généralement, se tient à cette idée de l'élection, du choix, de la cooptation. Il y a bien sûr, au niveau des départements universitaires et des institutions, une gestion des processus du choix mais le principe, quelle que soit la forme que prend le modèle d'organisation, demeure.

J.N. Les dignitaires ecclésiastiques, ceux qu'on appelle des *mollahs* ou des *ayatollahs*, sont au fond des savants : des lettrés, des spécialistes du droit, des spécialistes du Coran. Mais ils n'ont pas en principe une fonction ecclésiastique ?

T.R. Il existe, comme nous l'avons dit, une hiérarchie très marquée dans la tradition chiite avec des statuts spécifiques pour les mollahs ou pour les ayatollahs par exemple. Bien que cette hiérarchie les apparente au clergé catholique, il convient de remarquer que le rôle des dignitaires religieux chiites ne correspond pas du tout à celui du prêtre, tel qu'on le connaît dans la tradition chrétienne. Ils se marient, ils orientent, ils conseillent, ils édictent des avis juridiques mais ils n'officient pas entre le profane et Dieu.

On trouvera d'autres fonctions dans la tradition musulmane : le *mufti*, qui connaît le droit et énonce des avis juridiques ; le *faqih*, qui est spécialisé dans le domaine des prescriptions du droit mais pas forcément avec la compétence de formuler un avis juridique comme c'est le cas du mufti ; le *'alim*, dont le pluriel est *ulémas*, qui est le savant au sens large, de l'une ou l'autre des sciences islamiques, souvent diplômé d'un institut reconnu, le qadi qui est le juge, etc. Mais il n'y a aucune hiérarchie dans la gestion et le rapport de ces diverses fonctions.

J.N. On quitte le deuxième pilier pour passer au suivant.

Le troisième pilier : la zakat

T.R. Le troisième pilier, c'est la *zakat*, notion que les orientalistes ont traduite par l'«aumône légale». Quant à moi, je suis d'avis que les musulmans vivant en Europe doivent contribuer à la précision des formulations et des traductions. « Aumône légale » est une formule construite à partir de la terminologie usuelle du christianisme. Elle ne correspond pas à la réalité et nécessite d'être revue.

Dans le terme *zakat*, il y a, littéralement, l'idée de purification. C'est une taxe, un impôt qui a une fonction sociale, puisqu'elle est d'abord directement orientée vers le soutien des pauvres, des nécessiteux, des voyageurs.

Elle a aussi une fonction spirituelle qui est de purifier les biens, l'avoir, comme la prière purifie l'être et le jeûne purifie le corps. La *zakat* est donc *une taxe sociale purificatrice* par laquelle il s'agit de purifier ce que l'on a, tout comme l'on se doit de purifier ce que l'on est par un travail spirituel intense.

Qu'exprime cette taxe? D'une part que, même quand on est avec Dieu, on doit garder conscience de ce qu'il nous donne et ne jamais oublier la relation que nous avons avec le Très-Haut dans la gestion de notre avoir. Il n'y a pas de coupure entre ces deux sphères. C'est le sens de la purification dont nous parlions. Il existe bien sûr une dimension horizontale, communautaire. Vous voyez que l'on retrouve toujours cette perspective. Je suis seul avec Dieu en sachant ce qu'il me donne, mais je suis avec la communauté en sachant que je dois aussi donner. L'impôt social purificateur équivaut à retirer 2,5 % de la valeur de nos biens (le pourcentage diffère selon la nature des biens, par exemple en ce qui concerne les biens agricoles ou autre), dès lors que l'on a dépassé la limite des seuls besoins de nécessité. Si donc, en ce qui concerne notre avoir en argent, on n'investit pas et on ne fait pas fructifier notre richesse par une activité économique, notre avoir se réduit à peu de choses en quelques dizaines d'années.

Deux choses sont à mettre en évidence. La *zakat* est un encouragement à l'investissement économique parce qu'elle concerne l'avoir entier de chacun. Il faut donc produire une richesse. Il faut également mentionner le fait que la *zakat* fait naître et enracine en l'homme la conscience d'être un membre forcément solidaire de la société. On trouve cette idée, connue en Europe, et qui est un élément fondateur de l'espace social islamique, à savoir le droit du pauvre. Il est dit dans le Coran que les croyants sont ceux qui ont conscience que dans leurs biens il y a *un droit pour le pauvre et le nécessiteux*. La formule est explicite et attribue : à celui qui possède, l'exigence d'avoir à donner ; au pauvre, la dignité de recevoir et de revendiquer son droit, et non pas de demeurer en attente de la seule inclinaison charitable de ses semblables. À la lumière de la transcendance, la solidarité se traduit en responsabilité et en droit ; non à l'aune d'une seule bonté qui se serait émue par la mendicité d'un semblable. Cela peut arriver, mais ceci représente la marge de la solidarité et non son principe. Vous le voyez, on retrouve ici les dimensions de verticalité exigeante et d'horizontalité rigoureuse et toujours fraternelle.

J.N. Ce don est-il effectué de la main à la main, entre le donateur et celui qui reçoit, ou bien est-il collecté par la communauté et redistribué ?

T.R. Tout dépend du contexte dans lequel on se trouve. À l'époque du Prophète et de ceux qui lui ont succédé, une institution s'est peu à peu mise en place au niveau de l'État qui sera ensuite connue sous l'appellation *Baït al-mal*, littéralement, la « maison des finances », qui collectait la *zakat* et la distribuait. Ce type de gestion était encore d'actualité sous l'Empire ottoman et la collecte était soit centralisée, soit prélevée de façon locale.

Aujourd'hui, la collecte de la *zakat*, au niveau de l'État, n'existe plus en tant que telle dans un grand nombre de pays. Elle est désormais organisée et gérée par des associations locales ou des mosquées. Dans ces cas de figure, il appartient au musulman et à la musulmane, en conscience et après une étude de son environnement, de chercher et de trouver les meilleures voies pour verser le montant de sa *zakat*. S'il est une association en qui l'on a confiance et qui fait ce travail, il est possible de lui verser l'argent. Comme cela existe déjà dans le monde musulman, comme en Europe ou aux États-Unis. Certains préfèrent donner de main à main, ce qui est également possible puisque c'est un acte qui relève de la conscience. Reste qu'il faut s'assurer de connaître vraiment les gens ou le milieu auquel on verse l'argent parce qu'il faut éviter d'agir avec légèreté et inconscience, surtout parce qu'il s'agit du droit des pauvres dont on ne doit pas les priver par naïveté ou négligence.

La *zakat* exige des associations et des gens qui s'en occupent une excellente connaissance du milieu et des situations dans lesquels ils sont actifs. C'est une grande responsabilité car l'un des principes de la *zakat* est d'être dépensée au lieu même de son prélèvement. En aval de son application, c'est une pratique humainement très exigeante, mais également spirituellement, intellectuellement et, bien sûr, par rapport aux modalités d'action dans un milieu donné.

J.N. Vous dites bien : le droit du pauvre. Il ne s'agit pas d'un impôt ecclésiastique, qui servirait à entretenir les bâtiments du culte et à rétribuer les permanents ?

T.R. Ce n'est pas d'abord sa fonction. Certains savants ont cependant relevé que, à la lumière du verset qui mentionne les huit catégories de personnes devant bénéficier de la *zakat*, on peut utiliser cet argent pour les mosquées ou autres projets de bien-être public si les besoins de la population pauvre sont couverts et assurés. Cette dernière cependant a la priorité.

Pour nous, en tant que musulmans vivant en Europe, l'impôt social purificateur doit servir aussi au soutien des musulmans en difficulté économique. Pour les aider à lancer un projet, à étudier, à organiser un travail ou autre. La nécessité ne manque pas et elle nous oblige à penser des voies originales pour la distribution et, je dirais, l'investissement intelligent des sommes récoltées. Ce serait grave de transformer la *zakat* en une simple donation de charité alors que, en son essence, elle est un instrument pour développer l'autonomie des plus démunis. On est loin de gérer les choses ainsi en Europe et ce par facilité, par paresse ou tout simplement par manque d'esprit d'initiative ou d'originalité. On en reste à des récoltes et des distributions qui transforment ceux qui se chargent de la collecte, associations ou individus, en de simples intermédiaires distributeurs. C'est un manquement grave à leur responsabilité parce qu'ils devraient au contraire être des promoteurs de l'action sociale, de l'initiative économique, de l'esprit d'entre prise et d'autonomie. Prélever ici pour dépenser ici, c'est développer une philosophie de l'action de solidarité et de la participation économique qui ne se réduise pas à gérer une aumône ponctuelle mais bien plutôt à élaborer des microprojets économiques circonstanciés, viables, dynamiques. Nous sommes encore très loin de cet état d'esprit, malheureusement.

J.N. Cette aumône obligatoire n'est absolument pas confondue avec les impôts, qui sont perçus par les États ou par les princes et qui eux servent au fonctionnement de l'État?

T.R. Tout à fait.

J.N. Ainsi la construction ou l'entretien de bâtiments, de mosquées, de *medersas* (« écoles coraniques ») et le paiement de traitements à des professeurs d'université, des ayatollahs, des mollahs sont à charge de l'État le plus souvent et ne sont pas financés par cette aumône.

T.R. Exactement. L'impôt social purificateur est vraiment quelque chose de spécifique. C'est un impôt religieux. Certains juristes ont relevé qu'il n'y avait qu'un seul impôt en islam, la *zakat*, alors que d'autres, au contraire, ont relevé que la *zakat* ne devait pas être confondue avec l'impôt, *ad-dariba* en arabe, parce que leur nature et leur fonction différaient. Les choses à mon sens sont plus simples que cela: d'un côté, on a un impôt, une taxe que le croyant verse comme un acte de foi et qui a une portée spirituelle, c'est la *zakat* (l'impôt social purificateur); par ailleurs on a des impôts qui servent à faire fonctionner la machine de l'État et qui sont les impôts que nous connaissons dans nos sociétés. Ces deux types d'impôts se ressemblent par leur caractère obligatoire (c'est bien le sens de l'impôt, de la taxe) et diffèrent par leur nature et leur emploi.

J.N. Il existe donc une nette distinction entre le spirituel et le temporel: cette séparation est assez rare dans les pays occidentaux. On y prélève une masse d'impôts, qui servent à toutes sortes de fonctions, en premier lieu les fonctions régaliennes de l'État, l'armée, la police, la justice. Mais une large partie des impôts qui sont payés en Occident maintenant servent à la solidarité. Les deux objectifs sont tout à fait mélangés, alors qu'ils sont bien séparés dans l'islam.

T.R. Notez que si le besoin devait se faire sentir, comme ce fut le cas parfois, rien n'empêche l'État d'ajouter un impôt de solidarité qui ne serait pas la *zakat* mais qui pourrait servir au soutien des pauvres si la situation était trop grave. La marge de manœuvre reste très importante et les adaptations sont très souples.

Le quatrième pilier : le jeûne

J.N. On peut peut-être passer au quatrième pilier.

T.R. Il s'agit du jeûne du mois du *ramadan*. Là aussi, il faut clarifier les choses. « Ramadan » est en fait le nom du neuvième mois lunaire de l'année musulmane. La caractéristique des mois lunaires, c'est qu'ils ont vingt-neuf ou trente jours, alors que les mois solaires ont trente ou trente et un jours, ce qui fait que chaque année, le mois du ramadan avance d'environ une dizaine ou une douzaine de jours. En trente-six ans, à peu près, on a fait le tour de l'année. Durant ce mois, les musulmans vont, depuis environ une heure et quart avant le lever du soleil, jusqu'au coucher du soleil, s'abstenir de boire, de manger et de toute relation sexuelle. C'est donc un mois de rupture par rapport à la vie quotidienne. Il exige le réveil de la spiritualité et la conscience de la présence de Dieu.

C'est une volonté, de la part du musulman, de prendre ses distances avec le monde pour se rapprocher du Créateur des mondes. Cette dimension spirituelle est fondamentale, expression intime de la verticalité. Mais la dimension horizontale se présente comme le complément indispensable puisque le jeûneur entre en une sorte de communion avec les pauvres de la terre. Sans boire, sans manger, il est encouragé à donner, à partager et à participer à la vie communautaire. La privation du corps, c'est la revivification de l'énergie spirituelle.

Le verset coranique qui parle du jeûne l'inscrit dans l'histoire des prophéties comme l'expression de la fidélité à tous les messages précédents. *« Ô vous qui portez la foi, le jeûne vous est prescrit comme il a été prescrit à ceux qui vous ont précédés. »*

Il y a un secret dans le jeûne, que toutes les traditions religieuses connaissent et ont connu. Là se situe le secret d'une spiritualité vivante, toujours avec ce double aspect : verticalité, par la solitude devant Dieu et horizontalité, par la solidarité avec les hommes.

J.N. Il s'agit peut-être de la pratique la plus spectaculaire pour les observateurs extérieurs. Comme vous l'avez dit, le jeûne existe dans les autres religions. Mais il a tendance à être abandonné.

Par exemple en Occident, dans les Églises chrétiennes, le jeûne ou l'abstinence de viande, qui était de règle tous les vendredis ou pendant tout le Carême, c'est-à-dire quarante jours, a pratiquement été abandonné. Dans le monde protestant, cette prescription demeure abstraite et ne fait pas l'objet de prescriptions obligatoires. Chez les catholiques, il ne reste que deux jours de jeûne par an. Mais un jour de jeûne, pour un catholique, signifie simplement que l'on se limite à un repas et à deux collations. Il ne s'agit donc absolument pas de l'abstention rigoureuse d'aliments et de boissons pendant la durée de la journée.

La pratique islamique est évidemment très frappante pour un chrétien. Elle constitue un témoignage de foi singulier. Il n'y a aucune confession en dehors de l'islam qui manifeste de façon aussi massive sa foi à cette occasion-là. Les autres religions ou même les incroyants pourraient au moins s'en inspirer, sinon la pratiquer. Il est clair aussi que cette prescription n'est pas applicable à tout le monde, par exemple aux enfants ou aux malades.

T.R. Nous avions parlé tout à l'heure de l'âge de la puberté qui est la référence pour la pratique sauf pour le payement de la *zakat* qui doit être prélevée sur la richesse d'un enfant quel que soit son âge. Pour le ramadan, outre les enfants qui n'ont pas l'obligation de jeûner, on trouve des dispenses ou des allégements pour les femmes indisposées, enceintes, pour les personnes âgées, les malades ou celles et ceux qui sont en voyage. Dans ces situations, soit on rattrape plus tard, soit on nourrit un pauvre par jour de jeûne non effectué.

Le principe de la non-difficulté est essentiel en islam : *Dieu n'a pas voulu de gêne pour vous dans la religion*, est-il dit dans le Coran. Ailleurs, il est aussi précisé que *Dieu ne demande pas d'un être humain plus qu'il ne peut porter*.

Quant à la pratique, et à son pourcentage, il est vrai que, en ce qui concerne le jeûne, celle-ci est impressionnante. En Europe, comme dans le monde musulman, on atteint des taux de pratique du jeûne allant de 70 % à 80 %. Certes, tout se mélange ici, la tradition familiale, le sentiment de fête, etc. mais il reste que les femmes, les hommes, les adolescents et les enfants pratiquent le jeûne et que le souvenir de Dieu, le sentiment de Sa présence est entretenu et approfondi pendant cette période.

Le dernier pilier : le pèlerinage

J.N. Passons au dernier pilier.

T.R. C'est le pèlerinage, pour lequel il est demandé à la femme et à l'homme qui en a les moyens, une fois dans sa vie, de se rendre à La Mecque pour vivre cette expérience. Ce pèlerinage a, bien entendu, une fonction de témoignage de la foi, de présence au lieu central, la maison de Dieu sur le plan symbolique, qui est la *Kaaba*. Les musulmans s'y rendent, s'ils le peuvent, et suivent un rituel fixé comportant plusieurs étapes. On retrouve dans ce pèlerinage des choses essentielles sur le plan spirituel et communautaire. D'abord, il est prescrit de s'habiller d'une façon qui va supprimer toutes les marques de différenciation. Par exemple, pour les hommes, ils porteront un habit qui ne comporte aucune couture, c'est-à-dire une sorte de pagne simple qui ne laisse rien apparaître du statut social du fidèle devenu l'espace du pèlerinage, et devant Dieu, l'égal de son frère. Pour les femmes, elles se couvriront selon la tradition musulmane, mais toujours avec sobriété et simplicité pour préserver l'égalité absolue des fidèles devant Dieu. Le nombre des musulmans qui se réunissent à La Mecque, durant le dernier mois de l'année lunaire, *Dhu al-Hijja*, est de l'ordre de deux millions, voire davantage. Quand on s'y trouve, c'est extrêmement impressionnant. Les musulmans viennent de partout avec cette même simplicité dans l'habit.

Le premier enseignement du pèlerinage est d'abord l'union, l'union de la umma au sens de la communauté des croyants du monde entier, dans une vision d'égalité. C'est ce double témoignage de l'individu qui seul chemine vers Dieu dans la communion avec ses frères et sœurs. De toute la périphérie, ils viennent chacun, et ensemble, au centre, pour répondre à l'appel du Créateur, le Maître de tous, l'Ami et l'Aimé de chacun. Ensemble ils accomplissent les rites, la prière, la circumambulation autour de la Pierre carrée, les allers et retours entre *as-Safa wal-Marwa* en souvenir de Hajar, la femme d'Abraham, qui cherchait de l'eau pour son fils Ismaël, etc.

Le pèlerinage est ce témoignage profond et fondamental. Si l'on analyse les quatre piliers de la pratique, on s'aperçoit qu'ils rythment le temps. La prière cinq fois par jour et la prière du vendredi, une fois par semaine. Le paiement de la *zakat*, une fois par année de même que le jeûne du ramadan. Le pèlerinage, enfin, qui doit être réalisé une fois dans sa vie pour qui en a les moyens. Au cœur de ce rythme, réside l'enseignement de l'harmonie et de l'équilibre du croyant qui se sait seul dans son cheminement et sa quête vers Dieu mais dont le cœur s'attache à la « communauté de ces solitudes » dans la communion de foi, la pratique communautaire, l'amour, la solidarité et le respect…

J.N. Ces pratiques font maintenant défaut au monde occidental, qui a cessé de rendre visiblement témoignage de sa foi, tandis que l'islam participe au rythme cosmique. L'unité cosmique est voulue par Dieu puisqu'il est Créateur. Il est donc de bonne pratique de le rappeler à intervalles réguliers.

Cette préoccupation se retrouve dans la tradition chrétienne : il y a une année liturgique ; il y a un cycle hebdomadaire couronné par le dimanche ; dans le cas des ordres contemplatifs, les offices de la journée reproduisent d'une certaine façon le schéma que vous avez évoqué.

Votre exposé donne une bonne idée des cinq piliers et de l'esprit dans lequel il faut les considérer. Néanmoins je voudrais énoncer ici, non pas des objections, mais des critiques, du point de vue de l'Occidental. Il admire cette fidélité à la religion, mais il se sent légèrement menacé par des gens qui ont une pratique aussi régulière et massive. L'Occidental l'a abandonnée. Même s'il se sent chrétien, il tient souvent un discours confus et incertain : chrétien croyant oui, mais pratiquant non. Dans l'athéisme pratique des

Occidentaux, l'attitude est schizophrène : du bout des lèvres on confesse une foi que l'on se glorifie de ne pas pratiquer.

Est-ce qu'un musulman peut être croyant mais non pratiquant?

L'infidélité dans la pratique

T.R. Cette question fut l'objet de débats pointus entre les savants et certains n'ont même pas envisagé cette possibilité tant il leur semblait que le fait d'être musulman se concrétisait par la pratique.

Il faut cependant observer les choses concrètement. Vous trouverez très peu de musulmans affirmant : « Je ne suis pas croyant » mais beaucoup reconnaissent qu'ils n'accomplissent pas leurs prières quotidiennes ou qu'ils n'accomplissent pas le jeûne. En islam, dès lors qu'une femme ou un homme a prononcé avec conscience l'attestation de foi, « *J'atteste qu'il n'est de dieu que Dieu et j'atteste que Muhammad est son envoyé* », sa qualité de musulman et de musulmane est reconnue et aucun être humain ne peut se donner le droit ni le pouvoir de vérifier la sincérité de cet acte de foi en son cœur.

La pratique est la confirmation de cette disposition dont chacun est responsable devant Dieu et en sa conscience. Il ne peut s'agir de contraindre quelqu'un à pratiquer mais dans une famille, par exemple, la transmission du savoir et de la compréhension de ce que recouvrent l'attestation de foi et la pratique sont la responsabilité des parents, afin de permettre à leurs enfants de faire leur choix en connaissance de cause.

Il existe aujourd'hui des musulmans qui ont la foi sans vivre la pratique : certains par ignorance, d'autres par négligence, d'autres par choix. La responsabilité de la communauté religieuse par rapport à cette situation est de promouvoir une éducation religieuse qui permette au moins à chacun de se déterminer en connaissance de cause. Quand la non-pratique est due à l'ignorance ou à l'analphabétisme religieux, il ne s'agit pas d'un choix libre parce qu'il n'y a pas de liberté dans l'ignorance.

Toutes les traditions religieuses partagent ce souci : il faut respecter le choix de quelqu'un qui décide de ne pas pratiquer mais encore faut-il lui avoir donné le moyen de ce choix. Combien de jeunes sont aujourd'hui ignorants de leur propre tradition religieuse et se croient libres d'avoir décidé. Mais qu'ont-ils vraiment décidé? D'une certaine façon, on leur ment!

J.N. Bien évidemment, la pratique d'une foi, quelle qu'elle soit – l'islam ne fait pas exception – possède plusieurs visées. L'une de ces visées est le Salut. Le Salut ultime, le Salut après la mort. Un musulman, non pratiquant ou qui aurait un certain nombre de fautes graves à se reprocher, n'est pas pour autant rejeté par Dieu après sa mort. Il passe par une sorte de purgatoire. Par rapport aux cinq piliers, il n'en existe qu'un seul sur lequel on ne peut transiger. Celui qui renie sa foi en Dieu commet un péché irrémissible. Celui qui nie sa foi commet le péché inacceptable qui n'est pas pardonné.

T.R. Le verset coranique est explicite sur ce point : « *Dieu ne pardonne pas qu'on lui associe qui que ce soit, mais hors cela, il pardonne à qui Il veut (tous les autres péchés)* ». Le principe de l'unicité de Dieu (*at-Tawhid*) est fondamental en islam et Dieu ne pardonne pas qu'on Lui associe un être ou une autre divinité ou, bien sûr, qu'on nie simplement Son existence. Hors cela, il est dit qu'il pardonne tout. Dans un autre verset il est dit : « *Dis à mes serviteurs qui ont commis le péché à leur propre détriment : ‹ Ne désespérez du pardon de Dieu car Dieu pardonne tous les péchés* ».

Cette même idée se retrouve dans la formule célèbre rapportée par une tradition où Dieu dit : « *Ma miséricorde précède Ma colère* ». Les deuxième et troisième noms de Dieu sont « *ar-Rahman* » et « *ar-Rahim* », qui veulent respectivement dire le « Tout-Miséricordieux » et le « Très Miséricordieux ». La dimension de pardon est très importante et centrale en islam. D'elle naît l'espoir qui est directement enfanté par le sens du témoignage de l'unicité divine. Hors cette compréhension, nous n'avons rien à ajouter en tant qu'êtres humains : la relation entre Dieu et le croyant ne peut être soumise à aucune évaluation. Nous demandons que Dieu agrée les morts, leur pardonne mais Il est le juge dont tout nous dit qu'il est Bon, Pardonneur, Doux, Généreux, plein d'amour pour les créatures. Ce sont d'ailleurs quelques-uns de Ses quatre-vingt-dix-neuf noms connus.

J.N. Il existe donc une prière pour les morts. Ce que vous disiez tout à l'heure rejoint une formule qui est à la fois juive et chrétienne et qui, à mon avis, doit remonter à la religion abrahamique : « Dieu est lent à la colère et prompt au pardon ». L'auteur de la damnation est l'individu lui-même qui, jusqu'à la dernière minute, refuse Dieu et le rejette. Il se damne lui-même. Dieu ne juge pas. Dieu ne condamne pas. Cette conviction est fondamentale.

Elle a été retrouvée tardivement par le christianisme, qui a prêché pendant longtemps une religion du jugement de Dieu, face auquel nul ne peut se tenir sans trembler.

On pourrait peut-être parler brièvement de la non-pratique. Qu'en est-il des non-musulmans qui constituent une minorité dans un pays musulman? Ils ne sont pas tenus par le premier pilier, sinon ils deviendraient musulmans. Sont-ils tenus par les autres piliers?

T.R. Ils ne sont tenus par aucun des piliers qui sont prescrits pour les musulmans. Pas même la *zakat* puisque l'impôt social purificateur est un impôt religieux, fondé sur un acte de foi. Ni un juif, ni un chrétien, ni une personne de n'importe quelle autre tradition ne doivent le payer. Dès la rédaction de la Constitution de Médine, à l'époque de l'installation de Muhammad dans cette ville, il était clair que chacun était soumis à la pratique de sa tradition religieuse et devait être respecté dans son identité.

Dans les sociétés musulmanes, au cours de l'histoire, on a pensé à des systèmes de taxation différenciés et compensatoires pour tout ce qui touchait à la solidarité. À plusieurs reprises, le troisième calife Umar a soutenu des juifs et des chrétiens en difficultés financières au moyen des fonds de l'État. Le système de soutien et de solidarité fut pensé en fonction du contexte et l'adaptation est la règle dès lors que l'on respecte le droit des minorités à voir leur croyance respectée, leurs pratiques religieuses protégées et leurs droits reconnus. Ceux-ci incluent bien sûr celui d'avoir droit à la solidarité sociale, dont chaque citoyen doit pouvoir bénéficier en cas de nécessité.

J.N. Cela signifie en clair que le non-musulman ne paye pas la *zakat*, mais un autre impôt qui est du même montant et qui va servir à autre chose.

T.R. Il ne paie pas la *zakat*, mais on peut penser à un autre impôt à des fins de solidarité sociale. Le Coran, et la pratique du Prophète, font référence à une autre taxe appelée *jizyah* que l'on a maladroitement traduit par «capitation». Elle est d'une autre nature que la *zakat* et correspond à la participation financière des minorités en échange de leur protection par l'État.

J.N. Une sorte de taxe militaire pour ceux qui ne servaient pas dans l'armée?

T.R. Oui, exactement. Les membres d'une minorité religieuse ne sont pas tenus, dans une société majoritairement islamique, de s'engager militairement pour la défendre. Une taxe militaire leur est donc demandée en échange de leur protection. On connaît ce système en Europe. De nombreux gouvernements l'ont appliquée et comprise en ce sens puisqu'ils ne la prélevaient que pour les hommes adultes et non pas pour les femmes, les vieux et les enfants.

Dans deux cas l'homme se voyait dispensé de son versement: soit il s'engageait militairement et de ce fait la taxe n'avait plus lieu d'être, soit l'État était incapable d'assurer la protection de ses sujets et ne prélevait pas cet impôt. On connaît plusieurs cas répertoriés dans l'histoire du droit islamique où le gouverneur a restitué les sommes prélevées de la *jizyah* parce qu'il n'était pas à même de remplir le contrat de la taxe militaire en échange de la protection.

L'islam, religion sans sacrements

J.N. Je voudrais peut-être souligner une particularité qui n'est pas toujours perçue: dans les cinq piliers, il n'y a absolument pas le concept du sacrement au sens de certaines confessions chrétiennes: un signe sensible qui entraîne un bénéfice spirituel, pourvu qu'il y ait une attitude de foi commune à celui qui le donne et celui qui le reçoit. Cela ne peut pas être un simulacre.

On entre dans une Église chrétienne en étant baptisé même si on est tout à fait inconscient comme le sont les enfants baptisés bien avant d'avoir l'âge de raison.

Si on confesse son péché dans les Églises catholiques ou orthodoxes, on en est instantanément absout.

Existe-t-il des rites analogues dans la foi musulmane?

T.R. On touche ici un point très sensible quant à la différence de conception de vie et de foi qui existe entre la tradition chrétienne et la tradition musulmane. En clair, il s'agit du rapport entre le sacré et le profane, du rôle du sacrement justement. En islam, cette distinction ne ressemble pas à la conception chrétienne. À partir du moment où je me souviens de Dieu j'accède, intimement, à la dimension sacrée : le profane est tout simplement l'oubli et le sacré ne nécessite aucun sacrement. Tout acte devient sacré à partir du moment où il se fait dans le souvenir du Très-Haut et il n'y a aucune cérémonie particulière qui marque le passage du profane au sacré. Il s'agit simplement du passage de l'état naturel à la conscience de la création nourrie par l'idée de la « soumission » de soi et des éléments : tel est le signe de l'entrée dans le sacré. La ligne de démarcation est extérieurement très ténue mais elle marque une disposition fondamentale de l'intimité : tout acte, apparemment profane, devient sacré, par l'état de la conscience qui le produit.

Aussi étonnant que cela puisse paraître à des oreilles habituées aux catégories de la philosophie occidentale, le produit de la faculté de raison est sacré en islam s'il est accompagné de la conscience de la présence du Créateur. Les antithèses entretenues dans l'histoire des mentalités occidentales du type foi opposée à raison ou religion opposée à rationalisme sont inopérantes en islam : l'antithèse fondamentale est ici souvenir opposé à oubli. La foi ou la raison, dans l'oubli, errent ou se perdent ; la foi ou la raison, dans l'intime souvenir, confirment et sacralisent. De fait, tout acte de raison ou tout contrat social auquel on a adjoint le souvenir de Dieu devient sacré, sans qu'il y ait besoin d'autre sacrement. En islam, il n'y a pas de sacrement du mariage puisque c'est un contrat entre deux êtres qui, en stipulant leurs conditions respectives et leur accord dans le souvenir de Dieu, comprennent le caractère sacré de son application.

Ainsi en est-il sur le plan individuel. Il n'est pas besoin de témoignage autre que la sincérité de son cœur pour passer du profane au sacré. Saluer un semblable dans le souvenir de la transcendance est différent que de saluer un ami dans le champ restreint d'une relation reconnue et confirmée. La formule du salut musulman, *As-salam 'alaykum wa rahmatullahi wa barakatuhu*, « Que la Paix, la Miséricorde et le Bienfait de Dieu soient sur toi », dit autre chose que « Bonjour ! » ou « Salut ! ». Elle dit le salut souvenir, le sens d'une relation désormais sacralisée.

Les autres prescriptions de l'islam

J.N. Abordons maintenant les autres prescriptions, qui ne sont pas des piliers, mais qui constituent tout de même des pratiques importantes. Il en existe six cent treize dans le judaïsme. Dans le droit canon de l'Église catholique, il y a mille sept cent cinquante-deux articles. Quel est le nombre de prescriptions à l'intérieur du Coran?

T.R. Tout dépend de quels types de prescriptions l'on parle. Si ce que l'on entend par prescriptions sont les articles de droit, on s'aperçoit qu'il existe une divergence entre les savants spécialisés. Certains disent qu'il n'y en a pas plus de cent cinquante. D'autres avancent les chiffres de deux cent vingt et les plus exhaustifs dans l'interprétation des textes vont jusqu'à cinq cents ou six cents. Tous s'accordent à relever que, somme toute, le nombre des prescriptions juridiques est très réduit et que le Coran comporte surtout, hors les prescriptions du culte que nous avons mentionnées, des orientations générales qui nécessitent une intelligence humaine toujours active pour pouvoir les adapter aux changements de lieux et d'époques.

J.N. Parlons de certaines de ces prescriptions telles qu'elles sont perçues de l'extérieur, afin de distinguer à quel niveau elles se situent. Est-ce que c'est prescrit par le Coran? Est-ce que c'est admis par tous les musulmans? Est-ce que c'est au contraire une expression locale? Mettons à part tout ce qui concerne le statut de la femme et parlons d'abord du reste.
L'abattage rituel: il y a une viande qui est *halal*. Est-ce le même système que la viande *casher*, c'est-à-dire qu'on saigne l'animal avant de le tuer?

T.R. Ce n'est pas tout à fait la même chose que dans la tradition juive. En islam, il y a un rituel qui stipule clairement qu'on ne peut tuer l'animal qu'en ayant invoqué le nom de Dieu. On dit alors: *Bismillah, Allahu akbar*, qui veut dire: *Au nom de Dieu, Dieu est le plus grand*. Cela veut dire que l'on ne tue pas de son propre chef, gratuitement, mais devant Dieu avec l'intention de se nourrir. Ce souvenir, encore une fois, nous place dans l'ordre de la sacralité et indique clairement que tuer un animal, pour autre chose que se nourrir, n'est pas permis sauf exception, comme pour se protéger, par exemple.

Par rapport à cette prescription de la viande dite *halal*, on trouve, dans les grandes lignes, deux avis juridiques aujourd'hui. Certains savants disent : il faut que les musulmans maîtrisent cet abattage-là et l'on ne peut manger de viande que si elle est sacrifiée selon ce rite qu'il s'agisse du bœuf, du mouton, du poulet, ou de la volaille (le porc étant absolument interdit sous toutes ses formes). D'autres savants, sur la base d'une interprétation particulière des versets se référant à cette question, disent que les musulmans peuvent manger la viande des gens du Livre et qu'ils doivent simplement dire, au moment de manger, Bismillah ar-Rahman ar-Rahim, « Au nom de Dieu le Miséricordieux, le Tout-Miséricordieux ».

Les divergences concernent plusieurs points très précis : par exemple le fait de savoir si les gens du Livre demeurent des gens du Livre s'ils ne pratiquent pas ou si même ils ne croient pas en Dieu. Il est clair qu'il existe une latitude d'interprétation quant à savoir ce qui est prioritaire dans l'appartenance. D'autres éléments expliquent les divergences et, de ce fait, il n'existe pas de position unique.

Cela n'a rien à voir avec les disputes auxquelles on assiste dans divers pays quant à l'étiquette *halal* déposée sur les viandes et qui sont aussi la possibilité de maîtriser un marché non négligeable sur le plan financier. La règle ici est claire : il en est qui sont sincères et font un travail de contrôle pointu qu'il faut encourager et d'autres qui, par cupidité ou négligence, gèrent cette question avec le seul souci du gain. Ils mentent sur la marchandise et il faut les dénoncer.

Un mot encore pour la Suisse où on éprouve de grandes difficultés puisque l'abattage islamique est interdit ; la viande vient donc de l'extérieur. Dans cette situation, par exemple, des savants ont dit : puisque l'abattage rituel n'est pas possible, la permission de manger la viande des gens du Livre s'applique d'autant plus.

J.N. Cette prescription est-elle observée plus ou moins selon le degré de fidélité du musulman, un petit peu au sens de la nourriture casher chez les juifs ? Certains mangent casher et d'autres pas du tout. Est-ce que c'est le même genre de relation par rapport à la viande *halal* ?

T.R. Certains essaient de respecter les prescriptions de leur religion et il me paraît que c'est une bonne chose. Ils suivent en cela l'avis qui me paraît le mieux approprié, d'autant plus qu'il est aisé aujourd'hui d'obtenir de la viande *halal*. D'autres décident de manger de la viande de bœuf ou d'autres animaux autorisés en récitant la formule que j'ai rappelée. Eh bien, ils ne contreviennent pas non plus à l'islam puisque certains savants jugent qu'ils en ont parfaitement le droit.

J.N. On a déjà évoqué tout à l'heure l'interdiction de la viande de porc, qui rapproche tout à fait l'islam de la pratique juive dans le domaine. Elle a existé dès le début. C'est aussi une prescription coranique. C'est un interdit absolu. Du reste, un interdit tout à fait compréhensible dans le Moyen-Orient, puisque les cochons se nourrissant de déchets transmettaient des maladies. Bien évidemment dans cette réflexion, je rationalise comme un Occidental. Percevez-vous autre chose dans cette interdiction que ce que je viens de dire, c'est-à-dire une ritualisation d'une prescription hygiénique, une façon d'éviter que le peuple ne tombe malade ?

T.R. Toute prescription peut se comprendre selon deux lectures.

On a une «lecture de foi», pourrait-on dire, qui s'en tient au fait de considérer que «c'est interdit parce que Dieu l'a interdit» sans autre interprétation rationnelle. Il s'agit alors, simplement, de la reconnaissance d'une prescription pour ce qu'elle est.

On peut, par ailleurs, s'engager dans d'autres types d'interprétations qui, pour certaines ont clairement un sens et une valeur. C'est ce qu'ont fait un grand nombre de savants musulmans qui, comme vous l'avez fait vous-même, ont expliqué ces obligations et ces interdictions à la lumière de l'hygiène ou autre. Ils ne sont pourtant pas allés jusqu'à soumettre la prescription à la seule lecture rationnelle en se permettant de rendre caduc l'interdit ou le commandement parce que, par exemple, le climat avait changé. La raison éclaire mais elle n'est pas l'instance qui confirme ou infirme la prescription. Cette dernière ne peut être réduite à la seule rationalité, elle participe d'un «révélé» qu'elle peut relativement comprendre mais qui la dépasse.

L'obsession du pur et de l'impur

J.N. Je souhaiterais que vous établissiez un parallèle avec une obsession, qui existe dans le judaïsme et spécialement pour les intégristes : l'obsession du pur et de l'impur. Ils disposent d'une liste interminable de choses qui sont pures et de choses qui sont impures, de gestes que l'on peut faire, de gestes que l'on ne peut pas faire. Il y a évidemment l'impureté de la femme qui a accouché, l'impureté de la femme qui a ses règles, l'impureté du mort ou du malade. L'impur couvre manifestement des prescriptions hygiéniques. Lorsque quelqu'un est mort de la peste ou de la lèpre, il faut passer la maison à la chaux vive.

Mais on voit bien, dans la société actuelle, que chez certains juifs c'est devenu obsessionnel. Cela n'a plus beaucoup de signification pratique. Les prescriptions de la nourriture casher sont des prescriptions extrêmement contraignantes : quand bien même les aliments sont casher, on ne peut pas les cuire dans une casserole qui a contenu des aliments non casher ou dans une casserole dont vous n'êtes pas sûr qu'elle n'ait jamais contenu autre chose que des aliments casher. On a le sentiment que les prescriptions rituelles sont totalement déconnectées de la réalité d'aujourd'hui et qu'elles résultent d'une obsession de la fidélité à une pratique ancestrale. Est-ce que ce type d'obsession se développe à l'intérieur de l'islam ?

T.R. On a, bien entendu, le souci de respecter ce qui est effectivement prescrit et ce qui ne l'est pas. Mais l'obsession de la pureté jusqu'à s'en torturer l'esprit ne traduit pas l'orientation des enseignements de l'islam. Il faut rester exigeant mais toujours dans l'équilibre entre l'intention sincère de faire de son mieux et la nécessité de ne pas alourdir inutilement son quotidien avec des règles insurmontables.

Il existe une recommandation prophétique qui nous enseigne justement de nous séparer de cette tendance de la tradition juive en évitant les questions inutiles et souvent scabreuses. En somme, un musulman, au cœur de son souci de rester fidèle, apprend que la paix d'une intention sincère et confiante doit précéder et l'emporter sur l'obsession du détail suspect.

J.N. Donc, en dehors de l'interdiction du porc, il n'y a pas d'autres interdictions qui porteraient sur certains types de poissons et pas sur d'autres ?

T.R. Le porc, ce que nous avons dit sur la viande *halal*, les viandes dont on n'aurait pas pris le temps de laisser le sang s'épancher. Ce sont effectivement les prescriptions fondamentales de l'islam.

La prohibition de l'alcool

J.N. L'islam a pu faire l'économie de l'alcool.

Il y a deux façons d'envisager l'alcool dans l'Occident. Tout d'abord, c'est un fléau, il faut le dire. Dans certains pays méditerranéens de tradition chrétienne, l'espérance de vie plus courte des hommes que des femmes résulte d'abus d'alcool, combiné souvent avec le tabagisme.

Mais il existe un autre aspect de l'alcool : spécialement dans les pays latins, il est synonyme de convivialité, synonyme de bon goût, synonyme d'artisanat, même d'artisanat d'art dans certains vignobles réputés. Au nord de la Méditerranéenne il existe une culture du vin. Vin, qui est quelque chose de symbolique, puisque, pour les chrétiens en particulier, dans le sacrement de l'Eucharistie ou dans la Cène, il représente le sang du Christ.

Au sud de la Méditerranée, on trouve une culture qui adopte vraiment l'attitude opposée, avec le bénéfice évident que l'on n'y trouve pas d'alcoolisme. Pour moi, en tant qu'Occidental, et en tant que chrétien, l'abstinence de vin coïnciderait avec une certaine perte dans la joie de vivre.

J'ai quelque peine à réconcilier cette abstinence avec l'image que je me fais de l'islam tellement porté sur la joie de vivre, tellement peu porté sur l'austérité.

T.R. L'islam ne s'oppose pas au bien-être et à la joie de vivre. Quant à l'alcool, la prescription est claire, elle est coranique. L'interdiction s'est faite de façon pédagogique sur près d'une dizaine d'années. Il y a d'abord eu la mise en évidence du fait qu'il y a plus de désavantages que d'avantages dans la consommation d'alcool. Le second verset révélé dit : « *N'approchez pas de la prière alors que vous ne savez pas ce que vous dites* ». Enfin, la troisième étape, qui est la dernière, traduit clairement l'interdiction de la consommation. Pour tous les musulmans cette interdiction est claire et définitive.

Dieu sait si aujourd'hui, en observant ce qui se passe dans le monde, je comprends ce que veut dire le message de la première étape : pour l'homme, cette boisson recèle plus de désavantages que d'avantages. Puis vient une conception centrale pour le musulman : le bien-être n'est pas synonyme d'oubli, de négligence et de perte de la lucidité. Au contraire. La gestion sensée de la vie devrait orienter l'homme vers une joie de vivre paisible, digne, humaine. En somme, il s'agit bien d'exprimer, au cœur de la joie, une certaine idée que l'on a de l'homme. Trouver la joie et le bonheur dans l'oubli de soi et la perte de la lucidité, c'est finalement avouer une conception bien pauvre, bien triste, de la vie, de la joie et du bien-être intérieur.

J.N. Vous avez énoncé les deux points de vue auxquels on peut se placer pour s'en abstenir. Mais, d'une certaine façon, c'est un geste de pénitence, c'est un geste d'abstinence, c'est un geste de jeûne. C'est une sorte de jeûne perpétuel ?

T.R. Non, pas tout à fait. Je voulais surtout souligner le fait qu'il y a une attitude fondamentale dans la perception islamique de la vie, qui se situe au niveau du statut de la lucidité. Ce qu'on a pu communément concevoir comme deux états opposés, à savoir la lucidité et la joie de vivre, n'ont pas du tout cette connotation dans la tradition musulmane. On peut être heureux d'être, sans oublier que l'on est et sans oublier cette lucidité de l'être. Finalement, le défi de la joie d'être, c'est de rester lucide et de goûter intimement et profondément au plaisir d'être là. Notre conception de la vie s'oppose à un divertissement de l'extrême où, parce que l'on ne supporte plus d'être un homme, on finit par chercher le plaisir pour lui-même, au risque de perdre les moindres signes de notre humanité et d'agir de la façon la plus insensée et la plus folle. Non pas seulement comme des bêtes, car il faut dire que les animaux ont plus de dignité que certains de nos semblables dans leur façon de vivre et de concevoir le plaisir et la joie de vivre. Certains excès sont effrayants.

Préserver sa conscience, sa lucidité, sa profondeur de cœur et d'être ne veut pas dire s'opposer aux divertissements, à la joie, au plaisir. La Révélation et Muhammad nous enseignent à ne pas oublier notre part de bien-être dans la vie ici-bas. Finalement, je dirais que la dignité du divertissement réside dans le fait de ne pas être oubli tout en produisant du bien-être.

J.N. Je voudrais citer une anecdote qui m'a été racontée par Jean Crettenand, un expert œnologue suisse, au sujet d'un collègue tunisien qu'il estime beaucoup et qui lui rend visite de temps en temps. Le rituel de dégustation du vin, même ici pour un œnologue occidental, est un rituel où l'on n'absorbe pas de vin : on le prend en bouche, on le hume et puis on le recrache. C'est du reste une procédure qui est absolument rigoureuse et qui permet d'évaluer la qualité d'un vin tout aussi bien que si on l'absorbait. Si, au terme d'une séance de dégustation menée de la sorte, on fait une prise de sang, il n'y a pas d'alcool dans le sang. Le collègue tunisien, qui a l'air très très puriste de ce point de vue-là, hume avec son nez, mais refuse même de mettre de l'alcool en bouche. Est-ce que c'est là que se situe la frontière ? Est-ce que le péché commence au moment où on met de l'alcool en bouche, même si on n'avale pas, pour avoir simplement le goût ?

T.R. Il faut établir une limite. La consommation de l'alcool est interdite en islam et il apparaît clairement qu'il y a un risque à mettre dans sa bouche un liquide dont la consommation est strictement interdite. L'homme en question agit donc avec sagesse et logique.

J.N. De la même façon que vous avez mesuré le taux de fidélité par rapport aux piliers, quel est le taux de fidélité du musulman à l'interdiction de l'alcool, à la fois dans un pays musulman et ici en Europe ?

T.R. Il faut distinguer les situations. Dans les pays majoritairement musulmans, on observe une grande fidélité à cette prescription, par le fait que le commerce du vin est très circonscrit. On en trouve dans certaines régions des pays musulmans, en particulier en Afrique du Nord, mais ce n'est pas la majorité.

Chez les jeunes, de la deuxième, troisième, voire quatrième génération vivant en Occident, le taux de consommation est plus important. Ce dernier augmente naturellement dans les banlieues et les quartiers où les jeunes demeurent sans encadrement social ni éducation religieuse. On trouve par ailleurs une consommation importante de drogue. Certains qui éviteront l'alcool n'éviteront pas la drogue.

J.N. Je voudrais évoquer le statut du non-musulman dans un pays majoritairement musulman. Je connais la situation au Maroc et en Tunisie, où cela ne pose pas de problème. Il subsiste des vignobles et le touriste étranger peut boire du vin, qui est du reste excellent. Par contre en Arabie Saoudite, c'est la répression la plus totale. Le non-musulman qui consommerait de l'alcool subirait une punition.

T.R. Vous citez l'Arabie saoudite : il faut dire que la gestion politique de ce pays est tout ce qu'il y a de plus trouble concernant tous les étrangers et parmi eux les musulmans, en particulier les Philippins et les Pakistanais ; cela ne concerne pas seulement les minorités religieuses. Ne l'oublions pas. Cela étant, se référant à une tradition prophétique affirmant : *« il n'y aura pas deux religions dans la Péninsule arabique »*, le gouvernement applique une gestion soi-disant fidèle à la lettre de ladite tradition mais qui en fait, appliquée de la sorte, est une trahison de l'enseignement fondamental de l'islam.

Dans les villes comme la Mecque et Médine, qui sont des centres religieux emplis de sacralité, il est légitime de respecter la spécificité du culte musulman. Mais dès lors que l'on fait soi-même venir des étrangers d'autres religions ailleurs dans le pays, qu'on les installe pour vivre et travailler, il est islamiquement inconcevable qu'on les empêche de pratiquer leur religion. C'est le minimum de liberté qui leur est due. Cela pour le cadre général. Quant à la consommation d'alcool, on ne peut empêcher des femmes et des hommes d'en consommer de façon privée et il ne peut être question de les punir pour une faute qui n'en est pas une dans leur conscience. Dès lors qu'ils respectent la société où ils vivent, ils ont droit à leur liberté de conscience, de pratique et de consommation avec la clause, connue dans les sociétés européennes, de ne pas déranger l'ordre public selon les critères de ladite société.

Pour l'alcool, comme pour tant d'autres choses, le gouvernement saoudien révèle ses contradictions et ses hypocrisies. Il réprime et châtie les plus démunis et les étrangers, Pakistanais, Philippins ou autres, en appliquant une claire discrimination vis-à-vis des autres religions pour légitimer son apparente gestion « islamique », alors que certains princes entretiennent un véritable commerce immoral, où l'alcool, la prostitution et les vidéos les plus obscènes le disputent aux tractations financières les plus douteuses et les plus sombres. Une honte que taisent et supportent, et soutiennent même, tant de régimes en Occident. Intérêts économiques et politiques obligent. Nous tous, musulmans comme Occidentaux, n'en sortons pas grandis et notre silence n'est pas le meilleur exemple de notre dignité.

Quant à votre question, il faut être clair : il n'est pas question en islam, sur le plan de la pratique religieuse, d'interdire à une personne d'une confession donnée de consommer un aliment ou une boisson qui ne lui est pas interdit par sa propre religion.

Les drogues et le tabac

J.N. Vous avez évoqué tout à l'heure le problème de la drogue. L'attitude du musulman à l'égard de la drogue est-elle identique par extension à celle au sujet de l'alcool ?

T.R. Oui. Les savants ont procédé par analogie. On a d'abord dégagé du texte coranique les principes essentiels sur lesquels se fondent l'ensemble des prescriptions islamiques liées à l'interdiction et à l'obligation.

Cinq principes ont été mis en évidence : la protection de la religion, la protection de l'intégrité de la personne, la protection de son esprit, la protection de sa filiation (famille, parenté, héritage, etc.) et enfin la protection de ses biens. C'est sur la base de ces principes et de leurs orientations que l'on va pouvoir légiférer sur les nouvelles situations inconnues à l'époque du Prophète. L'interdiction de l'alcool tient au fait des préjudices que cette boisson peut produire sur l'esprit et la santé, ce qui est clairement le cas de la cigarette et des drogues : par analogie et par extension, elles sont donc considérées comme interdites. Les juristes ont parfois divergé sur le degré de l'interdit : certains ont usé du terme *haram*, « interdit », d'autres de *makruh*, « détesté », parce qu'il existe une crainte parmi les savants quant à l'emploi du mot *haram*. C'est ici plutôt une question de terminologie, mais le fin mot, c'est que tant la cigarette que les drogues sont considérées comme prohibées. Chacun est redevable devant Dieu de la façon dont il entretient son corps et sa santé qui sont des dons que le croyant se doit de respecter. Sur le plan législatif donc, cette façon de procéder exige une application fidèle et rationnelle pour chaque nouvelle situation, pour chaque nouveau produit.

J.N. Bien entendu cette prescription est récente, parce que, même en Occident voici trente ou quarante ans, personne ne se rendait compte des dangers de la cigarette. Mon expérience, à cette époque-là, quand j'ai visité la Turquie, le Maghreb, le Liban, c'est que les gens fumaient et fumaient même abondamment.

T.R. Tout à fait. C'est un constant travail d'analyse et d'adaptation. La science et la médecine nous renseignent sur de nouveaux produits et leurs conséquences sur le plan humain ou physique ; il faut donc légiférer en connaissance de cause. On ne doit pas non plus s'arrêter à la drogue ou à la cigarette. Plus largement les médicaments sont soumis à la même méthodologie, qu'il s'agisse des neuroleptiques, des antidépresseurs, des somnifères, etc. Chaque produit va se voir attribuer une valeur éthique quant à ses diverses utilisations et à ses conséquences. Savants et praticiens musulmans travaillent de concert, comme c'est le cas dans différents autres domaines des sciences et du savoir pour orienter vers le bien-être et se prémunir des excès.

Les sacrifices rituels

J.N. Les sacrifices d'animaux pour l'*Aid-el-kabir* posent régulièrement des problèmes en Occident, parce que cet animal doit être abattu par le père de famille. Il y a un conflit avec les exigences d'hygiène imposées par ailleurs aux abattoirs. Qu'en est-il ?

T.R. Le sacrifice est un acte recommandé (*sunna*) et il n'est pas obligatoire au sens strict. Ce n'est pas forcément le père qui doit sacrifier et il arrive d'ailleurs très souvent que ce soit la femme qui s'en occupe.

On rencontre effectivement des problèmes en France ou en Belgique alors que les choses sont mieux organisées en Angleterre. Beaucoup de musulmans insistent sur le fait de pouvoir pratiquer le sacrifice du mouton, en mémoire du sacrifice d'Abraham, et ils aimeraient le faire dans des conditions dignes et hygiéniques. Ne trouvant pas de lieux appropriés, certains le pratiquent de façon anarchique et sans grande précaution. En islam, il est interdit de faire souffrir les animaux et toutes les conditions doivent être réunies pour pratiquer ce rituel avec pondération, dignité et ordre. Il convient de trouver les meilleures conditions pour cela aujourd'hui et, de ce fait, il faut promouvoir un dialogue entre les musulmans et les collectivités locales pour gérer comme il se doit ce problème. Il est triste et grave de voir des partisans des partis d'extrême droite, comme c'est le cas en France avec les propos de Brigitte Bardot, instrumentaliser ce désordre pour chercher à confirmer le fait que les musulmans sont de vrais « bouchers » avides d'abattages et de sang.

Les associations de défense des droits des animaux ont raison sur un point : on ne peut pas laisser les choses se faire dans l'anarchie. Elles vont trop loin cependant quand elles affirment que c'est une pratique à bannir. Quant aux musulmans, ils ont parfois le tort de ne retenir de la critique que le fait que, à leurs yeux, « les gens n'aiment pas l'islam ». La réalité, c'est qu'il faut garantir les droits de l'animal, gérer l'abattage au niveau des localités et faire en sorte que, tout en respectant la pratique des musulmans, les conditions d'hygiène et de bonne organisation soient garanties. Seul le dialogue permettra ces avancées à mon sens ; je crois que les responsabilités sont partagées. On peut tout à la fois respecter la conviction des musulmans et le droit des animaux. C'est surtout une question de volonté politique.

Une application raisonnable des prescriptions

J.N. En somme, vous énoncez ici le grand principe : aussi longtemps qu'on ne touche pas aux cinq piliers, les autres pratiques, la *sunna*, obligent le musulman dans la mesure où il peut s'y conformer, dans la mesure où la société est prête à l'accepter. Et sinon, il ne doit pas se montrer intransigeant sur ces prescriptions-là. Est-ce juste ?

T.R. C'est le cas d'ailleurs dans toute situation de nécessité et ce, même par rapport aux cinq piliers. On a vu qu'il y avait des latitudes dans l'adaptation. Dans notre pratique, il est un principe qui exige, en toutes choses, le fait de rester raisonnable. C'est la conscience de l'homme qui lui permet de savoir à quel moment il est raisonnable. La nécessité fait loi en islam ; par exemple lorsque l'on est en danger de mort, il devient obligatoire de manger du porc ou de boire de l'alcool si cela peut nous sauver la vie. La protection de la vie a priorité sur tout respect de prescriptions si ce respect peut mener à la mort.

Pour toutes les obligations, il nous est demandé de chercher à les respecter, mais nous devons bien sûr toujours tenir compte du contexte de vie. Et cela, pour les respecter de la meilleure des façons, mais également en cherchant à promouvoir une adaptation si nécessaire, ou à penser des aménagements par étapes. Cela ne veut pas dire qu'il faille démissionner dans sa pratique. Ce que, parfois, certains musulmans peuvent être amenés à faire. Non. Il s'agit d'être conscient de l'importance de la prescription, tout en respectant le cadre et le contexte dans lesquels on vit. Avec le dialogue les choses s'arrangent. Je n'imagine pas de contexte, sauf dans une dictature intransigeante, dans lequel on n'arriverait pas à trouver un terrain d'entente. Il faut du dialogue. Il faut une connaissance mutuelle.

J.N. Je suis très impressionné par ce que vous dites du caractère raisonnable que l'on doit apporter dans l'observation des prescriptions. Même le premier pilier, c'est-à-dire la proclamation de la foi? Si un musulman tombe entre les mains d'un païen, a-t-il le choix entre abjurer ou être tué? Est-ce qu'il est tenu d'accepter le martyre?

T.R. Non. Il doit, même dans cette circonstance, faire acte de « raisonnabilité », si je puis dire. En danger de mort, sous la persécution, il peut dire avec sa bouche ce qui n'est pas dans son cœur, pour préserver sa vie. En faisant cela, il ne commet pas de faute et ce qu'il a dû dire pour sauver sa vie ne compte pas devant Dieu. Tout acte fait sous la contrainte n'est pas considéré par Dieu au niveau de sa seule apparence. « *On connaît le contenu des cœurs.* »

J.N. Cela est contraire à la pratique du christianisme à ses débuts, où nombre de martyrs sont morts dans des circonstances atroces pour avoir refusé de rendre le culte dû aux empereurs romains. Du reste, la même situation a été vécue dans le judaïsme. Lors de l'occupation d'Israël par les Grecs durant les deux derniers siècles avant notre ère, des juifs ont été martyrisés simplement pour avoir refusé de manger du porc et cette fidélité à la foi dans ce qu'elle a de plus rituel a été considérée comme exemplaire.

En revanche, il n'y a pas un désir de martyre à l'intérieur de l'islam? On n'est pas un musulman plus parfait parce que l'on devient un martyr? Ce n'est pas l'objectif?

T.R. Il n'y a pas de culte du martyre pour le martyre et en tout cas pas pour ce qui concerne la seule pratique.

Le martyre reste pourtant une dimension importante en islam dans le registre de la résistance contre l'oppression, contre la tyrannie, pour la protection de son être ou/et de sa terre. C'est un véritable témoignage de la foi. Tous les moyens pacifiques et toutes les solutions doivent être envisagés d'abord, mais quand il n'y a pas d'autres issues, il faut accepter de défendre sa foi, la justice, la liberté, au prix de sa vie. Le martyre pour le martyre nous est interdit parce que, somme toute, il s'agit d'une forme de suicide ; mais le martyre pour défendre sa conviction quand elle est opprimée, la liberté, quand elle est niée, et la justice quand elle est transgressée. Tel est le vrai témoignage, *ash-shahada*, le signe de la sincérité et de la profondeur.

J.N. À titre de contraste, je voudrais évoquer une des grandes personnalités du christianisme, Thérèse d'Avila, qui est une grande sainte et même l'une des quatre femmes qui sont docteurs de l'Église catholique. Quand elle a eu treize ans, elle n'avait qu'une seule idée en tête : partir avec son frère jusqu'au Maroc pour se faire martyriser.

Donc, il existe dans le christianisme surtout latin un attrait pour le martyre. On recherche le martyre, parce que dans le martyre au moins on acquiert la certitude d'être sauvé. L'incertitude sur les conditions du salut personnel pèse lourd dans la mentalité chrétienne lorsqu'on la compare avec la mentalité musulmane.

CHAPITRE **3**

La position de la femme dans l'islam

Un sujet de contradictions et de malentendus

JACQUES NEYRINCK Le statut de la femme dans l'islam constitue un sujet incontournable. De n'importe quelle société, il permet de découvrir les forces et les faiblesses. À la fois parce que la moitié des êtres humains sont des femmes, mais aussi parce que le statut de la femme permet de comprendre la famille, qui reste la structure fondamentale dans toutes les sociétés. Il permet de vérifier dans quelle mesure l'égalité de tous les êtres humains est prônée et respectée.

Dans le cas de l'islam, le sujet est particulièrement sensible parce que l'Occident nourrit une suspicion généralisée sur le statut auquel la femme musulmane est astreinte. Bien entendu, il faudra faire la distinction entre ce que le Coran préconise, son application concrète dans les différentes sociétés islamiques et enfin l'image que l'Occident se fait de ce statut. Au départ se trouvent certainement une série de malentendus, de contradictions et de paradoxes. À titre d'exemple, l'Islam jouit de la réputation curieuse d'être à la fois laxiste et rigoriste en matière de sexualité.

Au moment où l'Occident redécouvre l'islam au XVIIIe siècle, l'expédition de Napoléon en Égypte par exemple a été un rendez-vous manqué. Les officiers et les savants en ramènent une image de la femme telle que des célibataires masculins en voyage peuvent l'expérimenter. Cette expérience limitée crée dans l'Occident l'idée d'un pays de rêve où les femmes sont séductrices et voluptueuses. Toute la peinture du XIXe siècle, Ingres par exemple, fait allusion à cet Orient mythique et voluptueux. Il n'est plus à la mode de choisir ses thèmes dans la mythologie gréco-romaine : l'Orient sert de mythe de substitution.

Durant ce siècle-ci, au fur et à mesure que les pays arabes ont acquis leur indépendance et leur autonomie, l'Occident stupéfait découvre que les pays islamiques sont au contraire très stricts. De là naît un état de doute et de stupéfaction : l'islam est-il plus ou moins répressif quant à la sexualité que le christianisme? Les musulmans sont-ils des débauchés ou des puritains? L'excès même des qualificatifs, l'oscillation entre des extrêmes montre la difficulté de se faire une idée simple et claire.

Prenons le cas de la polygamie, qui représente dans l'imaginaire des Occidentaux la grande différence entre chrétiens et musulmans pour le statut de la femme. Considérons Louis XIV, le roi très chrétien, marié à une seule épouse à laquelle il est censé accorder toute sa fidélité, mais qui entretient une série de favorites, auxquelles il fait des enfants reconnus et anoblis selon une coutume bien établie : la qualité du sang bleu l'emporte sur des considérations de légitimité. Les bâtards des rois et des nobles chrétiens occupent partout des positions importantes dans le gouvernement, l'armée ou le clergé. En pratique Louis XIV entretient un harem qui n'est pas très différent de celui de son collègue d'Istanbul, le sultan des Ottomans. La seule différence étant que, du côté turc, c'est officiel et du côté français, c'est officieux, c'est-à-dire à la fois hors de la loi et conforme à la coutume. Aucun sultan n'a jamais imaginé que le fait d'avoir un harem puisse constituer une faute morale. En revanche, Louis XIV nourrissait de grandes angoisses. Lors de ses déplacements un prêtre l'accompagnait pour le confesser au cas où il aurait un accident. Sur son lit de mort, une de ses dernières paroles à son héritier, le futur Louis XV, a été de dire qu'il souffrait beaucoup, mais qu'il souhaitait souffrir encore davantage pour expier tous les péchés de vanité et de sensualité qu'il avait commis. On ne conçoit pas un discours analogue dans la bouche d'un sultan : il mourra en regrettant les plaisirs dont la mort le privera.

En résumé, peut-on dire que l'Occident chrétien proclame une grande rigueur mais consent toutes les exceptions qui la rendent supportable tandis que du côté de l'islam les exigences sont plus réalistes mais qu'elles engagent vraiment? La position chrétienne est maximaliste, la position islamique est minimaliste, mais la loi est considérée dans le premier contexte comme un plafond et dans le second comme un plancher.

Les Occidentaux comprennent mal ce réalisme islamique doublé d'une fidélité exigeante. Est-ce que ce paradoxe représente la grande différence d'attitude des deux cultures vis-à-vis de la femme?

TARIQ RAMADAN Si l'on en juge par ce que dit le texte du Coran et par ce que vivent effectivement les musulmans, la relation entre l'homme et la femme est placée sous le signe de l'exigence. Mais l'on ne peut s'arrêter à ce seul constat. Il faut, quand on traite du sujet de la femme en islam, faire la différence entre ce que l'on trouve dans les textes, et qui est la référence pour les musulmans, et ce qui se passe dans les sociétés majoritairement islamiques, et qui n'est souvent pas, c'est le moins que l'on puisse dire, en accord avec les sources scripturaires.

On entretient souvent de grands malentendus dans le débat sur la femme en islam par cette confusion qui laisserait croire que les sociétés musulmanes sont l'exacte reproduction des enseignements du Coran et de la *sunna*. Vous imaginez bien que je suis souvent interpellé à ce sujet et il arrive que, lorsque je parle des références, on m'interpelle sur l'état des sociétés et inversement, quand je propose une analyse plus sociologique, on cite un texte tiré du Coran… Il faut donc sérier les problèmes et savoir de quoi l'on parle exactement.

Il faut mener les deux approches susmentionnées de façon complémentaire et l'on aura ainsi une vue plus claire sur la question de la femme en islam en tant que telle et sur les sociétés islamiques aujourd'hui. Il faut ajouter que, en aval de cette question fondamentale, le débat s'ouvre sur la conception spécifique de l'être, du couple, de la famille et plus largement de la société.

J.N. À travers tous les aspects que l'on va considérer maintenant, il faudra faire la distinction entre ce que l'islam lui-même demande puis ce que les hommes en font. Dans l'Occident chrétien, la même différence existe. Peut-être même que l'abîme entre l'idéal chrétien et la réalité est plus grand qu'il ne l'est dans l'islam.

La tragicomédie laïque du foulard islamique

J.N. Je proposerai peut-être qu'on aborde ce sujet par un détail, mais un détail qui a fortement frappé l'opinion occidentale : le port du foulard islamique et plus généralement des vêtements très enveloppants, qui sont obligatoires dans certains pays islamiques. Pas dans tous, du reste. Mais l'accoutrement des femmes afghanes est évidemment considéré comme humiliant et dégradant : elles ne peuvent sortir de chez elles que caparaçonnées dans une sorte de guérite de tissus, en se guidant à travers un grillage qui leur permet tout juste de voir et de respirer. Cela doit être particulièrement accablant dans un pays chaud. Et cela laisse entendre que les talibans, qui se prétendent étudiants en théologie, considèrent la femme comme un être dangereux au point que son seul aspect puisse ébranler les bases de la société islamique.

Je m'empresse de dire en contrepartie que la querelle faite au nom de la laïcité aux petites filles musulmanes qui portent ou qui souhaitent porter le foulard dans les écoles françaises, je ne la fais pas mienne. Loin de là. Cette intransigeance est spécifique de la laïcité française et il existe une tolérance plus grande dans d'autres pays où personne ne pose ce genre de problème. Si l'on veut introduire à la laïcité et à la modernité une petite Maghrébine, ce n'est pas en l'expulsant de l'école qu'on va y arriver, bien au contraire. Là aussi, il existe une attitude d'intolérance du côté français. Symétrique de celle des talibans. Ni l'un ni l'autre parti n'accordent aux filles le droit de se vêtir comme elles l'entendent.

Considérons maintenant l'enjeu concret du conflit : une famille maghrébine sait qu'elle va devoir vivre définitivement en France, elle n'a aucun espoir de retour. L'étroitesse d'esprit de la société française empêche d'intégrer les jeunes filles dans l'école en acceptant le port du foulard comme la famille musulmane le souhaite. Même si l'agression initiale provient de la société française, la réaction de la famille maghrébine reste inquiétante. Elle se résigne à ne pas donner d'éducation à la fille plutôt que de transiger sur un point de détail, qui a tout de même l'air un petit peu formaliste. Le salut spirituel d'une femme musulmane ne dépend pas du port de ce voile. Faut-il transformer ces jeunes filles en martyres pour une attention exagérée à une pratique rituelle secondaire ? Qu'en pensez-vous ?

T.R. La question du foulard soulève de nombreuses interpellations. Réglons d'abord la question de la terminologie : en faisant référence au texte coranique, et compte tenu de la compréhension qu'il faut avoir de la tenue vestimentaire de la femme, il m'apparaît que le terme le mieux approprié est « foulard ». Le terme « voile » garde une connotation très négative, alors que *tchador* est la référence perse (sur le plan terminologique comme par son style) du port du foulard.

Être au clair sur cette question de terminologie est important car l'on s'aperçoit vite, même quand on parle avec des journalistes et des proviseurs d'école, que les glissements sont fréquents… Porter le *tchador*, c'est soutenir le pouvoir iranien, c'est défendre le « voile » qui, par extension, « voilera » et « cachera » tout des femmes, comme elles le sont en Afghanistan. Le terme utilisé dit beaucoup de la représentation que l'on a de ce que les femmes portent pour cacher leurs cheveux et qui, en français, est communément appelé un foulard.

La question de ce port du foulard a été, à mon sens, révélatrice de deux choses. La question de la représentation, de l'image, que l'on a de l'islam et des femmes musulmanes est au centre du débat et particulièrement ces dernières années avec la nouvelle visibilité des musulmans en Europe en général et en France en particulier. Sur ce point, les responsabilités sont partagées : il y a un clair déficit de communication de la part des musulmans quant à expliquer leur religion et leurs pratiques, mais il existe aussi, dans les sociétés européennes, une grande ignorance, mêlée de tant d'*a priori* et de préjugés… Ces deux phénomènes empêchent le débat profond et circonstancié dont nous avons besoin aujourd'hui.

Les musulmans doivent se rendre compte que, dans le nouveau contexte qui est le leur en Occident, il leur faut redoubler d'explications. La sécularisation a provoqué une sorte d'oubli de ce que peut vouloir dire un acte de foi et de fait la seule pratique a tendance à être considérée comme hors norme, presque déjà à l'extrême du comportement « normal », c'est-à-dire habituel parce que devenu majoritaire. C'est le cas pour le foulard dont le port, tellement inhabituel, serait en soi l'expression d'une sensibilité et d'une pratique radicales, voire extrémistes, de l'islam. Dans le feu du débat, on a oublié et négligé la dimension de l'acte de foi, la dimension spirituelle de l'être. On assiste à une sorte de représentation unique de ce qu'est la liberté : nos sociétés, à grands renforts de représentations sophistiquées du « bien-être », nous ont appris que cette liberté résidait dans le « fais ce qu'il te plaît ». La foi, la spiritualité nous orientent vers une dimension exigeante de la liberté qui est ancrée dans l'intimité du « sois ce qu'il te plaît ». Deux représentations se rencontrent donc et doivent trouver les moyens d'une communication respectueuse et égalitaire. Ce n'est pas simple.

En France, certaines jeunes filles, contre l'avis de leurs parents, disaient : c'est ce que je crois et c'est l'expression de ma foi. Qui donc, sur la terre, peut se donner le droit de juger un acte qui s'enracine dans le cœur et la conscience d'un être? Je suis étonné qu'au nom d'une conception de la liberté on puisse se donner le droit de devenir un intransigeant dictateur de la conscience d'autrui. On touche là à des questions délicates et l'on doit s'interdire de juger l'autre à travers la seule représentation que l'on s'est faite de lui. Il faut écouter les femmes qui décident de se couvrir dans ce qu'elles disent d'elles-mêmes et de leurs choix. C'est avec cette sorte de décentrage que commence le véritable dialogue pluraliste et égalitaire dans une société.

Je pense que les termes du débat sur le foulard étaient mal posés dès l'origine. Deux représentations caricaturales se sont affrontées. D'un côté, il y avait la représentation d'un islam, forcément intégriste, puisqu'il offrait un type de pratique visible en total contraste avec des sociétés où le taux moyen de pratique ne dépasse pas 10 %. De l'autre côté, des musulmans se renfermant avec la certitude de vivre dans un environnement hostile qui refusait leur religion en les considérant toujours comme des étrangers. Il faut remonter à ce niveau-là des enjeux pour comprendre le caractère émotionnel et passionné qu'a pris ce débat en France par exemple.

Il faut donc revenir à l'essence du problème. Les positions se sont fermées et l'on doit s'engager dans un profond travail de pédagogie et d'éducation. Il est nécessaire de dépasser les attitudes passionnées et souvent aveugles. Il ne peut s'agir d'accepter et de légitimer l'attitude de certains musulmans et de certaines musulmanes qui diabolisent leur environnement sur la base de cette seule affaire. Ils ne veulent plus entendre parler d'école, de participation, de concertation. Refusant le dialogue, leur silence confirme la représentation que l'on avait d'eux: «Ils sont fermés, durs, intégristes». On ne peut non plus acquiescer devant certaines attitudes arrogantes, au sein des sociétés européennes, de certains courants de pensée qui sont persuadés de détenir le monopole de la modernité, de la liberté et du juste au nom de leur conception de l'universel. Ces attitudes empêchent le dialogue avant même de s'y être engagé. C'est aussi une question de psychologie sociale quant à la rencontre de deux univers religieux et culturels qui doivent s'apprivoiser ou en tout cas se respecter. Et le respect passera par la connaissance des principes de l'autre.

Beaucoup de personnes se sont engagées dans ce travail; il faut reconnaître que les initiatives de dialogue sont nombreuses. Celles-ci commencent par une position de principe qui devrait être partagée: imposer à une jeune fille ou à une femme le port du foulard n'est ni acceptable ni islamique ; imposer à une jeune fille et à une femme de l'enlever n'est pas acceptable non plus, ni en accord avec les droits de l'homme.

Je crois que c'est aussi simple que cela. Le dialogue doit ensuite s'engager en profondeur sur les représentations et les significations que l'on donne respectivement à nos pratiques. Il faut également s'occuper du domaine du droit qui, presque toujours, est plus ouvert et respectueux des libertés individuelles et collectives que veulent bien le dire certains qui lisent les lois de leur pays à travers le prisme de leur propre représentation de ce qui est « acceptable » ou non chez l'autre. Ils mélangent les domaines et nous devons distinguer clairement le débat sur le droit de la réflexion religieuse et philosophique. Nous avons beaucoup évolué en ce sens et notamment dans la commission Laïcité et islam de la Ligue de l'enseignement française à laquelle je participe. Les choses avancent, lentement, c'est normal, mais dans le bon sens.

J.N. Il faut du reste rappeler que l'on n'avait jamais reproché en France, ni aux petites chrétiennes de porter un collier avec une croix, ni aux petites juives de porter une étoile de David. En 1994, François Bayrou, ministre de l'Éducation en France, a poussé le ridicule jusqu'à publier une circulaire faisant la distinction entre « signes religieux ostentatoires » qui sont interdits et « signes discrets » qui sont admis. En 1996, le Conseil d'État a annulé cette distinction trop subjective pour constituer une base juridique valable et il a autorisé le foulard. Cela n'empêche pas certains enseignants de continuer une guérilla à l'égard des petites musulmanes voilées. Donc, il se manifeste, sous couvert de neutralité et de laïcité, une forme de discrimination à l'égard d'un témoignage religieux, qui est tout à fait stupéfiante. En clair, cela veut dire qu'une petite Française peut montrer qu'elle est chrétienne, éventuellement juive, mais pas musulmane. Ou encore qu'un signe d'appartenance religieuse est toléré pourvu qu'il soit tellement discret qu'il ne se remarque pas : d'accord pour une chaînette autour du cou avec au choix une croix, une étoile ou la main de Fatima. En revanche la minijupe agressive est acceptée parce qu'elle constitue une déclaration de mœurs libérées : elle est politiquement correcte au regard de la laïcité.

En tant que chrétien, chaque fois que j'ai vu qu'une petite fille était persécutée au nom de son témoignage pour l'islam, cela a interrogé ma mauvaise conscience de chrétien trop discret. Est-ce que je me manifeste suffisamment en tant que chrétien? Ou bien est-ce que je me glisse par lâcheté dans le moule de la sécularisation, qui devient une espèce de consensus mou où toutes les religions se valent parce que chacune ne vaut au fond rien du tout? Est-ce que l'on sait encore que je suis chrétien?

Pour le reste, je rejoindrai volontiers votre conclusion. Après tout, il appartient aux filles et aux femmes de s'habiller comme elles l'entendent, pourvu qu'elles ne soient pas indécentes ou provocatrices au-delà de l'usage socialement accepté de leurs charmes. Dans une de ces écoles qui font profession de laïcité et assaut d'intolérance religieuse, si une gamine arrive en classe avec les cheveux teints en vert, un anneau dans le nez et une minijupe abrégée, on n'ose pas formuler le moindre reproche de peur de paraître ringard. Si elle se présente avec un foulard sur ses cheveux, on l'éjecte. Le comble a été atteint en février 1999, où des jeunes filles, renvoyées pour port du foulard, ont bénéficié d'une exception: elles pouvaient revenir en classe les cheveux couverts pourvu que ce soit par un béret et pas un foulard. L'odieux le dispute ici au grotesque.

Finalement, la laïcité elle-même devient une religion qui ne supporte pas la concurrence avec les autres religions. Sous couvert de tolérance, elle devient totalement intolérante. Sans même le réaliser, elle opère des discriminations entre les religions traditionnelles dans la société, le christianisme et le judaïsme, des religions normales en quelque sorte, et une religion importée, l'islam, dont la visibilité est accentuée par sa nouveauté.

L'enseignement des filles dans l'islam

J.N. Après le hors-d'œuvre du foulard, venons-en à des questions qui sont plus importantes. Parlons de l'enseignement. Quelle est l'attitude de l'islam à l'égard de l'enseignement des femmes? Est-ce qu'il existe une discrimination entre l'enseignement qui est donné aux garçons et celui donné aux filles? Dans les medersas que j'ai visitées au Maroc, et où effectivement j'ai découvert de petits garçons en train de répéter le Coran pour l'apprendre par cœur, est-ce que les filles sont également admises?

T.R. C'est dans un domaine aussi important que celui-là qu'il faut effectivement faire la distinction entre ce que disent les textes et ce qui se passe réellement sur le terrain. Dans beaucoup de pays musulmans – mais je dirais que ce n'est pas parce qu'ils sont musulmans que les choses se passent ainsi – le taux d'alphabétisation des femmes est gravement au-dessous de celui des hommes.

D'un point de vue strictement islamique, c'est très clairement inacceptable. Les textes fondateurs de l'islam ne peuvent servir de caution à cet état de fait tellement ceux-ci sont explicites quant à la nécessité d'éduquer les femmes. L'éducation, le savoir, l'intelligence font partie de l'identité de la musulmane et du musulman. Le Prophète de l'islam est très clair sur ce point : *La recherche de savoir est une obligation pour tout musulman et toute musulmane.* Il a par ailleurs affirmé que celui ou celle *qui éduquerait sa fille de la même façon que son fils serait protégé des châtiments de l'au-delà.* Les traditions confirmant ces propos sont nombreuses et elles entrent toutes dans l'idée globale que, pour l'homme comme pour la femme, un vaste savoir est la condition d'une foi profonde.

Le texte coranique est clair : *Ceux parmi les serviteurs de Dieu qui Le craignent le plus (au sens de crainte révérencielle) sont les savants.* L'homme et la femme doivent suivre le même cheminement de la connaissance par rapport au Créateur. L'éducation est fondatrice de l'identité musulmane et le meilleur exemple en est la femme de Muhammad elle-même, Aisha, qui a transmis tant de traditions, éduqué tant de générations et qui, sa vie durant, est restée une référence en matière de connaissance religieuse.

Il reste que, entre cet enseignement fondamental et la réalité des sociétés islamiques aujourd'hui, le fossé est immense. L'ignorance des femmes telle qu'elle est répandue, voire entretenue, aujourd'hui est l'une des plus grandes trahisons du message de l'islam. C'est d'ailleurs le domaine essentiel de la discrimination des femmes. On ne peut nier ce phénomène aujourd'hui et il faut clairement s'engager à la résistance et à la réforme des systèmes éducatifs et des représentations sociales. De nombreuses femmes musulmanes se battent aujourd'hui pour leurs droits avec cette particularité, peu entendue encore en Occident, qui consiste à dire : « *C'est au nom de l'islam et des droits qu'il nous donne, c'est au nom de notre identité de musulmanes, que nous luttons contre les discriminations dont nous faisons l'objet dans nos sociétés.* »

J.N. D'après ce que je sais, dans les universités en Égypte il y a beaucoup d'étudiantes. On trouve des femmes qui sont professeurs dans les universités et leur proportion peut être plus importante qu'en Occident. À l'autre bout de l'échelle, en Afghanistan, la règle est le déni total d'éducation et d'instruction pour les femmes. Il existe toute une panoplie d'attitudes mais toutes se situent à l'intérieur de l'islam. L'attitude à l'égard des femmes dépend de l'acculturation, qui est extrêmement différente entre une vieille civilisation comme celle de l'Égypte et des tribus perdues dans les montagnes comme en Afghanistan.

T.R. Vous avez raison de mettre en évidence les différences de contexte social. Si l'on observe, par exemple, les taux d'accès à l'éducation et le pourcentage de réussite scolaire des jeunes musulmanes en Occident, on ne peut qu'être étonné. Dans pratiquement tous les domaines de l'éducation, les jeunes filles sont plus performantes que les jeunes hommes. En particulier pour l'école primaire et le premier cycle secondaire.

Mais l'Occident n'est pas l'Afghanistan. Il faut être clair et ne pas cautionner, au nom de la culture et des traditions locales, des injustices caractérisées. Vous me donnez la possibilité de le dire avec beaucoup de clarté : le modèle social et éducatif proposé par l'Arabie saoudite ou le modèle d'éducation mis sur pied par les talibans sont en opposition avec les principes de l'islam parce que, tous deux, dénient aux femmes l'accès à la connaissance alors que c'est un droit inaliénable : il faut dénoncer ces systèmes archaïques.

À côté de ces extrêmes, il existe effectivement des pays où l'accès offert aux femmes leur permet de tenir des postes très importants dans tous les domaines universitaires. On voit ainsi que ce n'est pas l'islam qui édicte la discrimination mais bien plutôt une culture ou une instrumentalisation politique du religieux, souvent à des fins négatives. C'est cette ignorance entretenue qu'il faut combattre et la référence authentique à l'islam est plus un allié de cette résistance qu'un écueil, contrairement à ce qu'on laisse entendre.

La polygamie

J.N. Abordons une autre différence radicale entre islam et chrétienté : polygamie ou monogamie. Bien entendu, il n'est pas question de s'étonner qu'à la création de l'islam la polygamie ait été acceptée et normalisée selon la règle : quatre épouses légitimes et autant de concubines que l'on veut. La polygamie représentait tout simplement l'état normal de la société où l'islam a surgi. Cet état était du reste identique pour les patriarches d'Israël. Tous les grands patriarches, Abraham pour commencer, Moïse, David, Salomon, ont été polygames. C'est une structure sociale qui doit être appréciée dans un certain contexte économique et social.

La polygamie ne représente pas, comme on le pense trop souvent en Occident, un témoignage de perversité sexuelle, l'accaparement des femmes par les riches au détriment des pauvres, mais le souci, dans certaines sociétés, de ne jamais laisser une femme seule, parce que, tout simplement, elle mourrait de faim avec ses enfants. Tel est le sens profond de la polygamie. Le Lévitique, un des livres de la Thora, fait une obligation, lorsqu'une femme est veuve, que son beau-frère la prenne chez elle. C'est finalement une forme élémentaire de sécurité sociale.

Dès lors, la situation actuelle sera de nouveau très contrastée selon le niveau économique du pays considéré. Certains pays comme la Tunisie ou la Turquie interdisent la polygamie. D'autres pays, comme l'Arabie saoudite en font pratiquement une règle. Est-ce que c'est l'application du même Coran à des situations différentes ou bien est-ce qu'il y a quelque chose de plus profond ? En d'autres mots, la polygamie est-elle autre chose qu'une tolérance provisoire destinée à disparaître ou bien une distorsion fondamentale entre le statut de l'homme à qui tout est permis et celui de la femme asservie à la fidélité ?

T.R. Le texte coranique est clair de ce point de vue : la polygamie est permise en islam, jusqu'à quatre femmes, mais elle est assortie de conditions non moins explicites. C'est une permission : la quasi-unanimité des savants musulmans affirment que l'orientation générale de l'enseignement islamique tend vers la monogamie. Des circonstances sociales particulières ou des situations spécifiques dans un couple peuvent amener à ce que la solution de la polygamie soit envisagée. Il faut considérer toutes les perspectives :

quand, par exemple, on est venu imposer la monogamie dans une société comme celle du Burkina Faso, dans les années quatre-vingt, le refus est venu des femmes qui ne concevaient pas de supporter seules la charge du travail à fournir dans une famille, à la campagne. Les situations de femmes seules, comme vous l'avez mentionné, existent également et peuvent trouver là une perspective de solutions.

La question centrale demeure l'éducation. Beaucoup de femmes musulmanes subissent la pression d'une culture environnante et ne connaissent pas les droits que leur octroie leur religion. Elles ne savent pas, par exemple, que les mariages de contrainte sont inacceptables du point de vue de l'islam et que rien ne saurait justifier qu'on marie une jeune fille ou une femme contre son gré ou sans lui demander son avis. Elles ignorent par ailleurs que la première épouse peut stipuler dans son contrat de mariage qu'elle ne veut pas que son mari épouse une autre femme. S'il accepte de se marier selon cette clause, l'homme n'aura d'autres choix que de se plier à cette exigence. Quant à la femme qui serait envisagée comme seconde épouse, il faut rappeler encore, que le mariage en islam doit se faire avec son consentement également et qu'elle peut donc refuser d'épouser un homme déjà marié.

J.N. Même dans un pays comme l'Arabie saoudite ?

T.R. Le savant qui a été le plus explicite en ce qui concerne la question de la clause refusant la polygamie, à ajouter au contrat de mariage, est Ahmad ibn Hanbal, qui est le répondant de l'école juridique majoritaire en Arabie Saoudite, l'école hanbalite. Le problème aujourd'hui n'est pas la clause du droit, c'est son réel respect dans une société qui maintient les femmes dans un état d'ignorance confondant la tradition, essentiellement bédouine du désert, avec l'application de l'islam. La majorité des femmes musulmanes ne connaissent pas les droits que leur octroie leur religion et les sociétés dans lesquelles elles vivent ne leur donnent pas les occasions, ni les conditions, d'accès aux enseignements fondamentaux. C'est cela le plus grave.

En Arabie Saoudite aujourd'hui, comme dans la plupart des pays musulmans, le problème de l'éducation et de l'instruction est fondamental. On s'aperçoit d'ailleurs que de très nombreuses femmes se mobilisent aujourd'hui au nom de leurs références religieuses pour lutter contre l'archaïsme et l'obscurantisme de leurs sociétés parce qu'elles savent que l'islam ne peut justifier les modèles de sociétés que les pays majoritairement musulmans présentent à notre époque, voire exigent que l'on s'y oppose. Elles sont instruites, conscientes de leur bon droit et parlent de l'intérieur du champ de référence islamique.

En Occident on les entend très peu parce qu'il semble que les seules vraies féministes, que la seule libération des femmes, soit à mesurer à l'aune du modèle occidental. On pourrait rendre cette perception très réductrice par la formule : « Plus une femme est occidentalisée, plus elle est libérée... » On confond l'image, le modèle culturel avec le droit, le principe universel. En d'autres termes, on dit aux musulmanes : « Vous ne serez libres que lorsque vous serez devenues occidentales, que lorsque vous serez moins musulmanes ». Le propos est réducteur et dangereux car il sous-entend un véritable impérialisme culturel.

Je préfère, quant à moi, rester à l'écoute de ces femmes que j'ai pu rencontrer en Europe, dans le monde musulman, et en Afrique, qui s'engagent à l'étude et qui se mobilisent pour faire respecter leurs droits. Lors d'un récent voyage en Afrique occidentale, j'ai eu l'occasion de m'exprimer sur la question des femmes et de rencontrer de nombreux groupes de militantes farouchement décidées à se faire entendre et à lutter contre toutes les distorsions de leurs sociétés faussement justifiées au nom de l'islam.

Ces femmes sont nombreuses en Afrique, en Asie et en Occident et ce qui émane de leur engagement est un message fondamental : « Je peux être libre et respectée sans être occidentalisée ». Cela veut dire : « Sans me soumettre au modèle occidental de représentation de la femme ». Peut-on aujourd'hui, sincèrement, profondément, entendre ce message en Occident ? Je n'en suis pas sûr, tant nous y sommes trop naturellement convaincus, presque « intuitivement », pour ne pas dire inconsciemment, de détenir le modèle de société le plus avancé, le seul cohérent.

De fait, pour revenir à votre question, je dirais qu'aujourd'hui les sociétés majoritairement musulmanes révèlent un déficit conséquent d'éducation qui ne permet pas une application fidèle et adaptée des enseignements de l'islam.

La Turquie et la Tunisie, exemples de transitions réussies ?

J.N. Peut-on dire que les pays qui jouissent d'un droit civil prohibant la polygamie – la Turquie et la Tunisie – ont été jusqu'au bout de la démarche de l'islam ? De la même façon, il a fallu un certain temps à la chrétienté pour aller jusqu'au bout des exigences du christianisme. Au début, la position de la femme dans la chrétienté n'a absolument pas été ce qu'elle aurait dû être. Et il a fallu beaucoup de temps pour découvrir les exigences élémentaires du christianisme à cet égard : les Saoudiennes ont disposé du droit de vote avant les Suissesses ; les femmes ne peuvent toujours pas devenir prêtres dans l'Église catholique. Êtes-vous d'accord avec cette proposition, la Tunisie, la Turquie, comme modèles d'un islam du futur ?

T.R. Non, trois fois non. Je vous remercie, au passage, de me poser cette question car elle me permet de répondre clairement à certains chercheurs et intellectuels qui laissent supposer que qui ne soutient pas les modèles turc et tunisien est forcément sujet à la suspicion et au double langage. Il faut être clair, je vais donc tenter de l'être. Trois raisons, essentiellement, m'empêchent d'aller dans votre sens.

La première est d'ordre historique : les législations qui sont appliquées dans ces pays sont le produit de l'époque coloniale. On a emprunté des articles de législation à des pays occidentaux, France, Suisse, Bulgarie ou autres, et on les a clairement imposés à ces pays. Ce ne fut pas, on le sait, le choix d'un peuple, mais l'imposition, parfois très agressive, d'États coloniaux et de leurs suppôts.

La deuxième raison est celle de la nature des États que vous présentez comme des modèles pour l'avenir : il s'agit clairement de dictatures sanguinaires, dans lesquelles les prisonniers politiques se comptent par dizaines de milliers. Les peuples sont tenus sous une chape de plomb. Le régime militaire turc est sans pitié et Ben Ali, élu régulièrement à 97 %, est un président tortionnaire, sans état d'âme. Faut-il donc que les musulmans soient gouvernés, comme c'est le cas aujourd'hui, par des despotes pour que leurs sociétés deviennent des modèles ?

La troisième raison, enfin, est l'instrumentalisation qui est faite aujourd'hui de la question de la « modernité » et de la « question de la femme ». A-t-on le droit de juger de l'état d'une société à l'aune de ces deux seuls paramètres, machiavéliquement mis en avant par les despotes? Il suffit de dire à l'Occident : «Voyez comme nous sommes progressistes, nos femmes sont libres, nous sommes modernes, nous avons des associations pour la défense des droits de l'homme, etc.» pour voir son régime soutenu, crédibilisé, respecté. Or il faut dire clairement que cela n'est que de la poudre aux yeux : les pouvoirs dictatoriaux ont su instrumentaliser les femmes, les droits de l'homme et la modernité en jouant sur les craintes que l'Occident a de l'islam et de l'islamisme. La réalité est tout autre pourtant et il serait temps que l'on s'en rende compte en Europe. Les institutions de défense de droits de l'homme sont presque toutes à la solde des pouvoirs et, si ce n'est pas le cas, les vrais défenseurs sont soumis à des traitements dégradants : arrestations, tortures, disparitions. Au nom de la modernité, on pourchasse tous les suspects à la bonne cause : les musulmans pratiquants, les potentiels opposants et les femmes qui décident de se voiler, sont tous soumis à des traitements de police, aux arrestations, aux gardes à vue, aux pressions sur l'employeur jusqu'à ce qu'ils perdent leur emploi et tout à l'avenant. Est-ce qu'il suffit de faire mine de lutter contre les «barbus» et les «voilées» pour recevoir carte blanche quant à l'horreur et à l'inhumain?

La Turquie et la Tunisie ne sont pas des modèles de sociétés et les lois pour protéger les femmes ne disent rien de l'état réel de la société en matière d'éducation, de droit et de non-discrimination. On peut s'illusionner en Europe en estimant que l'on va dans la bonne voie et en ayant une lecture finalement partielle de la réalité de ces sociétés. C'est l'ensemble qu'il faut considérer et alors on s'aperçoit de la gravité du problème… Lutter pour les droits des femmes, ce ne peut être cautionner les régimes les plus arbitraires. Que vaut la liberté des femmes au cœurur de peuples que l'on étouffe et que l'on nie?

Le vrai modèle, à mon sens, est celui d'une société qui se donne l'exigence et le temps de l'éducation, qui gère son pluralisme et qui ne refuse jamais de penser de l'intérieur de ses références religieuses, de sa civilisation et de sa culture parce qu'elle ne veut tout simplement pas se conformer à l'hégémonie d'une vision unique de la modernité. C'est ce message aussi qui devrait être entendu des hommes de bonne volonté en Occident : celui qui consiste à refuser les alibis et les prétextes des gouvernements concernant «la femme», «les droits», «la démocratie» et «la laïcité», qui ont trop souvent justifié le silence devant la répression, la torture et les exécutions sommaires qui avaient cours dans les pays musulmans.

Il faut dire avec force et exigence: «Nous ne demandons pas à un musulman de trahir ses références, mais de les comprendre en fonction du contexte et de faire face à son époque.» Si c'est vraiment ce message que l'on veut faire entendre, alors il faut mettre un terme aux évaluations simplificatrices qui sont autant de cautions données aux pires dictatures.

L'évolution manquée de l'Iran

J.N. L'évolution actuelle en Tunisie et en Turquie reproduit donc ce qui s'est passé en Iran, quand le dernier shah, Reza Palevi, a essayé de forcer l'entrée de son pays dans la modernité. Il a suscité, par réaction contre un rythme précipité, une levée de boucliers et il a produit une régression. Donc dans cette évolution, il faut donner du temps au temps.

T.R. Oui. Tout à fait. Vous venez de prendre un exemple extrêmement intéressant. Si nous faisons une analyse pointue et que nous dépassons l'imaginaire des représentations telles que celle que nous avons du *tchador* des Iraniennes, que peut-on relever? Durant les vingt dernières années, l'évolution du statut des femmes iraniennes a été particulièrement impressionnant. Il faut clairement critiquer les excès tels que ceux de l'imposition du *tchador* et autres restrictions de droit.

Il faut également reconnaître que l'Iran est sans doute l'un des pays musulmans qui a fait le plus de progrès, ces vingt dernières années, quant à l'évolution des droits de la femme: le nombre de femmes au Parlement est sans commune mesure avec bien d'autres pays, même européens; les femmes participent à la vie sociale et elles sont présentes sur différents champs de l'activité culturelle et sportive. L'évolution, lente, pénible, mais réelle, se fait de l'intérieur du champ de référence musulman.

Le même phénomène s'est vu au Bangladesh. Beaucoup de femmes s'en étaient prises à Taslima Nasreen en affirmant que ce n'était pas en critiquant la religion, les valeurs et la culture que l'on ferait évoluer les choses. Elles étaient naturellement, et justement, contre sa condamnation à mort, mais en même temps elles se démarquèrent de son discours réducteur et totalement occidentalisé. De l'intérieur, pensent-elles, on fait mieux évoluer les choses que par cette espèce de combat, perçu comme le seul « progressiste » en Occident, qui, pour être légitimé et reconnu, pousse ses partisans à tout jeter, le bébé avec l'eau du bain. Le shah d'Iran, comme tant d'autres gouvernants « progressistes », a buté contre une réalité de toutes les sociétés humaines. On ne fait pas évoluer des mentalités en imposant, à coup de triques, des valeurs venues d'ailleurs, ou en tout cas perçues comme telles. Il faut privilégier l'éducation, le travail de l'intérieur et le long terme.

J.N. Une situation similaire s'est développée du côté chrétien. La répression des différents gouvernements communistes à l'égard des Églises orthodoxes n'a absolument pas supprimé la foi chrétienne très traditionnelle qui est celle des orthodoxes. Au contraire, cette répression a fait stagner l'orthodoxie et l'a empêchée d'évoluer comme les autres confessions chrétiennes.

Le divorce et la répudiation en droit islamique

J.N. Pour en revenir plus précisément à la femme, pourriez-vous préciser à la fois le principe, la référence coranique, et la pratique en matière de divorce et de répudiation ? L'image un peu facile qui règne en Occident est celle-ci : le mari a le droit de répudier sa femme sans donner aucune justification. Et la sécurité des femmes est donc extrêmement faible. En sens inverse, celle-ci ne peut pas demander le divorce, même si son mari abuse d'elle, la trompe, la maltraite. Quel est le principe et quelle en est l'application ?

T.R. La question du divorce exige que nous revenions aux textes fondateurs. Un jour, une femme est allée voir le Prophète en affirmant que son mari ne lui plaisait plus et qu'elle craignait d'agir contre la morale. Muhammad lui a demandé si elle acceptait de lui rendre l'équivalent du douaire que son mari lui avait donné lors du mariage (il s'agissait d'un jardin) ; elle répondit par l'affirmative et ils furent donc divorcés. C'est le principe du *khol'*, connu dans le droit musulman, qui permet à une femme de demander le divorce (dans certaines circonstances, et selon certains juristes, elle n'est pas obligée de lui rendre le douaire, selon qu'il est dans son tort ou non).

Cette idée qui consiste à penser qu'une femme n'a pas le droit de se séparer ou de demander la séparation du mari est fausse et ne correspond pas aux enseignements de l'islam. Une femme peut aussi exiger que ses droits quant à la séparation soient clairement stipulés dans le contrat de mariage. Elle évite ainsi les latitudes d'interprétation ou encore l'application spécifique par une école de droit qui pourrait, pour une situation donnée, être plus restrictive qu'une autre.

Le divorce, parmi les choses permises, est la plus détestée de Dieu, nous dit une tradition rapportée par le Prophète. Ce n'est donc pas un acte léger, presque gratuit, que l'on pourrait se permettre de faire sans raison. C'est un acte grave qui, pour l'homme comme pour la femme, doit être justifié. Ce n'est malheureusement pas toujours le cas aujourd'hui. C'est encore et toujours une question d'éducation.

Les hommes d'ailleurs ne sont pas en reste et les cas de divorce, de *talâq* selon le terme arabe, révèlent de la part de ceux-ci des exagérations avec des traitements totalement discriminatoires et inhumains à l'endroit de l'épouse. Certains hommes croient vraiment que tout leur est permis et d'ailleurs 'Umar déjà, le deuxième successeur de Muhammad, avait dû intervenir parce que les hommes prononçaient la triple formule du divorce de façon inconsidérée. Il faut reconnaître ces dérives graves et y remédier au plus vite par un double travail : éducation des hommes et des femmes quant à leurs devoirs et à leurs responsabilités respectives dans le mariage et au sein de la famille, et mise en place des réformes légales qui, par étapes, permettront de lutter contre les discriminations et les mauvais traitements que subissent les femmes tant au niveau du droit que sur le plan simplement physique.

Il faut également ajouter que, dans les sociétés majoritairement musulmanes, le mariage ne se fait pas uniquement entre deux êtres. C'est le mariage de deux êtres et l'union de deux familles. La femme musulmane garde sa filiation et ne prend jamais le nom de son mari. Chacun garde son identité et de plus reste attaché à sa famille plus large. C'est vrai dans le mariage comme cela est effectivement le cas dans le divorce : quitter sa femme ou son mari, c'est retrouver sa grande famille. On ne se retrouve jamais tout à fait seul.

L'application du droit doit aussi tenir compte des réalités du contexte social dans lequel il se concrétise. C'est aujourd'hui un problème profond car les structures sociales et familiales des sociétés musulmanes subissent des dysfonctionnements très importants à cause de la pauvreté, des conditions de vie, des familles éclatées. Souvent, dans des situations de séparation, la femme se trouve seule, isolée, avec à sa charge de nombreux enfants. On ne peut pas, dans ces cas de figure, se cacher derrière une application littérale des principes de la juridiction islamique car alors on entretiendrait une injustice caractérisée.

Tant il est vrai que la plus juste des lois appliquée dans un contexte injuste et/ou inadéquat devient elle-même une loi totalement injuste et discriminatoire. Tenir compte du contexte, penser les adaptations et les étapes de l'application des lois est un exercice incontournable pour toute société musulmane qui voudrait rester fidèle au sens de son message. Sans ce travail, on tombe dans un littéralisme étroit qui croit avoir préservé la fidélité au texte alors qu'il avalise l'injustice. Mais l'islam appelle, en ses principes et en son essence, à la justice. C'est cela qu'il faut dire aux musulmans. On ne peut pas, au nom d'un principe, oublier le contexte dans lequel il s'applique, parce qu'alors je le répète, le principe juste devient injuste dans son application.

Il faut transformer la société et c'est cela que les réformistes musulmans sont venus rappeler : attention, il y a des droits et des responsabilités pour la femme comme pour l'homme qu'il faut considérer à la lumière tout à la fois des sources et du contexte pour penser et réaliser une adaptation par étapes. Ce travail de réforme, 90 % des sociétés musulmanes ne s'y sont pas encore engagées réellement. De là le désordre et l'instrumentalisation de la religion à des fins électorales.

L'exemple du statut personnel imposé en Algérie est édifiant : le gouvernement qui l'a ratifié n'était pas « islamiste » mais bien « laïc » et il cherchait par là à se donner une caution et une légitimité religieuses. Tombés du ciel, les articles de loi concernant le statut personnel font de la femme un mineur sans droit et ne correspondent en rien à la réalité de la société algérienne. Ses conséquences sont injustes, discriminatoires, quel que soit le vêtement de légitimité religieuse dont il se voit affublé.

Les musulmans doivent le dire et s'engager vraiment dans une réforme qui ne soit pas une application de l'islam « pour la galerie » ou pour séduire des peuples trompés et crédules. La fidélité au message est très exigeante, demande du temps et est l'exact opposé de la parade à des fins électoralistes. Deux défis se présentent à nous : le travail d'adaptation par étapes à la lumière de nos références islamiques et l'engagement dans la réelle réforme sociale qui seule permettra à la société d'aller vers plus de justice. Rester fidèle exige d'accéder à la maîtrise de cette dialectique qui est le constant aller-retour entre l'intelligence des textes et l'intelligence du contexte.

J.N. Vous avez fait allusion au statut de mineur pour la femme en Algérie. Cela signifie qu'elle ne peut pas demander le divorce, qu'elle ne jouit pas de ce droit ?

T.R. On ne le lui reconnaît que dans des cas extrêmement graves et spécifiques. Le code du statut personnel est une lecture réductrice, littérale (qui ne se réfère qu'à une école du droit sunnite) et qui, surtout, ne tient pas compte de l'état de la société algérienne. C'est grave et inquiétant au sens où, pour certains savants et certains musulmans, c'est justement son caractère restrictif, limitatif et littéraliste qui en fait vraiment un acquis islamique. Ils ne pensent pas l'application des enseignements de l'islam en elle-même, dans l'ouverture et la flexibilité qui est la sienne (surtout en regard du contexte) mais plutôt contre la culture des colons, contre l'occidentalisation et on en arrive à cette équation : « Moins de liberté, c'est plus d'islam » puisque « plus de liberté, c'est plus d'occidentalisation ». Raisonnement binaire dangereux et grave car il enlève aux femmes la majorité des droits que Dieu leur a octroyés : aucune crainte ne peut légitimer une aussi grave transgression.

J.N. Dans le principe au moins – principe qui n'est pas appliqué, comme vous venez de le dire – le divorce pour incompatibilité d'humeur, impossibilité de continuer à vivre ensemble, est reconnu. Mais vous n'avez pas évoqué ce qui est plus grave, le divorce pour cause d'adultère. Est-ce qu'il existe une symétrie parfaite ? Est-ce que l'adultère de l'homme est aussi grave que l'adultère de la femme, à la fois en théorie et en pratique ? Est-il toléré ou sanctionné ?

Les sanctions de l'adultère

T.R. L'idée répandue en Occident – et je ne sais sur quoi l'on se réfère pour avancer cela – c'est qu'il y aurait une peine différente pour l'homme et pour la femme en cas d'adultère : cela ne correspond à rien, ni à aucun texte. Une partie des peines est citée dans le Coran et la lapidation, en cas d'adultère, est mentionnée dans les traditions (*ahadith*) prophétiques. Lorsque la situation sociale des personnes (célibataires ou mariées) est identique, il n'y a pas de différence entre l'homme et la femme en ce domaine. Et quand, dans des situations spécifiques concernant le couple, les deux conjoints doivent témoigner de la vérité de leurs propos, ils le font sur une base totalement égalitaire : nombre de serments, formulation, reconnaissance, etc.

En parlant de ce sujet, on ne peut s'arrêter là. Certes ces peines sont mentionnées dans les textes de référence, mais elles sont accompagnées de clauses de conditionnalité qui déterminent leur application de façon très précise et très rigoureuse. L'état de la société environnante est capital dans l'application des règles du droit : une société dans laquelle l'éducation et le comportement n'ont pas atteint un degré de conscience éthique ne peut même penser à orienter sa législation en ce sens.

De plus, à supposer que l'on atteigne le niveau requis d'organisation et d'éducation, les conditions, en matière de fornication ou d'adultère, sont draconiennes : quatre témoins doivent avoir vu les personnes durant l'acte sexuel, en flagrant délit, et attester ensuite de ce qu'ils ont vu. L'application de ces peines est impossible compte tenu des conditions à réunir pour s'engager à leur respect. Ce que pourtant elles révèlent comme enseignement, c'est que la fornication et l'adultère sont des choses très graves devant Dieu, de même que sur le plan social.

L'énonciation des peines a une vertu essentiellement éducative et dissuasive. Elles existent dans les textes, on ne peut le nier ou le cacher et l'on doit s'appliquer à comprendre le sens de leur enseignement : l'importance de la vie sexuelle à l'intérieur d'un cadre clair, le mariage, qui est l'expression d'un don partagé de son être. Ces textes disent également la gravité du mensonge, de la trahison, de la tromperie. C'est un enseignement moral très fort que les sociétés musulmanes doivent transmettre et protéger en amont. Et non pas verser dans la répression et la traque des « coupables », ce qui, encore une fois, est un moyen de légitimer les enfermements sous le couvert de ce mot d'ordre mensonger : plus on interdit, plus on réprime, plus c'est islamique. Attitude réactive et réactionnaire gravement infidèle, en sa lettre et son esprit, à l'enseignement de l'islam qui nous apprend, au contraire, que plus on éduque, plus c'est islamique. Cela demande une approche plus profonde, plus pensée, plus spirituelle que le « tout-répressif » confortable et rassurant. Il ne s'agit pas d'être laxiste, ou négligent ou apparemment « moderne ». Non, il s'agit d'être, profondément et intimement, en accord avec les principes de l'islam qui nous orientent vers un rapport d'intelligence et de responsabilité avec nous-mêmes et avec autrui. Cela est difficile, mais nécessaire.

Beaucoup de sociétés majoritairement musulmanes se réfèrent au religieux sur le seul plan de la légitimation apparente de leur structure et de leur organisation, de même qu'elles établissent des différences de traitement entre les femmes et les hommes. L'islam est le plus souvent oublié dans ce type d'approche très marquée culturellement, un peu d'ailleurs comme l'on voit des marqueurs identitaires forts si l'on descend au sud de l'Italie ou de l'Espagne.

J.N. Donc le principe est appliqué de façon très différente selon les sociétés. Voici ce que je sais de la situation dans les oasis du sud tunisien par exemple, où la population est constituée de Bédouins, qui sont plus ou moins stabilisés et qui sont devenus des cultivateurs. Si une femme trompe son mari, cela pourra être sanctionné par la peine de mort. Mais une femme n'a pas le droit de demander à son mari s'il a oui ou non commis un adultère. Cela ne la regarde tout simplement pas. Voilà comment le principe est vécu par un Bédouin.

T.R. C'est ici le trait culturel qui prime et cela n'a rien à voir avec l'islam. Au contraire, c'est contre ce genre de discrimination caractérisée que l'islam doit trouver la caution de la fidélité à son message.

La peine de mort en droit islamique

J.N. Venons-en à la peine de mort que vous avez mentionnée en passant et que l'on continue à appliquer. Dans les sociétés strictes, comme l'Arabie saoudite, le Soudan et l'Afghanistan, la sanction de l'adultère est la peine de mort. La peine de mort par lapidation est toujours appliquée. Est-ce qu'il existe une référence justifiant ce châtiment dans le Coran ?

T.R. La mention de ce châtiment existe effectivement dans les textes comme je l'ai dit et il s'agit, pour la nature précise de cette peine, de traditions prophétiques.

J.N. Israël a exactement la même tradition. Jésus de Nazareth met un terme à cette pratique. Amené devant une femme adultère qu'on va lapider, il énonce la règle : que celui qui n'a jamais péché lance la première pierre. Le texte rapporte qu'ils partirent tous en commençant par les plus vieux.

Il s'agit donc d'une tradition archaïque, qui intéresse tout le Moyen-Orient et qui dépasse de loin l'islam. Est-ce qu'elle est acceptée ? Est-ce qu'elle est inscrite dans la *charia*, c'est-à-dire dans cet ensemble de règles de droit civil qui sont puisées dans le Coran ? Cette définition sommaire peut nous servir provisoirement avant que nous revenions sur la question importante du droit islamique.

T.R. Il faudra effectivement revenir sur la définition de cette notion car on en a vraiment donné, en se fondant sur les définitions conventionnelles adoptées par certains juristes, une définition très restreinte et très réductrice. Ce sera l'objet du prochain entretien, je pense.

Maintenant, en ce qui concerne la législation proprement dite, qui est une partie de l'enseignement de l'islam, il est effectivement fait mention d'un certain nombre de peines dans le Coran et la *sunna*. Il y a unanimité, nous l'avons vu, à considérer que les références doivent être respectées, mais il existe des divergences importantes entre certaines écoles de pensée et parmi les savants quant aux modalités de ce respect et à la latitude d'interprétation et d'adaptation qui est offerte aux hommes selon le contexte où ils vivent.

Les conditions accompagnant ces peines, je l'ai dit, les rendent inapplicables dans les faits et leur énonciation oriente la conscience du croyant vers ses responsabilités personnelles et collectives tant les fautes énoncées sont considérées comme graves : il faut donc construire un espace social qui protège l'homme de lui-même, promouvoir une éducation morale qui permette à l'être humain de vivre en cohérence avec ses principes, et développer en chacun le sens de l'exigence personnelle sur le plan éthique. Le Prophète a beaucoup pardonné et nous a enseigné à pardonner mais il a accompagné ce pardon, comme toute la Révélation coranique, d'un appel à la conscience, à l'exigence et à l'humilité avant comme après la faute.

Certains savants ne sont pas d'accord avec l'approche que je viens de présenter. Ils font une lecture plus directement littérale : à leurs yeux, il faut appliquer les règles quel que soit le contexte. La seule application des châtiments est la preuve de la fidélité. Je m'oppose, à l'instar de tant de savants musulmans, à cette approche réductrice et dangereuse. La vraie fidélité au texte ne consiste pas à nous priver de l'intelligence de sa lecture et de sa profonde compréhension. Le sens même de tout l'appareil législatif islamique est orienté vers la justice ; or l'approche littéraliste, prétendant avoir épuisé le champ entier de la compréhension, peut être une véritable infidélité à l'enseignement coranique. Obnubilés par l'aspect répressif, certains savants revendiquent leur fidélité sur le plan légal en se fondant sur une lecture qui fait totalement abstraction de la société et de son évolution. Ni la Révélation, enseignée sur vingt-trois années et intégrant la dynamique de l'histoire et des lieux, ni Muhammad, ni les compagnons, n'ont agi de la sorte…

Sans oublier, également, cette constante attitude de Muhammad d'alléger, de refuser la dureté et la peine. Parfois, il tournait la tête, faisait mine de ne pas entendre quand certains venaient à lui en s'accusant et en demandant l'application de la peine contre eux-mêmes. C'est arrivé avec des hommes aussi bien qu'avec des femmes et Muhammad cherchait toujours à éviter l'application des peines… Et aujourd'hui on fait face à ces manifestations rigides de certaines mentalités qui aimeraient presque se mettre à pourchasser les êtres jusque dans leur intimité. Tout cela ne correspond en rien à l'exemple du Prophète.

J.N. Le Prophète rejoint la position de Jésus de Nazareth qui dit : « Si vous-mêmes, vous êtes sans péché, vous pouvez appliquer la peine. » Ce qui revient à dire par un détour habile que la peine ne peut être appliquée par des hommes, qui sont tous pécheurs, tandis que Dieu, qui est sans péché, pardonne.

T. R Oui, le message de bonté est le même. Mais il faut dire clairement, en sus, que le message musulman de bonté et de pardon ne se confond pas avec une sorte de laxisme, ou de diminution de la responsabilité et des exigences sociales et personnelles qui en découlent. Le pardon ne peut cautionner tout et n'importe quoi comme il arrive dans nos sociétés.

Les trois piliers de l'agir dans l'islam sont clairs : la conscience devant Dieu, l'orientation vers le bien, l'équité vis-à-vis des hommes. Dès lors que cela n'est pas respecté, l'homme peut se trouver dans deux situations : soit le méfait est, ou est resté, invisible aux yeux de ses semblables et c'est donc une affaire entre Dieu et lui ; soit la faute commise est visible et touche à la vie communautaire et de ce fait il faudra réunir l'ensemble des conditions stipulées pour pouvoir appliquer la peine. La porte du pardon est toujours ouverte mais, dans les cas extrêmes, pour lesquels toutes les conditions ont été réunies, la fermeté sera requise.

Finalement, le travail éducatif, en amont, reste l'essentiel. Il est la vraie fidélité au message puisqu'il enseigne à chacun de s'armer contre ses propres dérives et d'être à même d'assumer le poids de ses actes. L'univers de l'islam, la société des musulmans est un projet qui consiste à faire naître une communauté de la spiritualité et de la responsabilité et non pas à édifier un espace de la crainte perpétuelle de la répression, alimentée par un lourd et constant sentiment de potentielle culpabilité. Certains savants se sentent à l'aise dans cette seconde démarche. De tels savants existent dans le monde musulman et nous devons dire clairement que nous n'adhérons pas à leur approche comme nous rejetons l'instrumentalisation que certains pouvoirs font de l'islam en tirant profit de la crainte que fait naître dans le peuple leur application répressive de l'islam : ils veulent davantage asseoir leur autorité que trouver les chemins de la fidélité aux enseignements islamiques.

Je mentirais en affirmant que je suis représentatif de tous les courants de pensée, mais ce que je puis avancer avec certitude, c'est que la grande majorité des musulmans partagent ces vues. Dans le monde musulman comme en Occident. La plupart veulent rester fidèles aux sources, mais ils ont conscience que cela ne peut se faire sans tenir compte de tous les paramètres : d'abord, les conditions qui sont dans les textes eux-mêmes et, ensuite, l'évolution de l'histoire et la diversité des lieux et des cultures. À l'heure de nos évaluations, n'oublions pas cette immense majorité de musulmans et ne nous laissons pas aveugler, dans nos analyses du monde, par les affirmations de quelques théologiens ou de tel ou tel groupuscule radicalisé et extrémiste.

J.N. Si l'immense majorité des musulmans s'inscrivent en dehors de cette répression brutale et violente de l'adultère, tout en continuant à le blâmer en principe, peut-on dire que des pays modérés dans leur application de l'islam comme le Maroc, l'Égypte, la Syrie n'appliquent plus ces peines ?

T.R. Oui. Elles ne sont pas appliquées. Mais encore une fois méfions-nous de ne lire les situations politiques que par le petit bout de la lorgnette. Pour dire franchement les choses, je reste quant à moi très gêné par rapport à ces pays.

J.N. Lesquels?

T.R. Tous les pays que vous venez citer.

L'occidentalisation rampante

J.N. On peut s'arrêter au fait objectif que les peines ne sont pas appliquées, mais il faut aller plus loin dans l'analyse. Si ce que nous voulons, c'est préserver pour les peuples la spécificité de leur identité et la fidélité au message éthique de l'islam, alors il faut formuler une critique radicale de la gestion de ces pays. La question doit se poser en amont, exactement au niveau de cette politique de soumission et d'acceptation de la culture et des valeurs exogènes. Ce à quoi nous assistons dans ces pays, c'est à un lent processus d'aliénation religieuse et culturelle; une occidentalisation rampante qui a colonisé une part importante de la production symbolique de ces sociétés.

Heureusement, bien sûr, que l'on n'applique pas froidement les peines corporelles dans ces conditions (notez que cela n'empêche pas la farouche répression et les tortures dans l'ombre des geôles), mais il faut questionner la gestion de ces pays dans lesquels le travail d'éducation, de conscientisation, d'épanouissement dans la cohérence d'une identité revendiquée et équilibrée est totalement absent. Il n'y a pas de châtiments corporels apparents, mais culturellement il n'y a plus beaucoup de limites à l'occidentalisation. Des peuples noyés dans les séries du type *Dallas* ou *McGyver*, et tout à l'avenant, perdent leur âme. Est-ce cela être progressiste ou bien est-ce de décider de faire des choix à la lumière de ce que l'on est et de ce que l'on veut être? Sur le plan légal, le contraire d'une politique répressive n'est pas une politique laxiste et soumise à la législation et aux modèles des autres.

Sans compter que les peuples sont tous perdants: les peuples d'Occident, par l'image dégradée et mensongère que donne d'eux cette culture d'exportation abrutissante, et les peuples musulmans, parce qu'ils se voient déchirés entre les sources de leur intimité, dont ils s'inspirent et auxquelles ils désirent rester fidèles, et des mirages culturels qui, naturellement, les attirent.

J.N. Vous voulez dire que les mœurs occidentales corrompent la pratique sociale en transmettant ce qu'elles ont de pire? Il ne s'agit donc pas d'une évolution raisonnée de l'islam ? Mais plutôt de la corruption par des mœurs occidentales. C'est du laisser-aller, selon vous ?

T.R. Des mœurs occidentales telles qu'elles sont représentées dans ce que la production intellectuelle et culturelle de l'Occident a de plus caricatural et de plus aliénant. Ces influences néfastes sont destructrices. De fait, si l'on veut rester juste avec son peuple tout en cherchant à protéger son identité religieuse et culturelle, les autorités politiques sont devant une alternative : soit une application formaliste de l'islam, dite *charia*, accompagnée de l'appareil répressif le plus intransigeant ; soit l'engagement dans un travail de réforme des sociétés qui passe par l'éducation, l'établissement de règles éthiques, la production d'une culture alternative endogène.

La première solution est proprement injuste et trahit le message qu'elle dit défendre. Reste donc la réforme. Aujourd'hui les sociétés musulmanes sont gouvernées de deux façons ; soit la répression au nom de la lecture littérale et étroite des sources ; soit un laisser-aller au niveau des influences culturelles extérieures produisant une aliénation visible dans les populations, toujours accompagnée d'une répression d'un autre type qui s'abat sur tous les opposants qui osent critiquer ces politiques de soumission et de compromission vis-à-vis de la culture dominante.

Résultat, dans les deux cas il y a injustice et répression. Au nord, on ne tarit pas de critiques sur les gestions sanguinaires des premiers modèles, mais l'on reste silencieux devant les atrocités des gestions du deuxième type parce que, pour l'essentiel, elles défendent les intérêts occidentaux. Comme si le lent assassinat de l'identité et de l'intelligence culturelle d'un peuple, accompagné d'une répression terrible, silencieuse et invisible des intellectuels, étaient acceptables...

Nous devons crier haut et fort que nous nous opposons à toutes formes de répression, mais cela ne peut vouloir dire que nous acceptions sans mot dire une invasion culturelle destructrice. Ce type de destruction ne vaut pas mieux que la répression et je pense que nous devons être à l'écoute de tous les intellectuels et de tous les mouvements qui, dans les pays musulmans, refusent et résistent tant à l'injuste appareil répressif qu'à la non moins injuste colonisation des cœurs et des esprits.

À propos de l'avortement

J.N. Quel est le principe et la pratique à l'égard de l'avortement.

T.R. Cette question permet de présenter assez clairement les modalités d'application des prescriptions islamiques.

Il y a d'abord l'énoncé du principe général, puis l'étude précise, pointue et spécifique, des cas particuliers qui, en l'occurrence, pourra pousser à énoncer un avis juridique en contradiction apparente avec le principe général. Ce dernier, en islam, stipule que l'avortement n'est pas autorisé sauf dans la situation, établie par consensus entre les savants, où la vie de la mère est en danger. Viennent ensuite les cas particuliers qui vont mener les savants à des interprétations plus spécifiques et plus précises des textes de référence qui ont trait à la vie en général, à la vie de l'embryon, aux situations personnelles comme aux contextes sociaux, etc. Les avis juridiques pourront alors être multiples et diverger quant aux possibilités d'avorter.

Certains savants s'en tiennent au principe général que je viens de citer et n'y dérogent en aucune circonstance ; d'autres affirment qu'il est nécessaire de tenir compte de tous les paramètres pour énoncer un avis juridique et, dans des cas spécifiques, autoriser l'avortement.

Je prends un exemple précis : les cas des viols en Bosnie. Les femmes violées avaient-elles, oui ou non, le droit d'avorter ? Certains savants ont répondu par la négative au nom du principe général. D'autres, comme l'a d'ailleurs énoncé dans sa majorité le Conseil des ulémas du Koweït, ont été de l'avis opposé en répondant que l'avortement dans ce cas précis était autorisé à la lumière des textes. Il existe donc des divergences entre les savants.

Cela est vrai d'ailleurs pour des cas plus particuliers, lorsqu'une femme, ou un couple, affirment en conscience, qu'elle ou qu'ils ne peuvent subvenir aux besoins futurs de l'enfant, que les écueils sont insurmontables comme il peut parfois arriver dans une situation de handicap prévisible. On trouvera des avis juridiques (*fatwas*) autorisant dans les cas singuliers, spécifiques ou extrêmes le recours à l'avortement. Dès lors que le savant ou le conseil de ulémas qui énonce la *fatwa* est reconnu compétent et appuie son avis sur des preuves référencées et cohérentes, alors celui-ci est considéré comme respectant l'enseignement de l'islam.

Il faut ajouter, comme c'est d'ailleurs le cas dans de nombreux conseils ayant pour fonction d'édicter des avis juridiques, que l'avis des spécialistes est également requis. Pour l'avortement, les médecins participent aux débats et apportent des éléments d'information permettant aux ulémas d'avoir une compréhension profonde des cas en question. Vous voyez que, au-delà du principe général, l'application du droit est très dynamique et impose une étude rationnelle et approfondie de chaque cas afin d'énoncer un avis au cas par cas si des circonstances particulières nous y obligent.

J.N. Cette attitude est tout à fait remarquable. Elle rejoint d'une certaine façon celle des protestants. La morale catholique ou orthodoxe refuse l'avortement. Le refus est absolu, même lorsque la vie de la mère est en danger. Sauf qu'à ce moment-là, on va prendre les mesures nécessaires pour sauver la vie de la mère et, ce faisant, on va tuer l'enfant. On se persuade que l'on n'a pas commis d'avortement parce que l'on n'avait pas l'intention de le pratiquer. Il se produit tout seul. On n'en est pas coupable.

À titre d'illustration de cette attitude empruntée, faite de grands principes et de pratiques contraires, je pourrais témoigner de ce que j'ai vécu en juillet 1960, lors de l'indépendance du Congo. Au bout d'une semaine, les troupes congolaises se sont révoltées et ont violé à la chaîne les femmes des sous-officiers et officiers belges de l'armée congolaise au camp de Thysville. On les a évacuées sur l'hôpital de l'université Lovanium où je travaillais à ce moment-là, une université catholique. Sans grande discussion, on a systématiquement procédé à un curetage. C'est-à-dire que l'on n'a même pas attendu que l'avortement soit nécessaire, on s'est arrangé pour se débarrasser de tous les embryons qui auraient été engendrés à cette occasion-là. C'était très curieux, parce que les médecins racontaient cela à la table du club des professeurs où se trouvaient des théologiens qui ne protestaient pas. Grâce à cet épisode, je me suis rendu compte que les chrétiens, placés dans certaines situations, font abstraction de la théorie et se mettent à appliquer une règle pratique qui était évidente dans la situation. D'autant plus qu'il y avait des religieuses parmi ces femmes violées.

L'attitude à l'égard de la contraception

J.N. Un peu en retrait du problème de l'avortement, se situe la contraception. Ne discutons pas des moyens techniques. Allons à l'essentiel : je voudrais parler du choix devant lequel se trouvent des parents qui peuvent, raisonnablement, éduquer et nourrir un certain nombre d'enfants. Dès lors qu'ils ne peuvent pas en avoir plus que ceux qu'ils ont déjà, ils vont recourir à des moyens contraceptifs. Quelle est l'attitude de l'islam dans ce cas?

T.R. La présentation énoncée tout à l'heure du principe général et des cas de figure est ici aussi une grille de lecture clarifiante : le principe général tendrait à s'opposer à la contraception, mais les cas particuliers qui la permettent sont nombreux. Je dis « tendrait » au conditionnel car certains savants ont relevé que le Prophète avait laissé faire les compagnons quant ceux-ci pratiquaient la contraception naturelle par le coït interrompu.

Pour ces théologiens, il apparaît clairement que le but de l'acte sexuel n'est pas uniquement la procréation mais également le plaisir. Le principe général, quand il est énoncé, ne devrait certes pas octroyer une autorisation de facto de la contraception, mais devrait, à leurs yeux, comporter une latitude possible de son usage, au moins lorsqu'il est naturel.

Nous avons ensuite les situations spécifiques, étudiés au cas par cas. Trop d'enfants, impossibilité de subvenir à leurs besoins, santé, situation de la société environnante, etc. Toutes les situations où il existe des circonstances particulières amenant un couple à se poser la question de la contraception doivent être spécifiquement étudiées. Quand les faits sont là et qu'il ne s'agit pas de cautionner des attitudes égoïstes, frileuses ou qui sortent du cadre de l'éthique, on pourra entrer en matière et la contraception pourra être autorisée. Le cas dont vous parlez en est un exemple. La décision doit être prise à deux. De nombreux savants ont mis en évidence le fait que l'homme ne peut pratiquer le coït interrompu sans l'autorisation de son épouse puisqu'il court le risque de ne pas respecter au moins deux des droits de la femme : d'abord, bien sûr, celui de son plaisir et ensuite celui de vivre sa maternité. Le dialogue et la concertation entre l'époux et l'épouse doivent aller jusque-là.

J.N. Sur les deux sujets de l'avortement et de la contraception, le catholique pratiquant que je suis est très impressionné par cet espace de libre discussion dont disposent les théologiens musulmans. Les catholiques sont en principe liés par des règles énoncées par un organe, appelé la Congrégation pour la doctrine de la foi, qui n'arrête pas de rappeler son opposition à la contraception artificielle. Est-ce qu'il n'existe aucune institution de ce style dans l'islam ? Ou bien est-ce qu'une université prestigieuse comme al-Azhar en Égypte a, de droit ou de fait, ce genre d'attribution ?

L'absence de norme unique

T.R. L'institution d'al-Azhar, au Caire, est un lieu de formation des savants qui peuvent être amenés à émettre des avis juridiques. Mais la particularité de l'islam, c'est de ne pas avoir une seule institution de référence. Vous avez de multiples conseils de savants et de spécialistes et parfois un savant, reconnu pour son savoir et sa compétence, peut devenir la référence en matière juridique. C'est le cas aujourd'hui comme ce le fut tout au long de l'histoire.

Il existe partout dans le monde musulman et en Occident des espaces de débats entre savants où l'on discute de l'avortement, de la procréation artificielle, des dons d'organes, mais également d'économie, de droit et de problèmes de société. On y fait des recherches, on émet des avis unanimes ou à la majorité. Il existe un foisonnement intellectuel impressionnant à notre époque, on ne s'en rend pas toujours compte depuis l'Europe.

J.N. Mais c'est est un système libéral, finalement ?

T.R. Oui, c'est un système de gestion du droit très ouvert et très dynamique que la fidélité à la référence ne doit jamais étouffer mais au contraire encourager et vivifier.

Certains me disent : « Vous avez l'attitude que vous avez parce que vous vivez en Europe ». Comme si le dynamisme intellectuel, la liberté de penser et de proposer étaient le propre de l'Europe seule et que partout ailleurs les musulmans ont cessé de réfléchir ! C'est pourtant faire peu de cas du foisonnement de la pensée qui traverse la totalité du monde musulman. Dans chaque pays du monde, des questions se posent et l'on cherche, de l'intérieur de nos références musulmanes, à trouver les voies de l'adaptation.

C'est le cas en Malaisie, comme au Proche-Orient, comme en Occident : les questions sont posées et des avis juridiques sont formulés en tenant compte des situations particulières. Les réponses de Kuala Lumpur ne seront pas toutes appropriées pour New York qui ne seront pas totalement exportables à Paris, dont la situation diffère elle-même de Lausanne ou de Genève. La réflexion est tout à la fois générale et localisée en fonction des lieux, des législations et des coutumes.

J.N. Cela veut tout de même dire que – et cela est tout à fait humain – dans une université déterminée, qu'elle soit en Égypte, qu'elle soit en Algérie, qu'elle soit en Afghanistan, il va y avoir des pressions sur les savants, des pressions politiques plutôt que religieuses. Le pouvoir politique peut interdire d'enseignement tel savant, parce que ce qu'il dit ne va pas dans le sens du pouvoir.

T.R. Tout à fait. On sait que des décisions des Conseils de savants, par exemple en Arabie Saoudite, sont totalement liées au pouvoir saoudien. La pression et l'orientation ne font aucun doute. C'est une chose connue et à laquelle on s'est malheureusement habitué.

Les pouvoirs donnent une légitimité à certains savants dont les avis, sincèrement ou par amour du prestige, vont cautionner la politique de ces mêmes pouvoirs. Au cours de l'histoire musulmane cette attitude des gouvernants fut une constante. C'est le cas en Arabie Saoudite comme dans de nombreux pays du Golfe, en Égypte, en Tunisie, en Algérie, au Maroc. La liste est longue, trop longue...

La séparation des compétences et des pouvoirs est un principe islamique et il faut que les savants se démarquent de ces influences et gardent leur totale indépendance et autonomie. Aujourd'hui, Dieu merci, on a un éclatement des espaces de concertation et certains sont hors d'atteinte des pouvoirs répressifs. C'est bon signe comme il est bon que les savants, suppôts des pouvoirs, soient connus pour ce qu'ils sont. Tout le monde sait que le cheikh Tantawi, actuellement à la tête d'al-Azhar, a été choisi par le président Moubarak et qu'un grand nombre de ses avis juridiques sont plus « politiquement corrects » qu'islamiquement fondés. Sa légitimité et sa crédibilité sont bien entamées aujourd'hui.

La femme dans la mosquée

J.N. Revenons toujours à la position de la femme dans l'islam vécu en tant que pratique religieuse. Ce qui m'a toujours frappé, c'est que, lorsqu'on voit des musulmans qui prient, ce sont des hommes. J'ai le souvenir, mais vous pourrez peut-être le corriger, qu'hommes et femmes sont séparés dans les mosquées, les hommes étant devant et les femmes étant derrière. Mais hommes et femmes ont les mêmes obligations, les mêmes exigences en matière de participation à la prière communautaire.

T.R. En ce qui concerne le lien avec Dieu et la pratique religieuse en général, les obligations pour les femmes et pour les hommes sont exactement les mêmes avec un allégement pour les femmes en période d'indisposition et après l'accouchement. La pratique est la même et les exigences liées à la spiritualité, au recueillement, à la vie intérieure sont identiques.

Quant aux mosquées, il y a plusieurs cas de figure : parfois les hommes sont devant et les femmes derrière, parfois il y a séparation dans deux espaces contigus, parfois il existe deux étages. L'objectif, dans la mosquée, est de concentrer totalement son être, son cœur et sa conscience, vers Dieu : la séparation des hommes et des femmes permet d'éviter les préoccupations humaines qui pourraient perturber, compte tenu de la nature des hommes, cette aspiration vers le transcendant. La mosquée, lieu de la proximité, exige de se protéger de la distraction.

À noter qu'à La Mecque, lors du pèlerinage, hommes et femmes prient côte à côte : expression, dans ce moment d'intense spiritualité, d'une égalité totale des êtres au Centre : hommes et femmes, ensemble, devant le Créateur. À la lumière de ce qui se passe à La Mecque, on comprend que la philosophie générale de la séparation n'a rien à voir avec une discrimination de fait mais bien plutôt avec un regard particulier sur les exigences d'une spiritualité profonde, concentrée, exclusivement attentive à la présence de l'Unique.

Il faut cependant dire que, dans certains pays, en Asie ou dans les régions sous influence indo-pakistanaise, les mosquées sont fermées aux femmes. Cette lecture de la tradition n'est pas fidèle à l'enseignement du Prophète qui avait dit : «*N'empêchez pas vos épouses de se rendre dans la mosquée*». Le propos est clair et ne souffre aucun louvoiement. J'étais récemment au Pakistan, à l'île Maurice et à La Réunion où les mosquées, le plus souvent,

143

sont interdites aux femmes. Il s'agit de traditions qui ne sont pas fidèles aux deux sources sur lesquelles reposent l'islam et qui seules font foi.

La mosquée est un lieu de vie, d'étude et de prière pour les femmes comme pour les hommes. Quand les hommes et les femmes sont présents pour la prière, celle-ci est dirigée par un homme mais, pour les femmes entre elles, c'est une femme qui officie alors comme imam (l'école malikite, majoritaire en Afrique du Nord, ne le permet pas et certains savants de l'école hanafite non plus). Pour la majorité des musulmans, la femme a le droit de diriger la prière et d'être imam. Certains lui ont reconnu le droit de dire le sermon du vendredi également et des exemples historiques sont rapportés qui confirment cette possibilité.

J.N. Si on compare avec la chrétienté, on va découvrir les deux attitudes. Du côté des catholiques, les femmes n'ont absolument aucune fonction rituelle : le sacerdoce leur est interdit malgré les demandes pressantes faites en ce sens par le peuple chrétien. Chez les protestants, par contre, les pasteurs sont indifféremment des hommes ou des femmes. Si on considère maintenant des savants, des théologiens, des mollahs ou des ayatollahs, est-ce que là, il y a une discrimination ?

T.R. Dans l'histoire musulmane, ce furent bien sûr les hommes qui majoritairement ont été investis du savoir. Mais dès l'origine les femmes ont joué un rôle qui leur octroyait le statut de référence. C'est le cas d'Aisha, femme du Prophète, qui a rapporté des traditions et qui ne cessa d'être questionnée et consultée en matière de droit et de tradition. De nombreuses femmes, qui vécurent à l'époque du Prophète, ont également joué un rôle dans l'édification du savoir. On trouve, ça et là dans l'histoire, des femmes savantes, des mystiques mais c'est plus l'exception que la règle. Aujourd'hui nous assistons à une évolution intéressante : beaucoup d'universités enseignant les sciences islamiques (théologie, droit, etc.) ont ouvert leurs portes aux femmes qui se comptent par milliers désormais dans le monde musulman comme en Europe où le phénomène est récent mais prometteur.

J.N. Les femmes sont étudiantes et peuvent être aussi enseignantes ?

T.R. Bien entendu. Les étudiantes, je l'ai dit, se comptent aujourd'hui par milliers. Il existe aussi des enseignantes dans l'un ou l'autre domaine des sciences islamiques. Ma propre tante fut professeur d'économie islamique. Elle est une spécialiste parmi tant d'autres femmes dont certaines ont proposé des commentaires coraniques, des explications de traditions prophétiques, etc. Le nombre reste restreint mais une tendance se dessine clairement qui favorise leur engagement en ce sens. La très grande majorité des écoles musulmanes ont aujourd'hui admis cette réalité même si les bastions traditionalistes continuent à penser que ce n'est pas le rôle des femmes.

Des opinions juridiques divergentes existent sur l'engagement des femmes dans les postes à responsabilité sur le plan religieux. Mais des savants défendent l'idée que les femmes peuvent étudier et enseigner les sciences islamiques, qu'elles doivent pouvoir, à compétence reconnue, participer aux conseils juridiques et être juges : le débat sur cette dernière question est ouvert mais la possibilité existe et est reconnue par des savants de référence. En Europe, les lieux de formation, comme celui de Château-Chinon, comptent une moitié de femmes étudiantes. Leur dynamisme est visible et prometteur.

J.N. Pour prendre le cas de la communauté qui nous entoure, que ce soit la France, la Belgique ou la Suisse, les petites filles apprennent le Coran comme les petits garçons, exactement de la même façon. Il n'y a pas de discrimination ?

T.R. Cela dépend des mentalités, bien sûr, mais le propos du Prophète est clair. À une époque où l'on tuait les filles à leur naissance, il a affirmé : *Le paradis est promis à qui ne tue pas sa fille, ne l'insulte pas et ne fait pas de différence [dans son éducation] entre elle et son frère.* Peut-on être plus explicite ? Je peux prendre mon cas : j'ai une fille qui a douze ans, un garçon qui a dix ans, et le dernier a sept ans. Les deux aînés suivent exactement le même enseignement, avec les mêmes exigences et les mêmes attentes. Le cadet reçoit bien sûr une éducation adaptée à son âge.

Le mariage mixte

J.N. Abordons maintenant un problème grave, qui est le mariage mixte. Ce genre de mariage débouche trop souvent sur des problèmes, qui surgissent lorsque des Françaises ou des Suissesses de souche épousent des musulmans. Peu importe ici la nationalité du mari, algérienne ou française, le résultat est le même. Cela devient dramatique au moment du divorce, parce que la garde des enfants est interdite et que le droit de visite est refusé à la femme. Cette situation inhumaine pénible pose un problème diplomatique persistant entre la France et l'Algérie. Est-ce que vous pourriez vous exprimer là-dessus ? Une femme non musulmane qui épouse un musulman n'a-t-elle, par définition, aucun droit sur ses enfants ?

T.R. Le problème que vous soulevez est effectivement dramatique. La question des mariages mixtes mérite toute notre attention. Un vrai travail est à faire en amont des mariages. Je passe mon temps à prévenir les couples qui se forment du fait qu'il faut se mettre d'accord sur les modalités et les conditions du mariage. Certes, il y a l'amour, mais en islam le mariage est un contrat dont les termes doivent être clairement stipulés et les attentes de chacun explicitement énoncées, particulièrement en ce qui concerne les enfants, leur éducation et leur garde. Il vaut mieux freiner les ardeurs du début, plutôt que d'avoir à constater le pire après quelques années.

L'islam exige du musulman qu'il ne délaisse jamais ses enfants et en particulier qu'il fasse en sorte de pouvoir leur donner une éducation en accord avec sa religion. Cela ne veut pas dire que la femme non musulmane n'ait aucun droit sur ses enfants. Même si le principe islamique est clair, il ne peut justifier n'importe quoi et chacune des situations doit être réglée au cas par cas. Il faudra, toujours, éviter l'instrumentalisation de la religion soit pour justifier une garde malgré les pires traitements du père, soit pour le diaboliser et faire en sorte que les enfants soient enlevés à leur père malgré une attitude douteuse de la mère. Les deux situations existent et en toutes circonstances l'islam nous impose de considérer la justice le plus objectivement possible.

Que de drames aujourd'hui parce que l'on n'a pas pris le temps de penser un cadre ! Parfois, l'évolution de l'un des deux conjoints provoque des situations nouvelles que rien ne laissait présager. Il faut alors faire preuve de psychologie ; écouter, dialoguer, chercher des solutions humaines, dignes et justes comme dans toutes les situations similaires.

J.N. Ce mariage mixte, du moins avec les gens du Livre, des juifs ou des chrétiens, est-il parfaitement accepté, dès le début ? N'est-il pas nécessaire de se convertir ? La situation est-elle symétrique entre les hommes et les femmes, en ce sens qu'une musulmane pourrait épouser un non-musulman ?

T.R. La question du mariage mixte pour les musulmans est à considérer sous l'angle de la conception et de la philosophie de la famille telles qu'elles se traduisent dans l'enseignement de l'islam. Le principe, dans le mariage, est l'égalité des êtres et la complémentarité des rôles et des fonctions.

L'homme a le devoir de subvenir aux besoins de la famille et, en ce sens, il a la responsabilité de l'entretien du foyer. La femme a le droit de ne pas avoir à subvenir à ses besoins matériels : c'est un droit, ce n'est pas un devoir (comme certains musulmans le présentent parfois), et rien n'empêche une femme de travailler. Dans l'espace familial, il y a en islam l'idée d'un droit de la femme qui peut la mettre, sur le plan financier, dans une situation de dépendance plus ou moins relative.

Cette situation explique, au niveau de la philosophie générale, pourquoi, en islam, un homme musulman peut épouser une femme des gens du Livre, chrétienne ou juive, puisque c'est un devoir pour lui de respecter la foi et la pratique de sa femme et de subvenir à ses besoins. L'inverse n'est pas possible ; une femme musulmane ne peut épouser un homme d'une autre religion parce qu'elle pourrait se trouver dans une situation où le responsable de son foyer ne reconnaît pas sa foi, sa pratique et les exigences générales et particulières de sa religion. La latitude de la dépendance possible est plus importante dans ce sens avec, de surcroît, le fait que le musulman reconnaît la foi juive et chrétienne mais un chrétien ou un juif ne considère pas la révélation de l'islam comme authentique.

Néanmoins de nombreuses musulmanes épousent aujourd'hui des non-musulmans en Europe en ne respectant pas ce principe islamique établi sur la base du consensus (*ijma*). Parfois ces couples mixtes, comme les autres, survivent mais très souvent on assiste à des drames. L'évolution de l'un ou l'autre des partenaires, parfois les redécouvertes tardives de l'identité religieuse, provoquent des remises en question profondes et perturbatrices.

Des couples finissent par se déchirer.

Les femmes ou les hommes non musulmans ne sont de loin pas seuls fautifs dans ces évolutions : les musulmanes et les musulmans ne sont pas en reste. Parfois, d'ailleurs, on ne peut parler de fautes ; il s'agit simplement d'évolution que le temps et la vie imposent à un être humain. En prévision de cela, un travail d'information et de compréhension doit être engagé en amont des mariages. Les bons sentiments, de même que le seul énoncé des principes islamiques, ne peut suffire. Quand deux religions ou deux cultures se croisent dans l'espace de l'intimité familiale, seuls la connaissance, la compréhension, le dialogue, la délicatesse et la patience permettent de résoudre les problèmes. Dire « c'est la faute à l'islam, au judaïsme, au christianisme » est un non-sens, une évaluation superficielle qui cherche à confirmer des préjugés préexistants par les problèmes des couples mixtes. Cette évaluation tient du cercle très vicieux.

Le problème est profond. Il faut éviter le formalisme rigide et apparemment réconfortant qui trancherait à coups de principes édictés sans âme ni psychologie, comme il faut s'opposer aux mises en scène qui consistent, par exemple, à ce que des hommes se convertissent uniquement pour pouvoir se marier. Ce type de solutions « pour aujourd'hui » est l'annonce quasi assurée de problèmes dramatiques « pour demain ». Une conversion sans disposition du cœur et de l'être est nulle et non avenue. On peut essayer de se tromper soi-même mais on ne peut tromper le Créateur et demain les déchirements du couple rappelleront aux amoureux d'hier les exigences de sincérité d'un authentique acte de foi. Le seul qui soit digne d'un être humain.

J.N. Si un divorce est prononcé en France et qu'un des conjoints est Allemand, l'Allemagne appliquera la décision de la justice française selon la loi française. Si le conjoint allemand s'enfuit avec les enfants en Allemagne, ce pays appliquera à son citoyen une décision prise par un tribunal étranger. Par contre, il est manifeste qu'entre la France et l'Algérie, cette situation n'est pas respectée. Et cela produit d'autres drames encore !

T.R. Il faut faire un travail d'information auprès des psychologues, des avocats, des juges et des acteurs sociaux en Europe qui versent trop vite dans la simplification quand ils ont affaire à des situations de conflits familiaux et de divorces dès lors qu'un homme musulman est impliqué. L'idée qu'ils se font de l'islam et des femmes les poussent à donner plus vite crédit aux dires des femmes. Ils le font parfois avec beaucoup de sincérité, presque sans s'en rendre compte.

La justice exige pourtant de rester vigilant, à plus forte raison quand on touche aux représentations culturelles des uns et des autres. Il arrive même, malheureusement, que certaines femmes en jouent. Il ne suffit pas d'être un mari musulman pour avoir tort, il ne suffit pas d'être une femme, musulmane ou non, pour avoir raison. Cela paraît stupide à rappeler mais j'ai tant eu à le rappeler dans certaines procédures judiciaires. J'ai eu à rappeler avec fermeté à certains hommes musulmans qu'ils ne devaient pas se cacher derrière un « ils n'aiment pas l'islam » ou « ils m'attaquent parce que je suis un homme musulman » pour ne pas reconnaître leur responsabilité et leurs erreurs. L'instrumentalisation des représentations fonctionne dans les deux sens et il faut rester, en toutes circonstances, pondéré, vigilant, méticuleux, intellectuellement honnête et objectif.

La pratique de l'excision

J.N. Tant qu'on parle de la femme, on ne peut pas ignorer ce qui n'est peut-être qu'un détail si l'on veut, mais un détail horrible. Pouvez-vous confirmer que la pratique de l'excision n'a rien à voir avec l'islam ? Dans tout le nord de l'Afrique, la pratique de l'excision est quelque chose d'absolument systématique, au Sénégal, au Mali, au Soudan ou en Égypte. Quelle est la relation de cette pratique avec l'islam, s'il y en a une ?

TR. Il n'y en a pas. Il faut être clair une fois pour toutes. Certains savants ont pu parfois faire référence à des dires du Prophète qui, par allusion, auraient laissé une porte ouverte à ce genre de pratique (en respect des pratiques culturelles en cours à son époque dans certaines régions de la Péninsule). En réalité, l'excision n'a rien à voir avec les prescriptions islamiques à la différence de la circoncision qui est un acte recommandé (une *sunna*). On peut d'ailleurs être musulman sans être circoncis (il ne s'agit ni d'une obligation ni d'une condition) et l'excision est une pratique culturelle qui n'a pas de fondement religieux. L'idée de nier à la femme sa sexualité et/ou le plaisir dans sa sexualité est, nous l'avons vu, en total désaccord avec l'enseignement islamique.

Parce que l'islam reconnaît les pratiques culturelles (dès lors qu'elles ne s'opposent pas à une obligation ou à un interdit édictés par les sources scripturaires), certains savants musulmans ont fait montre de tolérance vis-à-vis de ces pratiques : leur lecture doit être discutée et critiquée parce que ces pratiques vont en fait clairement à l'encontre du droit des femmes. Il faut sur cette question promouvoir l'information, l'éducation et l'instruction : c'est le vrai moyen de s'opposer à des pratiques de ce type. Contraindre et réprimer ne mènera pas à grand chose si cela n'est pas accompagné d'une campagne d'information qui rappelle aux musulmanes et aux musulmans que l'islam n'exige rien de la sorte, en aucune circonstance. C'est le travail que je mène en Afrique depuis plusieurs années.

J.N. Nous avons passé en revue une série de problèmes qui créent des tensions entre le christianisme et l'islam et qui, tous, sont centrés sur la relation homme-femme. La sexualité vécue différemment par les deux religions n'est-elle pas à la racine de ces problèmes ?

La sexualité, comme adoration du Créateur

J.N. À l'intérieur de la chrétienté, dès ses origines, depuis ces deux pères fondateurs de l'Église qu'ont été Paul de Tarse et Augustin d'Hippone, on distingue une méfiance de la sexualité et du plaisir. Paul de Tarse fait du reste l'apologie du célibat : le mariage est tout juste un état de vie acceptable pour satisfaire les besoins sexuels si on ne parvient pas à les maîtriser. Du côté des chrétiens les plus intégristes, le plaisir est tout juste tolérable, puisqu'on peut difficilement se reproduire et se maintenir en tant que secte, si on s'abstient complètement de relations sexuelles. La position officielle des Églises chrétiennes est aujourd'hui beaucoup plus ouverte, plus d'ailleurs du côté des protestants que des catholiques ou des orthodoxes. Mais il reste que l'obligation du célibat pour le clergé catholique manifeste toujours, qu'on le veuille ou non, une forme de méfiance. La vie monastique repose sur trois vœux : obéissance, pauvreté et chasteté.

Du côté de l'islam, la sexualité est-elle considérée comme saine et normale ?

T.R. La sexualité est considérée comme bien plus que simplement « saine et normale », oserais-je dire. On serait étonné, et les musulmans au premier chef, à la lecture de certains textes juridiques des XIIIe et XIVe siècle dans lesquels les auteurs n'hésitaient pas à affronter de face la question de la sexualité et à déterminer ce qui, en la matière, est permis ou non selon l'enseignement de l'islam. Leur propos est en avance sur ce que nous offre le discours frileux, maladroit et peu à son aise de la plupart des savants contemporains. Se situant, bien sûr, dans le cadre du mariage, ces textes anciens y parlent du plaisir, des préliminaires, des corps, et décrivent les positions possibles de l'amour, et tout cela de façon explicite. Ils retenaient en cela l'enseignement d'Aisha, femme du Prophète, qui bénissait les femmes de Médine que la pudeur n'empêchait pas de poser toutes les questions délicates liées à l'intimité. En la matière donc, tout est permis excepté la sodomie : douceur, sensualité, préliminaires, etc. dans le respect des attentes et du plaisir de l'homme comme de la femme.

Dans une tradition (*hadith*) rapportée, le Prophète associe l'acte sexuel, dès lors qu'il est vécu dans le cadre licite, à une aumône, au sens qu'il devient l'expression d'un acte d'adoration vis-à-vis du Créateur. La sexualité est donc l'expression de l'être qui accepte tout du don de Dieu, en son cœur comme en son corps, et qui a conscience de la responsabilité qui est la sienne de maîtriser ses pulsions et ses instincts pour leur permettre de vivre totalement, dans la transparence et le don, avec l'être qui l'accompagne devant Dieu. Les hommes qui entouraient le Prophète furent étonnés de cet enseignement qui encourageait à vivre la vie de leur corps et de ses désirs.

L'islam se présente comme la religion de l'équilibre et son message en la matière, c'est qu'un être humain sans sexualité n'est pas équilibré. Et toujours se dessine la voie du juste milieu : pas de sexualité du tout ou une sexualité débridée sont toutes deux des promesses de déséquilibre.

L'interdiction de l'homosexualité

J.N. Mais sont illicites, comme vous le dites, un certain nombre de pratiques et en particulier, l'homosexualité. L'homosexualité n'est pas encouragée, elle est tolérée tout au plus ?

T.R. L'homosexualité n'est pas permise en islam et sa légalisation publique, comme on le revendique en Europe, ne peut être envisagée ni sur le plan de la reconnaissance sociale, ni sur le plan du mariage, ni sous une autre forme. Il y a là une limite quant à l'expression de la norme qui s'applique à l'espace social et public.

Le débat sur l'homosexualité est complexe et il met en présence en tout cas deux conceptions de l'homme : pour l'islam, l'homosexualité n'est pas naturelle et elle sort de la voie et des normes de la réalisation des êtres humains devant Dieu. Ce comportement révèle une perturbation, un dysfonctionnement, un déséquilibre. Il ne s'agit pas de développer un discours de rejet, de condamnation, de « ces malades » qui nous entourent. Certains musulmans, savants ou moins savants, parlent de la sorte, et je ne m'associe pas à ce discours.

Aujourd'hui, c'est une analyse et une réflexion en amont qu'il faut développer : la limite, je l'ai dit, est claire quant à l'interdiction mais l'accompagnement doit tenir compte de la société, de l'environnement, de l'histoire personnelle des êtres. Il ne s'agit pas de culpabiliser, mais d'accompagner, d'orienter, de réformer pour accéder à l'équilibre de la spiritualité, de l'intimité et de la vie du corps.

J.N. La pratique est toute différente. Dans certains pays musulmans, il existe encore une répression légale de la sexualité, comme on vient de le voir avec l'ancien Vice-Premier ministre de Malaisie, qui effectivement est poursuivi pour des faits d'homosexualité.

T.R. Chaque jour de nouvelles révélations mettent en évidence que les accusations contre l'ancien Vice-Premier ministre, Anwar Ibrahim, sont forgées de toutes pièces par le Premier ministre et son entourage afin d'éliminer un homme qui prenait trop de place dans le cœur du peuple et aux yeux des gouvernements du monde. Dans un pays très sensible à la morale et au comportement, une accusation portant sur les mœurs sexuelles marque la fin d'un homme public.

J.N. C'est un beau prétexte.

T.R. Oui, mais encore faut-il que ces allégations soient confirmées.

Dans le cas de la Malaisie, le mensonge est clair et Ibrahim fait clairement face à une machination. L'homme, qui aurait prétendument eu une relation homosexuelle avec lui s'est dédit durant le procès. Les accusations de sodomie et d'homosexualité ne reposent sur rien. Je crois qu'il faut lire les événements de Malaisie avec les lunettes de la lutte politique et non pas avec l'idée d'une répression caractérisée de la sodomie et de l'homosexualité interdites par l'islam.

J.N. Encore une fois, pour être juste, il faut rappeler qu'au début du siècle, l'homosexualité entre adultes consentants était considérée comme un délit dans une société relativement libérale et permissive comme l'Angleterre. L'écrivain Oscar Wilde a fait de la prison pour homosexualité, a été soumis à des travaux forcés dégradants, puis banni et brisé. Il est difficile de balayer devant la porte du voisin lorsque son propre seuil est souillé.

En résumé, ce que nous avons découvert de la condition de la femme musulmane est assez différent de ce que l'on pense en Occident. Selon le Coran, l'égalité entre hommes et femmes est le principe, à l'exception de la situation matrimoniale où l'islam tient compte de la situation de fait. L'homme et la femme sont complémentaires dans cette relation, ils ne sont pas identiques: l'islam a une conception de la famille qui implique l'éducation des enfants dans la religion. Dès lors les mariages mixtes, dans le seul cas de figure autorisé, mari musulman et femme chrétienne ou juive, constituent des aventures risquées. Sur ce point sensible, on expérimente toute la différence entre un Occident laïc et un islam profondément religieux. L'attitude actuelle de l'islam n'est du reste pas très différente de celle de l'Église catholique voici un siècle. En d'autres mots, lorsque la religion imprègne toute la vie, elle a forcément une influence sur la conception du mariage. Hors du contexte d'une foi religieuse, le mariage n'est plus qu'un contrat social assorti de clauses juridiques et financières. Tel est le lieu exact de la différence.

D'autres pratiques sociales existent dans le monde musulman et vis-à-vis desquelles l'islam émet des avis juridiques différenciés. Nous avons parlé de la polygamie qui est autorisée mais avec des conditions très contraignantes. L'excision, quant à elle, n'a pas de fondement islamique. On ne peut pas rendre l'islam responsable de ces pratiques mais je pense que l'on peut regretter que le combat pour y mettre un terme n'ait pas été plus vigoureux.

CHAPITRE **4**

Le droit et l'islam

Le statut inquiétant de la charia

JACQUES NEIRINCK Un musulman peut-il se soumettre à un autre droit que le droit coranique ? Le débat entre les deux cultures tient, semble-t-il, à une conception différente du droit : dans les pays islamiques, ce droit dérive du Coran et prend en compte les prescriptions juridiques contenues dans celui-ci, qui sont considérées comme imprescriptibles. Dans l'opinion éclairée de l'Occident, on commence à percevoir l'existence de la *charia*, ce droit d'origine coranique. Parmi les craintes qu'éprouve un Occidental par rapport au droit tel que le conçoit, l'islam, il y en a deux principales.

La première crainte porte sur l'origine de la *charia*. Un droit d'origine divine diffère radicalement d'un droit fondé sur les droits de l'homme comme le sont actuellement la plupart des constitutions et des codes de droit civil. La *charia* n'est pas essentiellement distincte de la morale religieuse. Il n'existe pas cette séparation entre l'Église et l'État, qui est au fond devenue la règle un petit peu partout, même si cette règle supporte toutes sortes d'entorses. Un droit d'origine religieuse ne peut s'imposer qu'aux fidèles d'une seule religion alors que les droits contemporains à base d'une philosophie laïque peuvent constituer un compromis acceptable pour tous, dans une société pluraliste. C'est la racine du conflit : dans une société traditionnelle, il n'y a qu'une seule religion, ciment de la solidarité nationale ou tribale ; dans la société occidentale, la règle est la pluralité des religions, y compris l'athéisme.

La seconde inquiétude porte sur le caractère archaïque de la *charia*. On peut parfaitement comprendre que la *charia* ait été élaborée au VIIᵉ siècle et qu'elle était probablement même très avancée pour l'époque. D'un point de vue historique, elle a constitué probablement une avancée, en garantissant une série de droits de l'homme qui étaient ignorés à l'époque. Mais on a l'impression que la *charia* ne change pas. Précisément parce qu'elle est d'origine divine. Contrairement au droit laïc de l'Occident, qui s'adapte aux mœurs au fur et à mesure qu'elles évoluent, un droit fondé sur le Coran est un droit qui n'évoluera pas par définition.

Cela soulève une grande question sur laquelle j'aimerais vous entendre. Quelle est la source du droit ? Dans le Coran, il se trouve un certain nombre de prescriptions qui peuvent être considérées comme juridiques. Il n'y en a pas énormément. De l'ordre de deux cents à trois cents. Mais il s'y superpose une énorme jurisprudence qui s'appelle la *sunna*. Comment peut-on essayer de définir la conception du droit dans l'islam ?

TARIQ RAMADAN Nous abordons d'emblée une question particulièrement sensible. Dans le seul énoncé de votre question, il apparaît des questions de terminologie qu'il faut absolument régler avant de s'engager dans le débat du droit. De profonds malentendus subsistent aujourd'hui dans le domaine de la législation islamique à cause de la compréhension partielle que l'on en a en Occident.

La faute n'est pas due aux seuls orientalistes ou intellectuels européens, mais également, et surtout, aux musulmans eux-mêmes qui manifestent une réelle déficience à expliquer, à communiquer et à se placer dans la perspective de leurs interlocuteurs. La déficience de communication est gravissime en la matière et je vous propose de placer quelques repères pour mieux s'engager dans cette discussion.

Il faut d'abord mettre en évidence que la première science islamique est le droit et la jurisprudence. Il ne s'est jamais agi, pour le Prophète de l'islam et ses compagnons, de s'engager dans des discours théoriques de théologie spéculative. Leur attention, au cœur même de leur cheminement spirituel, était immédiatement orientée vers l'organisation pratique du quotidien de l'individu et de la communauté. Il en fut de même des premières générations de savants.

Le premier terme qu'il faut définir est celui de *charia*. On le trouve aujourd'hui utilisé à toutes les sauces, si je puis dire, et l'on ne sait pas très bien ce que ce mot veut dire. Littéralement, il s'agit de « la voie », du « chemin vers la source » et on trouve dans le Coran la racine du terme utilisée pour exprimer, au travers de l'histoire, le fait que chaque religion ait reçu sa « voie » : *À chacune nous avons donné une voie et une praxis* (une méthode, une méthodologie).

Les commentateurs ont divergé quant à la définition du terme en question et ce en fonction, le plus souvent, de leur domaine de spécialisation. Certains juristes, les *fuqahas*, l'ont restreint au seul droit, d'autres lui ont donné une acception plus large tenant compte du fait que la catégorisation des sciences n'existait pas à l'époque du Prophète et qu'il fallait rester fidèle à cette dimension globalisante.

Beaucoup de soufis ont exprimé la même opinion et ont affirmé que la *charia* englobe tout à la fois le lien avec le Transcendant, le cheminement spirituel et l'organisation de la cité. Elle est « *la voie* » qui exprime la fidélité de la conscience, du cœur et de l'intelligence. Nous sommes loin, vous voyez, de la seule application d'un code pénal réducteur : il s'agit d'une conception de la vie et de la mort, du sens et des comportements.

Il faut aller plus loin encore car, pour une oreille européenne, mêler ainsi les domaines de l'intime et du public rappelle sans l'ombre d'un doute de très mauvais souvenirs : la théocratie avec son cortège de dérives et d'oppression. Il est donc nécessaire que le lecteur se décentre de ses propres références, et en particulier de sa conception du « religieux » pour comprendre la logique interne de la pensée musulmane.

C'est le droit qui nous occupe ici et il nous faut poursuivre notre travail de clarification : nous avons déjà dit que les deux références de l'islam sont le Coran, texte considéré comme révélé, et la *sunna*, compilations des traditions qui rapportent ce qu'a dit, fait ou approuvé le Prophète de l'islam. En matière de droit, la *charia* est l'ensemble des prescriptions légales que l'on trouve dans ces deux références.

Or que constate-t-on ? On trouve très peu de prescriptions de cette nature dans les textes et, de surcroît, celles-ci sont très générales et ne peuvent suffire à l'élaboration d'une constitution, ou à l'organisation complète d'une cité. Clairement, elles exposent une orientation à laquelle le musulman doit chercher à être fidèle tout en sachant que sa fidélité sera nécessairement fondée sur un travail de rationalisation et de contribution humaines élaborées à la lumière de ladite orientation générale.

Il nous faut alors dire un mot sur le *fiqh* qui est en fait le droit islamique. Littéralement le mot veut dire « la compréhension profonde » et c'est bien de cela qu'il s'agit. Le travail d'élaboration du droit se fait à partir d'une lecture normative des sources afin d'en extraire les prescriptions juridiques et de permettre leur classification.

Deux domaines essentiels ont été spécifiés : le domaine du culte et de la pratique (*al-ibâdât*) et le domaine des affaires sociales au sens large (*almu'âmalât*). Il est capital de comprendre que, si ces deux domaines se fondent tous deux sur les sources scripturaires, on a établi une méthodologie différente pour chacun d'eux : dans le domaine du culte, les prescriptions sont le plus souvent claires et précises et le musulman doit s'en tenir à la lettre des textes. Dans ce domaine, qui couvre la prière, la *zakat*, le jeûne et le pèlerinage, il ne lui est permis de faire que ce qui repose sur l'autorité d'un texte.

Il en va tout autrement dans la sphère des affaires sociales et la méthodologie s'appuie ici sur une logique inversée : en clair, dans les affaires sociales le champ des possibles est ouvert tant que l'on n'a pas un texte qui interdit d'agir dans un sens particulier. Contrairement au culte, la permission est ici le principe fondamental. On dira : tout est permis, sauf ce qui est explicitement interdit.

Dès que les deux sphères sont ainsi spécifiées, on comprend mieux quel est le rôle de la troisième source du droit musulman qui est *l'ijtihâd*, l'effort d'élaboration juridique qu'entreprend le savant à la lumière des sources. Il s'agit en fait d'édicter des avis juridiques dans des situations que les textes scripturaires n'envisagent pas directement. Ce travail sera quasiment inexistant en ce qui concerne le culte puisque celui-ci est fixé une fois pour toutes. Il n'en est pas de même des affaires sociales pour lesquelles un travail conséquent doit être élaboré par l'intelligence humaine. À partir des orientations générales contenues dans les sources, les savants doivent trouver des réponses fidèles aux textes et adaptées à leur contexte.

Le droit islamique est dynamique, évolutif et surtout fondé sur l'exigence de rationalité et d'élaboration humaines. Cela n'a rien à voir avec l'idée d'un droit figé totalement déshumanisé parce que révélé : bien au contraire, la révélation exige de la raison humaine qu'elle joue son rôle. Elle est un don divin permettant la compréhension du révélé et, par extension, elle est la référence de l'homme quant à sa capacité de rester fidèle en suivant la voie. Pas de fidélité sans intelligence. Point de pensée dogmatique ici puisque le Prophète lui-même avait conçu le droit à l'erreur en affirmant :

« Quiconque fait un effort d'élaboration juridique et trouve une bonne réponse reçoit deux récompenses ; quiconque fait un effort d'élaboration juridique et se trompe aura une récompense. » C'est non seulement un droit à l'erreur mais également un encouragement à la recherche, à l'esprit d'initiative dès lors que la démarche est sincère et cherche la fidélité dans l'évolution.

J.N. En résumé on pourrait dire que la *charia* occupe la même position, par rapport au droit tel qu'il est pratiqué en islam, que la Déclaration des droits de l'homme par rapport au droit civil ou au droit pénal dans les pays occidentaux. C'est une déclaration d'intention, c'est un ensemble de grandes orientations ?

T.R. Il s'agit de la référence effectivement qui oriente la pensée et l'intelligence humaine à un travail permanent de lecture, d'application, de prolongement et d'adaptation.

J.N. Tels sont les grands principes. Il faudra bien les séparer, dans tout ce que nous allons discuter, de leur application plus ou moins heureuse.

L'égalité des droits

J.N. Prenons, par exemple, l'égalité des droits entre les citoyens, qui est un principe général dans les pays occidentaux, où tous les hommes sont égaux pourvu qu'ils aient le bon passeport, bien entendu. Entre les citoyens d'un pays, il n'y a, en principe, aucune discrimination.

Qu'en est-il dans un pays à majorité islamique, qu'en est-il de l'égalité des droits entre les musulmans et les non-musulmans, en considérant séparément les gens du Livre et puis les païens ?

T.R. Il faut, sur la base du principe édicté, revenir aux sources et en particulier à l'exemple du Prophète pour connaître l'orientation générale dont nous parlions tout à l'heure. Quand il arrive à Médine, Muhammad se retrouve dans un contexte tout à fait particulier où différentes tribus et traditions religieuses coexistent et en particulier des juifs et des chrétiens.

Il organise sa société en tenant compte de ces paramètres au point que la Constitution de Médine, élaborée, souvenons-nous-en, au début du VIIe siècle, considère les juifs et les chrétiens comme membres à part entière de la société islamique sur la base du principe : ils ont les mêmes droits et les mêmes devoirs que nous. Ce principe, jamais le Prophète n'y dérogera et il affirmera clairement : *Quiconque maltraitera ou sera injuste avec un non-musulman ayant établi un contrat, je témoignerai contre lui le jour du jugement.* Le terme *mu'ahid* veut dire un « individu qui a établi un contrat » et ce qui ressort de ce concept est bien l'idée d'un contrat social et politique qui se fonde dès l'origine sur la reconnaissance de la pluralité et de son respect. Quand il est apparu, plus tard, que d'autres communautés se présentent (comme les zoroastriens), le Prophète a demandé que l'on applique le même principe qu'avec les gens du Livre, ce qui fut fait.

Au cours des siècles, ce principe a été codifié et appliqué de différentes façons. Parfois avec un grand respect et une ouverture qui ont permis la constitution d'espaces sociaux et politiques très ouverts et très égalitaires ; parfois, il faut le reconnaître, avec le seul vernis de l'apparence puisque les minorités non musulmanes ont pu subir des discriminations réelles et graves. Le statut du *dhimmi*, du « protégé », qui est l'autre appellation pour les non-musulmans dans les sociétés musulmanes, n'a pas toujours été identique : on l'a parfois élevé au rang de vrai citoyen, ce qui est l'orientation islamique, et parfois on en a donné une lecture restrictive et clairement discriminante, ce qui en est la trahison.

Il reste que, jusqu'à la plus récente époque de l'Empire ottoman, on a vu des sociétés pluralistes qui ne s'étaient pas contentées du seul pluralisme d'opinions mais également du respect de la diversité des religions et des cultures. On cite souvent l'exemple andalou, mais on oublie de faire référence à toutes ces sociétés musulmanes qui, en Afrique de l'Ouest et du Nord, en Turquie, en Égypte, en Asie ont permis une coexistence diversifiée. Des siècles de présence juive et chrétienne en terre musulmane en témoignent et leur engagement, aujourd'hui, à des postes clefs du pouvoir, des administrations et de la sphère économique le prouve malgré les manquements qu'il faut également reconnaître et dénoncer.

Sur la base des distinctions de méthodologie que nous avons présentées entre le culte et les affaires sociales, le respect des principes susmentionnés doit mener les musulmans à chercher l'organisation sociale et politique qui, tout en restant fidèle aux principes, leur permet de réaliser l'égalité des droits et des devoirs à l'époque moderne. Il n'y a pas un modèle un et unique, mais il y a des principes inaliénables : respect de la personne et de sa pratique, accès à une citoyenneté égalitaire et équitable, paiement d'une taxe militaire dès lors que l'on ne participe pas aux exigences de la protection militaire. Certains savants comme certains intellectuels n'hésitent pas à dire que les termes *mu'ahid* ou *dhimmi* sont l'équivalent de « citoyen » aujourd'hui, par les devoirs et les droits que dès l'origine on associait à ces notions.

Le cas de l'athéisme en terre musulmane n'a pas vraiment été étudié comme il se devait. Certains savants ont affirmé sans nuance que cela ne pouvait être accepté : en clair, pas d'expression de l'athéisme en terre musulmane. D'autres furent plus nuancés en admettant, dans certaines limites, la présence des athées dans une société musulmane. Il faut dire que ce genre de questionnement, dans les termes dans lesquels il est posé aujourd'hui, est très récent. Pendant longtemps, l'athéisme philosophique a été très marginal dans les sociétés majoritairement musulmanes, en tout cas dans son expression publique.

Aujourd'hui, il faut faire face à ces évolutions et s'en tenir à un principe fondamental : dans une société majoritairement islamique, la constitution devrait établir la reconnaissance de la référence religieuse des uns et des autres. La parole et l'idéologie restent libres dès lors qu'elles ne s'attaquent pas aux croyances, aux valeurs fondamentales et aux sensibilités des êtres humains, dans le respect de l'ordre constitutionnel. C'est un modèle connu en Occident.

J.N. Tel est le principe. Mais comme tous les principes, il est violé à différents endroits.

Quand les Soudanais du nord se livrent à des massacres et à une guerre civile à l'égard des gens du Sud, soit qu'ils soient animistes, soit qu'ils soient chrétiens, ils se situent absolument en dehors de ce principe. Ils le violent allégrement.

Ne peut-on blâmer de la même façon l'attitude rigoriste de l'Arabie saoudite où les chrétiens n'ont absolument aucun droit de pratiquer leur culte, même dans des locaux privés ? On connaît le prétexte qui consiste à considérer que toute l'Arabie saoudite est une mosquée et qu'au milieu d'une mosquée, on ne peut pas construire une église. Est-ce que l'Arabie saoudite, même si elle est gardienne de la ville sainte de La Mecque, ne se situe pas en dehors de l'islam par cette prescription mesquine et odieuse? Est-ce qu'elle ne viole pas le principe sous prétexte de mieux défendre la foi? À titre de comparaison, on peut citer la construction récente à Rome d'une magnifique mosquée. Ne serait-ce qu'à titre de réciprocité, une église aurait dû être construite à Riyad.

T.R. La politique de l'Arabie saoudite est dictée en la matière par une tradition de Muhammad dans laquelle il dit en se référant à l'après-révélation: *il n'y aura pas deux religions dans la péninsule.* Ce texte est authentique et soulève des questions quant à son application.

Le seul énoncé de ce texte ne peut faire oublier les principes supérieurs de l'islam qui sont le respect de la foi d'autrui, sa liberté de conscience et de pratique et le refus de toute contrainte en matière de religion. S'il est clair que l'on n'imagine pas une église à La Mecque ou à Médine proprement dites parce que ce sont des espaces musulmans portant une dimension sacrée par nature, il n'en est pas de même des autres villes et régions du pays.

Si l'on tient compte, de surcroît, du fait que c'est le gouvernement lui-même qui fait venir des chrétiens pour travailler sur son sol, on est dans l'obligation de dire qu'au nom d'un texte très spécifique, le gouvernement saoudien trahit les principes supérieurs de l'islam en matière de droit. On s'en tient à une lecture littérale et fermée qui est finalement bien hypocrite: ce n'est pas en interdisant la construction d'églises dans les villes où sont établis des chrétiens que l'on applique l'islam. Au contraire, nos principes nous imposent de considérer ces situations et d'entrer en matière. Non, la véritable application de l'islam, c'est de s'en prendre à tout ce qui se passe en coulisse, de corruptions, de passe-droits, de trafics de stupéfiants et de vidéos malsaines! On se moque d'interdire aux pieux de prier tant que l'on peut faire le pire des commerces avec les pires rapaces sans morale, sans âme, sans conscience.

Quant au Soudan, ne simplifions pas trop vite le problème. Il ne s'agit pas d'abord d'un problème de minorités religieuses, soit «animistes», soit chrétiennes. La question est de l'ordre d'une guerre civile de nature politique dont les causes remontent aux origines de la gestion anglaise de la région. Il existe des problèmes, sans aucun doute, il y a des discriminations, c'est vrai, et il faut les dénoncer clairement et dénoncer clairement tous les dérapages graves et répressifs du pouvoir de Khartoum. Mais cela ne peut vouloir dire de cautionner n'importe quelle analyse orientée idéologiquement : je me suis rendu sur place et je ne peux donner crédit au discours dominant, relayé par les Américains et par certaines missions chrétiennes, qui cherchent, pour des raisons politiques, à diaboliser le pouvoir soudanais. Le régime de Khartoum, avec tout ce que l'on peut en dire et qu'il faut clairement dire, est bien moins répressif que celui d'Égypte et que celui d'Arabie saoudite.

Or comment se fait-il que l'on s'acharne sur l'un et que l'on fasse silence sur les autres ? La vérité, c'est que le Soudan est surtout gênant à cause de son refus de se soumettre aux diktats américains dans la région, alors que l'Égypte et l'Arabie saoudite sont clairement à la solde des États-Unis. Je ne peux, en aucune façon, cautionner les évaluations sélectives que l'on nous impose : au fond, ce qui est le vrai critère de dénonciation aujourd'hui n'est pas l'horreur d'un régime mais bien la « qualité » de son inféodation. Pour sauver le régime d'Arabie saoudite, on n'hésitera pas à demander au capitaine Baril de devenir musulman pour une semaine afin d'écraser des milliers d'insurgés, comme cela s'est passé en 1979. Si un régime est soumis, même s'il est dictatorial, ses ennemis deviennent nos ennemis, même s'ils sont démocrates. Il suffit de savoir présenter les choses.

L'esclavage

J.N. Évoquons une autre dimension, l'esclavage, qui constitue la limite extrême de la discrimination puisque des êtres humains sont traités comme des animaux. Encore une fois, que l'esclavage n'ait pas été condamné ou supprimé dès le début, au VIIe siècle, cela va de soi. C'était quasiment la règle dans le monde entier. Au début de la féodalité en Europe, le servage n'est pas très différent de l'esclavage antique dans les faits. On a l'impression qu'il s'agit d'une tare sociale liée inévitablement à certaines conditions économiques. L'objectif d'une foi religieuse devrait être de proclamer, même en avance sur son temps, qu'il s'agit d'une anomalie.

Qu'est-ce que le Coran dit au sujet de l'esclavage ? Est-ce que le Coran, la tradition ou la jurisprudence, petit à petit, ont amené à restreindre l'esclavage, voire à le supprimer? Ce qui est déjà le cas dans un certain nombre de pays, bien entendu mais pas dans d'autres. Est-ce que la situation de fait des travailleurs domestiques étrangers en Arabie Saoudite ne serait pas comparable à une forme moderne d'esclavage?

T.R. Quand le Coran est révélé, au VIIIe siècle, l'esclavage existe dans la péninsule arabique. À partir de cette réalité, il est clair que l'ensemble des prescriptions coraniques, de même que l'exemple du Prophète de l'islam, sont de réformer cet état de fait. Non pas en l'interdisant arbitrairement et sans délai, mais très explicitement en établissant des étapes dans la réalisation de ce projet social. De nombreuses prescriptions coraniques suivent ce modèle de réforme s'appuyant sur l'orientation générale et les étapes de sa réalisation.

Le message coranique et la *sunna* parlent de l'égalité de tous les êtres humains, les compagnons libéraient les esclaves et les prescriptions liées aux expiations des fautes établissent en droit la libération des esclaves. Les choses sont très explicites et les juristes n'ont eu de cesse de le rappeler : si l'esclavage fut une réalité des sociétés antéislamiques, il devient une anomalie dans l'établissement des sociétés musulmanes. Tout confirme cette lecture quand on se penche sur l'analyse de la cité de Médine. La révélation coranique est à comprendre à partir d'un contexte pour ensuite appréhender quels en sont les enseignements fondamentaux : il n'y a jamais ici la caution de l'esclavagisme. Au contraire, les juristes relèvent que l'islam est un message de libération qui engage à un processus d'accès, pour chaque être humain, homme ou femme, à l'autonomie et à la liberté.

Quant à votre question sur l'esclavagisme en Arabie Saoudite et dans d'autres pays du Golfe, il n'y a pas à louvoyer et à faire des contorsions intellectuelles en la matière : la façon dont on traite les Philippins, les Pakistanais ou autres Asiatiques est de l'esclavagisme moderne, une trahison grave des principes islamiques. Ma condamnation est totale, au nom de ma foi, des principes de ma religion et de ma conscience.

J.N. Dans ce que vous venez de dire sur l'égalité, quelque chose m'interpelle. Est-ce que cela signifie qu'un esclave ne pouvait pas se convertir à l'islam ou qu'il devait être libéré avant de pouvoir se convertir et être considéré comme musulman?

T.R. Non, il pouvait se convertir et beaucoup d'esclaves se sont convertis à l'islam à l'époque de la révélation puis au cours des siècles qui ont suivi. Mais l'accomplissement de leur foi et de leur capacité à devenir autonomes et libres participent de leur propre accomplissement. La plénitude de leur foi présupposait ce cheminement vers une libération. C'est ce qu'ont compris énormément de compagnons, qui ont libéré leurs esclaves, soit pour expier leur faute, soit pour justement donner la possibilité à cette société de devenir une société d'êtres libres.

J.N. En pratique, il reste un certain nombre de pays, la Mauritanie, le Soudan, l'Arabie saoudite où continue à exister de fait soit un esclavage déclaré, soit un esclavage larvé. Est-ce que les autorités religieuses, les mollahs, font des reproches à ce sujet au gouvernement ? Une autorité religieuse demande-t-elle aux autorités civiles et aux autorités politiques d'abolir cet esclavage.

T.R. Il est vrai que, dans des sociétés qui sont touchées par la paupérisation et par un sous-développement quasi endémique, on trouve des situations où l'esclavage persiste d'une façon ou d'une autre. Il faut avoir un discours très clair : la situation dans laquelle sont tenues certaines populations est une situation d'esclavage. Cela étant, il ne faut pas oublier que, pour beaucoup de peuples, même si on ne parle pas d'esclavage, la situation est bien celle d'un esclavage de fait, même si ce n'est pas de droit. Certaines autorités musulmanes dénoncent ces réalités mais cela reste une exception. Les régimes sont durs et ne laissent que peu de place à la libre expression.

C'est donc à nous, depuis l'Europe, de parler vrai et de dénoncer les horreurs qui se font parfois au nom de l'islam. La façon dont sont traités les Philippins ou les Pakistanais dans les pays du Golfe, les mauvais traitements, les corrections physiques, le commerce des êtres est inhumain et contraire à l'enseignement islamique. On ajoutera aussi que l'ordre du monde réduit à l'état de quasi-esclavage près de deux-tiers de la planète et que, là aussi, on ne peut se taire. Dénoncer l'esclavagisme des uns nous impose aussi de condamner un système global de promotion insidieuse de l'esclavagisme moderne : tous deux sont indignes. Il n'y a qu'à rappeler l'horreur du travail des enfants dans le monde…

J.N. Si l'on revient à une vision du Prophète comme réformateur du judéo-christianisme, c'est peut-être ce qu'il a le mieux réussi : délivrer la tradition judaïque de son contexte étroitement nationaliste sans verser dans l'hellénisme qui a contaminé le christianisme occidental.

Dès que l'on sort de ce contexte – convertir des gens qui le sont déjà pratiquement – on se heurte à des difficultés considérables. Convertir des populations polythéistes, animistes, incultes, c'est très difficile. Il faut des siècles pour dissoudre un substrat païen qui ressort par tous les pores de la société. Pour le Prophète, il était tellement plus facile de partir d'une base judéo-chrétienne. Donc, l'islam a effectivement pu, en Irak ou en Égypte, arriver à un résultat tout à fait différent de ce qu'il a pu obtenir avec des Bédouins ou des Touaregs. Cela explique – sans le justifier – les retards pris par la Mauritanie, le Soudan ou la péninsule arabique.

Les châtiments physiques

J.N. Abordons le chapitre des sanctions. L'Occidental est toujours horrifié par les sanctions qu'il voit appliquer non pas en théorie mais en pratique. Je pense au témoignage de l'un de mes neveux, qui a travaillé dans un hôtel à Riyad. Un boy philippin, qui faisait le ménage des chambres, a volé de l'argent dans le sac d'une hôtesse de l'air algérienne, qui l'a dénoncé. Et, devant tout le personnel rassemblé, on a coupé le poignet du voleur. Conclusion de mon neveu : il y a peu d'endroits où l'on vole aussi peu qu'en Arabie saoudite. On peut laisser n'importe quoi n'importe où, personne n'y touchera.

On peut comprendre cette situation, parce qu'on se trouve dans le désert et que celui qui vole un objet dans un désert, peut en fait voler la vie de quelqu'un. C'est finalement la même justice que dans le Far West où on était pendu pour avoir volé un cheval. C'était logique, parce que, si on volait un cheval, on volait la vie de celui qui n'avait plus de cheval. Mais dans le contexte des villes très modernes qui ont été édifiées dans la péninsule arabique, c'est extraordinairement choquant.

Alors, que faut-il en penser ? Est-ce que c'est une sanction qui doit être appliquée ? Est-ce que c'est une véritable expression de l'islam ? Récemment, le Pakistan et le Soudan ont fait du zèle et rétabli ce genre de peine, qui, bien entendu, n'existe pas dans d'autres pays musulmans. Alors, comment se fait-il que, faisant référence à la religion, on puisse encore prôner, à tort ou à raison du Coran, des pratiques aussi barbares?

T.R. La question a le mérite d'être claire, tâchons de présenter une réponse également explicite. Les mentions de certaines sanctions corporelles, et en l'occurrence de celles qui concernent les voleurs, sont effectivement inscrites dans le Coran. Cela étant, comme nous l'avons vu pour d'autres questions, il ne peut s'agir de faire une lecture littérale et réductrice qui oublierait le contexte de la révélation et la conditionnalité de son application.

Certains gouvernants instrumentalisent ces versets et les utilisent pour justifier les politiques les plus répressives qui soient, encore une fois en totale contradiction avec l'enseignement de l'islam. Affirmant appliquer l'islam, ils commencent par les peines... C'est exactement le contraire de ce que l'islam nous enseigne.

Ce qui nous est demandé, c'est d'établir la justice et de donner le minimum nécessaire à chacun. C'est quand une société a atteint ce niveau de justice et d'équité que la rigueur de la sanction fait sens. Lors de l'année de la famine, le second calife, Omar, avait mis un terme à l'application de ces peines parce que leur application aurait été en totale contradiction avec l'enseignement de l'islam. En d'autres termes, le «voleur» se définit en rapport avec le contexte de vie dans lequel les hommes vivent: un homme qui vole pour sa survie n'est pas un voleur au sens coranique. Certes, il enfreint la loi et il faut intervenir, mais il ne peut s'agir d'appliquer une sanction corporelle.

C'est dire que l'application de cette peine aujourd'hui est en totale contradiction avec l'islam puisque la première des conditions objectives qu'elle requiert est absente. Au demeurant, nous devrions dire avec quelque ironie que, si nous devions véritablement penser à l'appliquer, nous devrions penser à commencer par ces rois, princes, présidents ou autres notables qui ont le nécessaire pour vivre et qui volent allègrement leur peuple. C'est d'ailleurs la menace que Omar avait faite lui-même à un riche qui était venu se plaindre de son employé parce que celui-ci l'avait volé. Omar questionna l'employé qui affirma que son patron ne lui donnait pas suffisamment pour vivre et qu'il se trouvait donc dans l'obligation de voler. Omar se tourna vers l'employeur et le menaça de s'en prendre à lui plutôt qu'au pauvre et de lui couper les deux mains s'il ne donnait pas le nécessaire pour vivre à son employé. On est loin de l'application mensongère au moyen de laquelle les vrais voleurs au pouvoir nous trompent.

Il faut encore ajouter d'autres conditions objectives qu'ont relevées les juristes : l'exaction doit avoir été faite avec violence et également dépasser une valeur déterminée à l'aune des paramètres des sociétés respectives. Toutes ces conditions ont été stipulées dès l'origine et l'on n'a recensé pas plus de six mains coupées durant les cinq premiers siècles de l'islam. Ce ne furent déjà que des exceptions rarissimes à des époques où les structures sociales étaient souvent moins déséquilibrées qu'elles le sont aujourd'hui à cause des fractures sociales, et du double processus de marginalisation et de paupérisation.

Les conditions objectives aujourd'hui déterminent d'elles-mêmes les priorités et les impératifs de l'application d'une législation conforme à l'enseignement islamique : lutte contre la pauvreté, promotion de l'éducation, réformes des institutions et des pratiques financières et économiques destinées à l'application par étape d'une plus grande justice sociale. Toute autre application du droit commençant par les sanctions et les peines est de la poudre aux yeux. C'est de la pure manipulation politique pour des pouvoirs en quête de légitimité populaire.

Il est un autre problème qu'il faut mettre en évidence. Les gouvernements savent l'attachement de leurs peuples à l'islam et ils jouent souvent sur la crédulité de ceux-ci quant à la référence à la religion. Sur un autre plan, ces mêmes pouvoirs surfent sur le nébuleux ressentiment antioccidental que partagent les populations, de nombreux intellectuels ou mouvements se référant à l'islam. La répression se trouve légitimée par une lecture simpliste : puisque l'on interdit et réprime des comportements qui ressemblent à ceux qui ont cours en Occident, alors c'est « islamique ». Pire, on finit même par penser que, si l'Occident réagit de façon si épidermique et si horrifiée, c'est bien la preuve que l'on suit la bonne voie. Réflexion binaire qui, par rejet de l'Occident « permissif », finit par penser son projet islamique par réaction « répressive ». C'est avec cette logique binaire, de même qu'avec l'instrumentalisation de la religion, qu'il faut rompre. En un mot, retrouver le souffle d'un projet social qui s'affirme de l'intérieur dans le respect des enseignements de justice qui sont les siens.

J.N. Pour y voir clair, admettons que toutes les conditions que vous exigez soient réunies. Tout d'abord on se trouve dans un État de droit, qui n'est pas corrompu, où règne une certaine justice sociale. Il n'empêche que, même dans un tel pays, des gens continuent à voler. Parce qu'ils sont paresseux, parce que c'est un vice, parce que c'est une tradition du milieu. Il existe aussi dans tous les États des hommes puissants qui, par corruption, volent l'État parce qu'ils sont obsédés par le pouvoir, y compris celui de l'argent.

Dans ce cas-là, dans un État islamique idéal, faudrait-il appliquer cette mutilation comme peine pour le voleur ? Ou bien faudrait-il se borner à une peine de prison ? Le Coran est-il opposé à une telle évolution ?

T.R. Restons dans la réalité. Cette société idéale, de droit et de justice, est un objectif vers lequel l'on tend et sur la route de cette réalisation il faut faire face aux fractures qui empêchent que les trois conditions que j'ai mentionnées soient réunies.

Comme je l'ai dit tout à l'heure, à l'époque du Prophète, qui est considéré comme représentant l'état idéal de la société islamique, de même que dans les quatre siècles qui ont suivi, l'application de cette peine est restée prescrite mais fut quasiment inappliquée et fut une exception très rare. Cela étant, personne ne peut, de son propre chef, effacer un verset révélé. La sanction est mentionnée et les conditions sont claires.

Depuis l'origine de la révélation, et sur la base de l'exemple du Prophète dans l'administration de sa propre société (« idéale » pour nous), on comprend que, plutôt que de faire de nous des bourreaux, Dieu nous renvoie à nos responsabilités de réformateurs des sociétés en nous demandant de mettre toute notre énergie à réaliser une société de justice et de bien-être dans laquelle voler deviendrait un crime grave, tant nous devons y avoir le souci de donner à chacun un espace de vie et de dignité. La sanction joue un rôle dissuasif, certes, mais elle a également une vertu mobilisatrice : pas de paresse devant l'indigne et l'injuste.

Ces peines sont inapplicables aujourd'hui pour tous les peuples du monde, la chose est claire. Mais le Coran nous exprime que tous ces princes, ces rois et autres dictateurs qui volent les peuples, les soumettent à l'indigne et à la violence quotidienne de l'humiliation et de la honte, qui ouvrent des comptes de plusieurs milliards en Suisse ou ailleurs, tous ces voleurs «civilisés», «en col blanc», mériteraient qu'on leur appliquât la sanction destinée aux vrais voleurs. Toutes les conditions sont réunies.

Nous savons cette peine inapplicable aujourd'hui, nous savons la portée des mensonges et des manipulations; mais la révélation coranique nous engage à la résistance et au refus déterminé de l'ordre imposé par ces «respectés» voleurs: si la justice n'est pas de ce monde, nous n'avons pas de doute sur la Justice d'un autre monde, d'une autre Vie.

J.N. Vous concluez qu'on arrivera à constituer des États musulmans modernes où la population vivra à un niveau tout à fait convenable quelle que soit la classe sociale et où l'on décidera qu'en aucun cas, on n'appliquera des peines de mutilation. Il existe déjà des pays musulmans où l'on n'applique pas de peine de mutilation. Même en droit, elles seraient inapplicables et constitueraient des délits. Je suppose que c'est le cas dans un pays comme la Turquie ou la Tunisie.

T.R. Nous avions déjà parlé de la Turquie et de la Tunisie. Disons-le encore clairement; l'apparent État de droit de ces deux pays, comme de tant d'autres, cache la réalité du non-droit pour les femmes et les hommes à tous les niveaux de l'échelle sociale. La répression, la torture et les exécutions sommaires qui se déroulent dans le secret des geôles sont encore bien pires que l'exécution des peines dont nous refusons l'application mensongère et formaliste.

Ce ne sont des modèles que pour ceux qui s'illusionnent ou font mine de ne pas savoir, comme certains gouvernements ou intellectuels au Nord. On n'y coupe pas des mains en public, mais l'on torture, viole et exécute en privé: belle alternative.

Le débat sur les sanctions est un faux débat et commencer par les peines est une trahison comme de proposer une alternative dictatoriale. Ni les talibans, ni l'Arabie saoudite, ni la Tunisie, ni la Turquie ne sont des modèles. Il faut condamner et résister à toutes ces dérives. Respecter l'enseignement de l'islam, c'est promouvoir des réformes qui respectent quatre orientations fondamentales: justice sociale, participation du peuple et respect de ses choix, pluralisme et authentique État de droit. Tous les textes fondateurs de l'islam nous orientent en ce sens. C'est dans ces domaines qu'il faut être exigeant, et rigoureux, et déterminé. Le reste n'a pas de sens.

J.N. Venons-en à un autre type de sanction. Au fond, le seul péché irrémissible pour un musulman, c'est l'abjuration, c'est le blasphème. Le seul sanctionné par la damnation, puisque la personne elle-même dans le secret de son cœur refuse Dieu. La légende – ou la vérité – qui circule en Occident, veut que tout musulman qui abjure mérite la peine de mort.

De façon très concrète et proche de nous, il y a le cas célèbre de Salman Rushdie. Une autorité islamique en Iran considère que *Les Versets sataniques* contiennent des blasphèmes. L'auteur est condamné à une peine de mort dans des conditions qui sont tout à fait étranges pour un esprit occidental : tout d'abord, il n'est pas citoyen iranien, il est citoyen anglais. Ensuite, il n'a pas commis cette éventuelle infraction sur le territoire de l'Iran. Néanmoins l'Iran proclame une *fatwa* qui donne non seulement à quiconque le droit d'exécuter la sentence, mais en plus promet une rétribution très élevée, le million et demi de dollars.

Cela ressemble furieusement à la justice du Far West où existaient des chasseurs de primes, justifiés parce qu'il n'y avait pas de police. Mais dans le cas de Salman Rushdie, c'est tout de même curieux. On condamne quelqu'un qui n'a pas commis un véritable délit mais qui a simplement publié un livre. Cette condamnation a un aspect de censure très désagréable. On le condamne alors qu'il n'est pas citoyen du pays qui le condamne. Il n'est pas sur le territoire de ce pays. Donc, il n'y a aucune juridiction. N'importe qui peut appliquer la peine et il reçoit une prime extraordinaire.

Quand vous rassemblez tous ces éléments, ils donnent une image tout à fait épouvantable du concept du droit en Iran. D'autant que l'Iran n'est pas précisément un pays retardataire. On n'a pas affaire à des Bédouins ou à des Touaregs. L'Iran est une très très vieille civilisation, peut-être une des plus vieilles civilisations du monde.

T.R. Vos questions touchent différents domaines, il faut les étudier un par un.

Le premier concerne celui de l'individu qui change de religion. On dit souvent que l'islam l'interdit et l'on se réfère à l'avis de certains savants qui ont une analyse littérale et stricte d'une tradition du Prophète dans laquelle il affirme : *Celui qui change de religion, tuez-le.* Ce type de lecture existe et l'on ne peut nier que certaines autorités religieuses se soient tenues et/ou s'en tiennent encore au sens premier et littéral. D'autres savants au cours des siècles ont proposé une interprétation différente de ce *hadith* en faisant le travail de contextualisation nécessaire à sa compréhension.

De quoi s'agit-il donc? Dans leur commentaire de ce texte, ils reviennent à la situation de conflit dans laquelle se trouvait la communauté musulmane à Médine. Certains individus se convertissaient à l'islam, s'immisçaient dans la communauté des croyants, récoltaient des informations et finalement reniaient leur religion en transmettant les informations qu'ils avaient recueillies aux ennemis des musulmans. Il s'agissait en fait d'hypocrites qui, au moyen de la religion, pratiquaient la trahison de guerre. Leur attitude mettait en péril la survie de la communauté et c'est dans ce contexte que la condamnation à mort prenait son sens pour les traîtres de guerre.

Il est à noter, par ailleurs, que le Prophète était entouré d'hypocrites notoires qui ne cessaient de perturber l'équilibre de la communauté musulmane naissante. Certains de ses compagnons voulaient s'en prendre à eux et les tuer pour mettre fin à ces agissements et c'est le sort qu'ils proposèrent maintes fois à l'encontre d'un dénommé Ubay. Le Prophète l'interdit tant que la trahison n'était pas manifeste par le changement de religion et l'alliance explicite avec l'ennemi.

Dans une autre situation, le Prophète n'est pas intervenu pour s'en prendre à ceux qui quittaient Médine pour se rendre à La Mecque. Selon le pacte d'al-Hudaybiyya, ceux qui partaient de Médine pour La Mecque pouvaient y rester. On peut comprendre par là que celui ou celle qui quittait Médine faisait cause commune avec les Mecquois et reniait sa foi. C'était en temps de paix et jamais le Prophète n'a cherché à s'en prendre à eux, ni lors de leur fuite, ni après, lorsqu'il revint victorieux à La Mecque.

Je ne peux rendre compte ici de tous les débats qui ont eu cours entre les savants sur la question mais, à la lumière de ces deux ou trois situations et d'autres encore, des savants ont mis en évidence le fait que celui ou celle qui quitterait sa religion par un acte de conviction personnelle sans chercher par la suite à trahir l'islam et les musulmans, d'une façon ou d'une autre, cet individu n'entre pas dans la catégorie visée par le hadith susmentionné. Ils s'appuient par ailleurs sur le verset coranique qui, sur ce point très précis, renvoie le jugement à Dieu seul. L'attitude requise est donc celle d'un minimum de respect de la religion que l'on quitte et de la sensibilité de ceux qui continuent à s'en prévaloir.

On peut aborder maintenant votre deuxième question concernant Rushdie. Il ne se considère plus comme musulman et c'est son droit. Le problème apparaît dans la façon dont ensuite il s'exprime sur le Prophète de l'islam et sur nombre d'autres éléments considérés comme dignes d'un infini respect par les musulmans. Que faut-il en dire ? Je me suis opposé dès le début à la *fatwa* du gouvernement iranien et de façon très claire. Cette affaire est l'objet d'une double instrumentalisation : d'un côté un gouvernement légitimant son caractère « islamique » par une prise de position plus politique qu'islamiquement fondée dans la forme et dans le fond ; de l'autre des gouvernements et des intellectuels trop heureux de se présenter comme les chantres de la liberté d'expression contre l'islam obscurantiste qui menace l'Occident libéral.

La décision du gouvernement iranien, prise quelques mois après la sortie du livre, est politique. Il s'agit clairement d'une tentative de récupération des dividendes d'une mobilisation qui avait eu lieu au Pakistan, à Bradford en Grande-Bretagne, ou ailleurs. Il lui sembla ainsi pouvoir mobiliser les peuples musulmans réagissant de façon épidermique.

Mais rien, du point de vue de l'islam, ne peut justifier un appel à l'exécution sommaire, avec une offre de rançon, hors de tout respect du droit. Jamais, en aucune façon, les enseignements islamiques ne peuvent s'appliquer de cette façon.

L'œuvre de Rushdie vaut ce qu'elle vaut et, si je me suis exprimé contre la *fatwa*, je n'hésite pas à dire que le livre est de petite facture, une provocation stupide et peu digne d'un homme qui devrait savoir combien les gens du peuple, de tous les peuples, sont prompts à s'enflammer quand on touche à ce qu'ils vénèrent. Je pense certes que l'on doit les éduquer à la prise de distance, mais l'ironie et le cynisme de Rushdie n'empruntent pas les bons moyens.

Il n'y a pas d'autre voie à mon sens que celle du dialogue et de l'explication : quand des femmes et des hommes se sentent blessés, voire clairement humiliés, dans leur foi et leur identité, expliquer me paraît être le minimum d'une liberté d'expression assumée et bien comprise.

Il y a quelques années, à Genève, le Conseiller administratif de la ville avait interdit la mise en scène de la pièce de Voltaire, *Mahomet ou le fanatisme*. A mon retour de voyage, on m'avait demandé mon avis et j'avais émis l'opinion qu'il fallait que le metteur en scène prenne le temps d'expliquer ses intentions. Il ne s'agissait pas d'interdire mais simplement de proposer un acte de maturité qui consiste, en ces temps de conflits larvés entre les religions et les civilisations, à prendre le temps de s'expliquer. Toutes mes interventions allaient en ce sens : éviter la provocation. C'était trop et certains, très pressés de stigmatiser l'évidente fermeture d'esprit de l'autre, ont voulu y voir l'expression d'un islam fondamentaliste, réactionnaire, « iranien ».

Les étiquettes son t si vite distribuées au nom de cette nouvelle dictature de l'évidence : dans les milieux de la culture, l'équation ne souffre aucune entorse : « Si je me sens ouvert et moderne, donc mon interlocuteur est évidemment fermé et réactionnaire », *a fortiori* s'il est musulman. Quant à moi, l'ouvrage en question faisait déjà partie du corpus de textes de littérature française que j'enseignais.

Un dernier point est à relever ici. L'affaire Rushdie a passablement conforté les clichés et renforcé les oppositions entre deux civilisations. Certains en sont heureux et ne cessent d'alimenter la polémique. La liberté d'expression est un droit qu'il faut défendre. Avec force et énergie. Mais j'aimerais ici rappeler à tous les chantres de la liberté d'expression que des milliers de Rushdie croupissent dans les prisons des pays du monde et du monde musulman en particulier. Ils sont soumis à des persécutions et à la torture dans l'ombre des geôles : ce sont des intellectuels musulmans qui meurent en silence en Syrie, en Tunisie, en Égypte, en Israël et dans tant d'autres pays. Ils ont utilisé leur intelligence et leur plume et ils subissent aussi la condamnation à mort. J'aimerais pour ma part entendre les intellectuels, défenseurs de Rushdie, se battre avec la même détermination pour les anonymes persécutés pour leur pensée. À moins que leur combat soit surtout idéologique et politiquement orienté. On aimerait savoir à quoi s'en tenir car alors il s'agirait plus d'une instrumentalisation du cas Rushdie que d'une véritable défense du droit. Et ce n'est pas très digne.

Le droit de faire la guerre sainte

J.N. Pour terminer cet entretien portant sur la conception islamique du droit, il semble nécessaire de parler du droit de la guerre. À l'aune de cette décision grave qui consiste à exercer une violence organisée à l'égard de l'étranger, chaque culture révèle se grandeurs et ses faiblesses.

Le concept musulman s'articule autour d'un mot très mal compris en Occident, le *djihad*, plus ou moins mal traduit par «guerre sainte». Ce terme de guerre sainte charrie toutes les images de musulmans qui sont obligés par leur foi de s'engager dans une guerre de conquête, avec la promesse, s'ils sont tués, d'aller tout droit au Paradis où ils sont consolés par des *houris*, femmes voluptueuses qui ne sont pas sans évoquer les Walkyries de la mythologie wagnérienne. Telle est l'image caricaturale que l'on a en Occident du *djihad*. Pourriez-vous, tout d'abord, en donner une définition qui soit plus correcte.

T.R. Le concept de *djihad* est l'un de ceux qui sont le plus mal compris en Occident et il exprime à lui seul l'ensemble des incompréhensions qui existent entre l'Occident et l'islam. On a d'ailleurs tendance en Occident à comprendre la terminologie des autres cultures à l'aune de l'histoire et des références de sa propre civilisation. Ainsi, le *djihad* serait à l'islam, ce que les croisades sont au christianisme, la guerre pour Dieu, la guerre sainte. Or rien, ni dans le concept, ni même dans l'histoire de la civilisation islamique, on ne trouve quelque chose qui s'apparente à l'idée d'une guerre sainte fondée sur l'autorité de l'Église et du dogme et sur le fondement du prosélytisme contraignant.

Revenons à l'étymologie du mot. La racine du terme est *ja-ha-da* qui veut dire littéralement «faire un effort». De grands savants ont mis en évidence que ce mot avait près de quatre-vingts occurrences dans les enseignements de l'islam. Le premier domaine est celui de l'individu. Chaque être humain sent en lui des forces que l'on pourrait appeler négatives telles que la violence, la colère, la cupidité, etc. L'effort qu'il ou elle fait pour lutter contre lesdites forces s'appelle le *djihad*: ce *djihad*, appelé communément *djihad an-nafs*, l'«effort de l'être», est au centre de la spiritualité islamique puisqu'il représente cet effort continu que chacun doit faire pour maîtriser son être, pour lui donner accès à la sphère supérieure de l'humain qui cherche Dieu par un constant souci de dignité et d'équilibre.

Une autre occurrence est celle qui concerne le *djihad* au sens de l'engagement dans la guerre et qui dans ce domaine particulier s'appelle alqital. Tout ce que nous venons de dire sur le *djihad* an-nais est fondamental car le principe est le même: tout comme un être fait l'effort, lutte et résiste à ses propres tentations de violence et de colère, de même une communauté humaine se doit de résister aux actes d'agression dont elle pourrait faire l'objet.

Pendant les treize premières années de la révélation, les musulmans ont résisté à la persécution de façon déterminée mais passive. C'est à leur arrivée à Médine, alors que l'agression continue et que les collusions se multiplient, que les musulmans reçoivent la permission de se défendre. La formulation coranique est claire : *Permission est donnée à ceux qui luttent parce qu'ils ont été injustement traités* et plus loin le verset précise : *Ceux qui ont été expulsés de leur demeure sans justice pour le seul fait d'avoir dit :* « *Notre Seigneur est Dieu* ».

À partir de ces versets et de quelques autres, et bien sûr sur la base de l'attitude du Prophète, on a dégagé quelques-uns des principes fondamentaux concernant la guerre. Difficile d'en faire ici l'analyse exhaustive, mais l'on peut dégager au moins trois axes :

1 La guerre est autorisée en cas de légitime défense quand tous les moyens pacifiques n'ont pu faire stopper l'agression ; le Coran dit : *S'ils inclinent à la paix, inclinez de même ;*

2 Il est autorisé de se défendre en cas d'oppression, lorsque la liberté d'opinion et d'expression n'est pas respectée ou lorsque les demeures et/ou la propriété sont spoliées ;

3 Il est autorisé d'entrer en résistance pour appuyer ceux qui seraient soumis à ces mêmes traitements injustes : c'est le droit d'ingérence octroyé à la seule condition qu'un pacte de non-agression ne nous lie pas avec l'agresseur du peuple tiers.

Je ne peux ici malheureusement faire une analyse exhaustive de chacun de ces points, mais on retiendra que le *djihad* ici est clairement une résistance. Il est interdit à des musulmans d'entrer en guerre pour des motifs d'acquisition de richesses, de territoires ou de pouvoir. Impossible également de guerroyer à des fins prosélytes ; le texte coranique est clair : *Pas de contrainte en religion.* Si cela a pu être le cas dans l'histoire, ce ne fut de loin pas la règle mais de toutes les façons ces pratiques étaient en contradiction avec les enseignements islamiques.

Deux choses encore sur cette question : le Coran, comme d'ailleurs les traditions, nous encouragent en permanence à la paix. Parmi les premiers mots du Prophète en arrivant à Médine, après avoir vécu treize ans de persécution, on trouve : *Répandez la paix, offrez à manger autour de vous, maintenez les liens de famille, priez alors que les gens dorment, vous entrerez au paradis dans la paix !* La Paix est l'un des noms de Dieu comme de ceux du paradis. Il reste cependant que l'islam nous enseigne à ne pas être naïfs : les êtres humains sont enclins au conflit à tel point que l'équilibre du monde semble passer par l'équilibre des forces : *Si Dieu n'avait pas établi le rapport de résistance mutuelle entre les hommes, la terre aurait été pervertie*, explique le Coran. C'est dire qu'il faut rester vigilant et savoir que les hommes sont capables du pire si rien ne résiste à leur volonté de puissance. Dans l'adversité, le Coran nous encourage à rivaliser de bonté ; mais il nous somme de ne pas confondre la paix et la bonté avec la démission et la lâcheté face à l'injuste. Il n'y a pas de paix sans justice et pas de justice sans résistance aux sombres desseins des volontés de puissance et de pouvoir.

Il faut ajouter que, si tous les moyens n'ont pu empêcher la guerre, celle-ci est soumise à des principes stricts : ne s'en prendre qu'à l'adversaire armé et de n'utiliser que les moyens nécessaires à l'ampleur du conflit (c'est dire que les armes nucléaires sont de fait quasiment exclues des moyens de guerre). Abu Bakr, le premier calife, à la suite des recommandations faites par le Prophète lui-même, avait rappelé au chef de guerre Usama, qu'il envoyait en expédition, de ne jamais s'en prendre aux vieux, aux femmes, aux enfants, aux religieux, aux animaux et aux arbres fruitiers. Rien, au pire moment d'une guerre inévitable, ne permet de justifier l'indigne. Ces règles sont claires. La dignité des hommes est dans la résistance à l'indigne et à l'inhumain auxquels les hommes succombent si aisément et si souvent. Le *djihad* est l'expression de cette résistance et n'a rien à voir avec la « guerre sainte » ou la volonté d'expansionnisme prosélyte.

J.N. J'ai encore dans l'oreille des proclamations – était-ce une autorité de l'université al-Azhar, était-ce un ayatollah iranien ? – décrétant qu'à partir d'aujourd'hui tout musulman doit se sentir engagé dans le *djihad*. Il n'y a pas une autorité unique dans l'islam, c'est-à-dire qu'il ne suffit pas que quelqu'un proclame le *djihad* pour que tous les musulmans se sentent tenus en conscience. Ce sont, si je comprends bien, des proclamations, soit de leaders religieux, soit de leaders intellectuels ou politiques. Mais, on ne peut donc jamais dire, si je vous comprends bien, que l'islam soit en état de *djihad*, c'est-à-dire en état de guerre sainte où tout musulman est mobilisé.

T.R. Je ne sais où vous avez entendu cela, mais il est clair que ce type de position ne tient pas à la lumière des enseignements islamiques.

Ce type d'affirmation absolue qui voudrait «sacraliser» une analyse géostratégique n'a jamais eu de succès dans le monde musulman et elle est le fait de quelques groupuscules radicalisés qui aimeraient que les musulmans se soumettent au cadre étroit de leur analyse particulière. Chaque situation doit être étudiée de façon circonstanciée, il faut mesurer quelles sont les opportunités permettant d'éviter le conflit. Si elles n'existent pas, on déterminera alors la nature de la résistance à promouvoir pour une nation donnée, en un temps donné, avec des moyens donnés. Dans le même temps se préciseront les responsabilités de la *ummah* et de la communauté internationale par rapport au conflit en question. On part toujours de l'analyse locale pour aller vers les considérations internationales, sauf dans des cas exceptionnels.

On parle aujourd'hui de conflits de civilisations et il est vrai que la dimension globale est mise en avant: il ne s'agit pourtant pas de guerres au sens physique mais de conflits au sens idéologique. Cela change toute l'approche et tous les paramètres: au demeurant, ce sont deux problématiques différentes et les instruments juridiques de l'une ne peuvent servir d'outils d'explication à la réalité de l'autre. Des groupes radicalisés aimeraient nous emmener sur ce terrain dans le maniement du droit islamique au moyen de vieux concepts tels que *dar al-harb* et *dar al-islam* qui, en exprimant «l'espace de la guerre» et «l'espace de l'islam» proposent une vision binaire du monde: ce déplacement de sens est illégitime, déficient et dangereux. Les prescriptions islamiques en matière de «droit de guerre» ne le permettent pas.

Face à l'invasion culturelle de l'Occident et au fameux «clash» des civilisations, la majorité des mouvements islamiques ne répondent pas par les armes et ne pensent pas en terme de guerre armée. Pour eux, il y a bien *djihad* mais cette résistance passe par la promotion de leurs valeurs, de leur identité, par l'éducation, par l'engagement social, par l'initiative économique. Au cœur des nations essoufflées par le poids des dictatures et de la paupérisation, ils résistent par un combat permanent pour le pluralisme, la liberté d'expression et la solidarité. Ils parlent de *djihad* effectivement et c'est finalement bien de cet effort et de cette résistance qu'il s'agit.

J.N. Il reste cependant que l'image projetée par le *djihad* fait peur à l'Occident. Ce qui frappe très fort, ce sont, bien entendu, les musulmans qui font le sacrifice de leur vie. Il y a eu des commandos suicides, en particulier à Beyrouth, à l'égard des cantonnements des troupes américaines et des troupes françaises. Il y en a régulièrement en Palestine. Les combattants iraniens, qui ont rejoint le Hezbollah au Liban, faisaient le sacrifice total de leur vie. L'armée iranienne a utilisé des enfants qui, volontairement, ont marché sur des champs de mines dans la guerre entre l'Iran et l'Irak, pour déblayer le chemin. Tout cela met évidemment mal à l'aise l'Occident où l'on a plutôt tendance à ne pas se sacrifier complètement. Même un combattant dispose toujours d'une chance de s'en tirer. Toute forme de suicide rituel interpelle violemment l'Occident et lui fait très peur.

T.R. Cette peur est compréhensible parce qu'effectivement elle est alimentée par la vision du tableau dramatique que vous venez de présenter. Néanmoins, il faut sérier les problèmes. La première question est celle, dans l'absolu, de sacrifier sa vie au nom d'une cause. En Occident, on est de plus en plus réticent à concevoir le sens de cette logique. Mourir pour une idée paraît désuet.

Sur ce point très précis, deux conceptions de la vie et de la mort expriment de fondamentales divergences : pour les musulmans, le sens de la vie se fonde certes sur le fait d'y prendre plaisir, de ne pas en oublier sa part de bien-être selon la formule coranique, mais cela ne peut se faire au dépend de la justice et de la dignité. Résister au nom de sa foi, de sa conscience humaine, à toutes les oppressions, à tous les dictateurs et aux colonisations injustes et ce, jusqu'au sacrifice de sa vie si nécessaire, est une recommandation forte du message coranique. Il ne s'agit pas d'un romantisme de la résistance, ni non plus d'un culte du martyre, mais clairement du sens donné à la vie en ce qu'elle est un témoignage, pour chacun, des valeurs que l'on porte : celui qui va jusqu'au bout de sa résistance et de son combat est nommé *shahid* en arabe, littéralement il « porte témoignage ».

Est-ce à dire qu'au nom de cette conception du sacrifice possible de sa vie pour sa foi et sa conscience, on peut faire n'importe quoi : commettre des attentats suicides contre des innocents, envoyer des enfants sur les champs de bataille ? Non, absolument pas. Le choix nécessite au moins l'âge de la puberté pour celui qui s'y engage et de plus, toutes les règles de la guerre dont nous avons parlé doivent être respectées quant aux personnes qui ne sont pas directement liées au conflit en question.

Certains États ou certains groupuscules peuvent parfois utiliser la ferveur des croyants en les poussant à sacrifier leur vie pour une cause et dans des circonstances qui sont en soi très discutables, c'est le moins que l'on puisse dire. Ce phénomène fut fréquent dans l'histoire comme il l'est aujourd'hui. Il faut donc distinguer entre l'instrumentalisation et l'engagement sincère des uns et des autres à défendre leurs convictions.

Combien sont-ils d'ailleurs, loin des images catastrophes que vous avez mentionnées, qui, sous les dictatures, se battent quotidiennement pour plus de justice et qui sont finalement sommairement exécutés? Leur sincérité et leur courage sont la dignité de l'humanité et il m'apparaît qu'il faut rester circonstancié dans ce genre d'évaluation. Nous devons refuser les excès et dénoncer les horreurs sans faire d'amalgames simplificateurs. Comprendre rationnellement un acte de conviction n'est point aisé : il faut du temps, une approche intérieure et parfois admettre les limites de notre propre compréhension et de notre propre logique. À moins que l'on décide que tout ce que nous ne comprenons pas est «absurde» par l'application d'une équation dont l'évidence nie et exclut le sens des espoirs d'autrui.

J.N. Du reste, on trouverait des contradictions analogues dans le christianisme. Jésus, au moment où il est arrêté et où il va vers sa mort, demande au groupe qui est autour de lui, qui apparemment est assez nombreux et armé, de ne pas résister. Cette attitude est diamétralement opposée à celle du Prophète qui résiste et qui se bat lorsque sa vie est menacée. Il existe et subsiste cette différence essentielle entre l'islam combattant et le christianisme, qui est en principe une religion de la souffrance, de l'expiation, de l'échec et en pratique la religion des peuples les plus conquérants et les plus agressifs que la planète ait portés.

CHAPITRE **5**

Au centre du débat

Le singulier mythe de Prométhée

JACQUES NEYRINCK En lisant votre livre *L'Islam, le face-à-face des civilisations*, j'ai été très frappé par ce passage qui, à mon sens, opère la distinction centrale entre christianisme et islam.

« La marche en avant de l'humanité, par-delà les obscures époques d'obscurantisme et de soumission, se fait ‹ dans la lueur de Prométhée › : la figure du Titan, en ce qu'elle est l'expression la mieux réalisée du refus de l'ordre divin imposé et l'affirmation de l'autonomie et de la grandeur humaine, traverse les âges et façonne la relation complexe et tendue qui existe entre Dieu (dans la relecture chrétienne) et les hommes. »

On a déjà évoqué plus haut combien le christianisme occidental, catholique ou protestant, a été influencé profondément par la pensée hellénistique, la pensée grecque de la décadence. Le christianisme possède sa source originelle dans le judaïsme, qui est originaire du Moyen-Orient et qui participe à la grande découverte du monothéisme. Cependant, par ailleurs il a opéré tellement d'emprunts au paganisme gréco-romain, que parfois il a de la peine à concilier les deux.

Toute une série de mythes grecs, qui ont du reste une valeur universelle, ont été incorporés au christianisme jusqu'au point où on ne fait plus la distinction entre ce qui est vraiment l'enseignement de Jésus et ce qui est emprunté au milieu dans lequel s'est propagé ce message. Ces emprunts donnent son aspect déchiré à la religion chrétienne, qui est trop souvent centrée sur le remords, la tristesse, l'expiation, la souffrance et la mort. On a parfois de la peine à entendre le message de salut, de vie et de joie qui est son essence.

Vous évoquez dans votre livre le mythe de Prométhée et vous soulignez qu'au point de vue des Grecs, Prométhée a causé l'irruption du mal dans le monde. Selon l'interprétation d'Hésiode que vous citez, loin d'être un bienfaiteur de l'humanité, Prométhée est le responsable de la déchéance actuelle. Il invente le feu et est condamné par Zeus à l'exposition sur une montagne où un aigle dévore son foie qui se reforme sans cesse. Entre Prométhée cloué sur son rocher et Jésus fixé sur la croix, l'assimilation était tentante.

On pourrait du reste évoquer le mythe parallèle de Dédale, l'ingénieur qui construit le labyrinthe pour y enfermer le Minotaure, et qui fabrique des ailes pour que son fils Icare et lui-même puissent s'échapper. Icare se brûle aux rayons du soleil et se noie dans la mer. Les Grecs qui furent de remarquables ingénieurs n'ont pas assumé leurs inventions avec sérénité. Pour eux, toute tentative de l'homme pour échapper à son destin se solde par des représailles divines.

Une malédiction pèse sur la civilisation grecque, qui est au fond terriblement pessimiste. Les hommes sont confrontés à des dieux, fondamentalement mauvais, pervers ou versatiles et la dignité de l'homme consiste à se révolter contre les dieux. On pourrait commencer avec le *Prométhée* d'Eschyle et continuer jusqu'à *L'Homme révolté* de Camus. Il existe une continuité remarquable entre les deux. Ce mythe-là, qui est peut-être le mythe fondateur du christianisme, se situe complètement en dehors de l'islam, comme du reste il est en dehors du judaïsme.

C'est tout à fait frappant. Si on considère Jésus en croix, dans l'interprétation classique il est broyé, il est sacrifié, pour satisfaire la vengeance de son Père. Il se trouve dans la situation de Prométhée par rapport à Zeus, à la différence essentielle près qu'il ne se révolte pas mais qu'il consent à son supplice. Si l'on place en regard de cette image de crucifixion la découverte du Dieu unique, du Dieu qui est bon, du Dieu qui est miséricordieux, il est très clair qu'il y a une contradiction absolue. L'interprétation traditionnelle du sacrifice sanglant de la Croix, exigé par le Père en rançon du péché originel, est bien plus proche du mythe grec que de la découverte judaïque du monothéisme.

À partir de cet arrière-fond historique une question étrange se pose. Même si le christianisme est une religion fondée sur une contradiction interne, est-ce que cette révolte n'a pas constitué le moteur de la révolution scientifique et industrielle des derniers siècles ? L'homme révolté à l'égard des dieux finit par s'insurger à l'égard de la nature. Il se fixe comme consigne de bâtir une technonature, infiniment supérieure à la création divine. Tant pis pour la nature, tant pis pour l'écologie. Est-ce que là ne se situe pas la ligne de fracture essentielle entre l'islam et le christianisme ?

TARIQ RAMADAN Vous touchez là vraiment le point central. Le but de la réflexion sur les civilisations et sur leurs fondements proposés dans l'ouvrage que vous citez, était de mettre en évidence cette différence fondamentale. C'est la figure de Prométhée et de ce qu'elle va produire, à l'intérieur même du champ de représentation chrétien.

Si l'on va jusqu'au bout de l'entreprise prométhéenne, on parvient à ce que vous relevez : à savoir, l'attitude de révolte par rapport à toute autorité, voire par rapport à la nature, débouchant sur la possible maîtrise de cette dernière, de façon autonome et sans limites. C'est-à-dire de posséder le feu, d'être « le voleur de feu », très précisément, au sens où l'entendra l'insoumis Rimbaud. Ces références existent, fondamentalement, dans la tradition chrétienne, même de façon tronquée, mais l'emprunt est manifeste.

La conception du tragique en est également un exemple et je parle dans mon livre de l'histoire d'Abraham, de ce passage où il lui est révélé qu'il doit sacrifier son fils pour plaire à Dieu. Son sacrifice est rapporté par les trois traditions, juive, chrétienne et musulmane avec quelques différences mais dont l'une est fondamentale : la dimension de l'épreuve solitaire et tragique n'existe absolument pas dans le Coran. Ici, Abraham dit la vérité à son fils, lui parle et ils vivent l'épreuve à deux : le fils confortant le père et l'encourageant à répondre à l'appel de Dieu en acceptant le sort qui est le sien.

Cette attitude rend impossible le tragique de l'incompréhension et bien sûr empêche la révolte existentielle devant le décret divin. Rien de cette angoisse ou de cette révolte n'apparaît dans la tradition musulmane. Il s'agit d'accéder à l'acceptation, témoignage de la vraie foi, preuve que la lumière du cœur a ouvert les portes de l'intelligence. Il s'agit d'accéder à cette harmonie, à l'acceptation, même dans l'incompréhension. Il y a là l'idée que la raison humaine n'est pas la source d'une révolte, mais la confirmation d'une foi. Parce que la foi précède en islam la naissance de l'état de raison. Nous en avions déjà dit un mot dans un précédent entretien.

J.N. Avec la grande difficulté pour les chrétiens de réussir à concilier les deux. Le christianisme occidental vit un conflit perpétuel entre raison et foi, qui tourne régulièrement très mal pour la foi.

T.R. Oui. L'islam n'a pas connu de tel conflit parce que les deux facultés de l'homme n'ont jamais été présentées comme antinomiques, bien au contraire. À l'origine, cela a provoqué un formidable élan et un engouement pour la recherche scientifique, tant il était clair pour les musulmans que plus de savoir équivalait à une foi mieux enracinée, plus profonde. D'ailleurs, bien souvent le savoir se développait au nom et pour les bienfaits d'une meilleure pratique religieuse. C'est le cas de l'astronomie par exemple, avec l'étude des cycles lunaires, si importants pour fixer les moments du jeûne.

Cela étant, le mouvement d'engouement initial a connu de sérieux écueils au cours de l'histoire pour diverses raisons socio-politiques. Mais il est une chose que vous relevez et que je crois très pertinente. C'est que l'accès à la recherche scientifique en Occident s'est réalisé contre l'autorité religieuse, c'est-à-dire que, une fois débarrassé de l'entrave religieuse et morale, le champ était libre pour l'expérimentation : tout devenait permis ou presque.

En terre d'islam, cette libération n'a pas eu lieu parce que les données du problème n'étaient pas du tout les mêmes. Il n'y avait pas d'autorité religieuse interdisant l'activité scientifique, de même que les relations entre la foi et la raison n'étaient pas conflictuelles, comme nous l'avons vu. L'activité scientifique ne s'est donc jamais totalement départie de considérations éthiques ; en terre d'islam, les limites demeuraient alors que l'Occident, pour accéder au dynamisme que connaissaient les musulmans, avait dû se libérer de toute entrave dogmatique, et par extension morale. Cela peut expliquer que, à partir du XIIᵉ siècle, mais plus clairement dès la Renaissance, la science prenne un tel essor en Europe : elle se développe désormais sans référence religieuse, ou de façon totalement autonome, face à un monde devenu objet de connaissance, objet de maîtrise.

Jamais ce type de rapport n'a prévalu en islam parce que la limite de l'éthique est restée très enracinée et que le monde, certes « objet » de connaissance, est néanmoins resté « sujet », témoin d'une création à respecter. Je vois mal aujourd'hui que le monde musulman puisse vivre le même développement que l'Occident – à moins qu'il ne trahisse toutes ses références.

Certes, le progrès peut être une bonne chose mais pas quand il s'exerce sans limites ni respect. Or, au cœur de la tradition musulmane, ce qui hier l'a sans doute quelque peu freiné demeure une conception du monde et du développement intimement lié à l'exigence de sens, de valeurs, d'éthique : bref, de limites. La dysharmonie et la fracture qui existent aujourd'hui entre l'homme et la planète sont en totale contradiction avec les enseignements de l'islam.

Nous sommes devant l'exigence de trouver les voies d'un développement qui se fonde tout à la fois sur la maîtrise mais également sur une conception éthique de cette maîtrise. Les enseignements islamiques nous orientent vers le respect de cet équilibre. Un véritable dialogue des civilisations, qui associerait également les musulmans présents en Europe, devrait comprendre ces questions fondamentales : ce serait la possible contribution des musulmans qui ne peuvent faire autrement que de se référer à une tradition du respect des limites.

Le paradoxe du développement occidental

J.N. Il faut maintenant envisager le problème du développement, parce que ce problème est une application de ce que vous venez d'évoquer. En simplifiant outrageusement, on peut dire que, du VIIe au XIe siècle, dans la confrontation entre l'islam et le christianisme, l'islam a l'avantage.

Tout d'abord un avantage politique : il conquiert un territoire énorme, il campe sur les lieux d'où est parti le christianisme à la conquête de l'Europe puis du monde. Politiquement cette victoire paraît scandaleuse aux chrétiens, ce qui va du reste déclencher les croisades. Mais l'islam a aussi hérité de tout le monde hellénistique. Alexandrie, à cette époque, constitue le centre intellectuel du monde. C'est le seul endroit où ont existé, sous l'égide des Ptolémée, l'embryon d'une université, une bibliothèque, des laboratoires, un jardin botanique, une faculté de médecine pratiquant la dissection. Durant toute cette période, l'islam est donc le centre scientifique du monde. Il n'y a pas d'université en Occident. Les premières universités n'apparaissent qu'au XIIe siècle. De jeunes Européens vont dans les pays musulmans pour apprendre la médecine, pour apprendre le droit, un petit peu comme des Africains aujourd'hui.

Et puis, à partir du XIe siècle, se produit une rupture. L'Occident devient conquérant, découvreur, commerçant et missionnaire. Les huit croisades forment une série d'expéditions extrêmement agressives, par lesquelles les Européens du Nord-Ouest, Francs, Anglais et Allemands attaquent et pillent ce foyer de civilisation qui subsistait au Proche-Orient. À partir du XVIe siècle, l'invasion de la planète ne se tourne plus seulement vers l'Orient : les Portugais contournent l'Afrique et commencent à commercer avec l'Asie tandis que les Espagnols envahissent les deux Amériques et liquident les civilisations précolombiennes.

Du VIe au XXIe siècle, jusqu'au moment où nous parlons, l'avantage est à l'Occident. Ceci constitue une énigme historique. Qu'est-ce qui s'est passé entre le XI et le XVIe siècle pour que lentement l'islam perde sa force d'expansion et commence à régresser ? Les sultans de Grenade perdent toute l'Espagne en 1492. Les Ottomans réussissent encore à conquérir les Balkans et à arriver devant Vienne jusqu'au XVIIIe siècle. Mais, la situation de l'islam à la fin de la Première Guerre mondiale, en 1918, constitue une catastrophe totale. Ou bien les pays musulmans sont des colonies comme l'Indonésie, le Pakistan, le Soudan, la Libye, ou ce sont des protectorats comme la Tunisie, l'Égypte ou la Syrie. Quand ils jouissent d'une indépendance théorique, comme les pays de la péninsule arabique ou l'Iran, ce sont en fait des protectorats pétroliers. De 1918 à 1945, l'islam est entièrement sous la coupe de l'Occident.

La grande peur actuelle de l'Occident se cristallise autour du fait que l'islam essaie aujourd'hui de reconquérir son indépendance, non seulement formelle au point de vue politique, mais aussi réelle au point de vue économique et culturel. Les révoltes de Mossadegh, de Nasser, de Ben Bella, de Kadhafi, de Khomeini, de Saddam Hussein ponctuent cette épopée de libérations successives qui ne sont pas encore toutes achevées. La maîtrise du pétrole constitue évidemment l'enjeu essentiel de cette libération.

Il faut d'abord aborder cette énigme historique. Qu'est-ce qui s'est passé entre le XI et le XVe siècle pour que se produise cette inversion, ce basculement ? Qu'est-ce qui a incité la civilisation « chrétienne » à se développer plus vite que l'autre ? Les guillemets ici s'imposent parce que l'on se demande dans quelle mesure ce développement frénétique s'inscrit bien dans la logique du christianisme.

T.R. Votre question exige que nous déterminions deux types de causes : les causes endogènes à la civilisation islamique qui peuvent expliquer ce déclin et les facteurs plus directement liés à l'évolution respective de l'islam et de l'Occident.

Si l'on s'attache à une analyse succincte de l'évolution de la civilisation islamique, on s'aperçoit qu'il y a eu une constellation de facteurs qui ont entraîné le déclin après des siècles de floraison religieuse, intellectuelle et plus largement culturelle. Rien ne semblait d'abord arrêter la curiosité des musulmans et leur esprit d'initiative. Mais l'ampleur du domaine à admi-nistrer, la lente mais profonde corruption des princes, des émirs et des sul-tans en constants conflits, les nouveaux débats stériles de pure philosophie spéculative, à quoi il faut ajouter l'entrée des *ulémas* dans l'ère sombre de l'imitation (*taqlid*) et de l'interminable glose, sur le plan du droit et de la jurisprudence, vont précipiter la sclérose et la chute.

On a avancé également le fait du passage de l'autorité d'une dynastie à l'autre, arabe à non arabe, des Mamelouks aux Seljoukides, avec, en particulier, la prise de pouvoir des Ottomans. Sur évaluation de cette der-nière, je crois que l'analyse n'est que partiellement fondée. Puisque c'est sous l'autorité des Ottomans, en particulier avec Suleyman le Magnifique, *al-Qanunî*, « le législateur », que l'on retrouve, au XVIᵉ siècle, quelque chose comme le souffle, l'esprit d'initiative et surtout la gestion sociale et politique de l'époque florissante. On peut aussi se rappeler l'explication d'ibn Khaldun qui, dans son *Introduction à l'Histoire universelle*, parle de ce nécessaire et immanquable déclin des civilisations et il n'y aurait là rien que de très naturel.

Il faut également dire un mot de l'évolution de l'Occident qui a vécu une renaissance en redécouvrant une part de son passé préchrétien. C'est au travers des traductions et des commentaires des auteurs arabo-musulmans qu'il découvre l'héritage hellène et en particulier la figure d'Aristote. On a d'ailleurs voulu, plus tard, attribuer un simple rôle de traducteurs aux Ara-bes, mais cela ne correspondait pas à la réalité : les Occidentaux qui lisent Aristote au Moyen Âge, lisent la pensée d'Aristote revue, commentée, déjà quelque peu interprétée par de nombreux penseurs musulmans dont, bien sûr, le célèbre Averroès.

Ce dernier ne fut pas un « traducteur » ni, avant lui, al-Kindi, al-Farabi, ou Avicenne ne furent de simples « commentateurs » : on a trop souvent occulté l'apport fondamental des musulmans à la construction de la pensée occidentale. Leur contribution est d'ailleurs à la source de l'accès des philosophes et des théologiens européens à la rationalité autonome et libérée. Comme nous l'avons dit tout à l'heure, ce qui dans la civilisation islamique était demeuré un mariage entre la foi et la raison va, dans la tradition chrétienne, se vivre comme un divorce. Difficile, houleux, producteur de haine et d'exclusion, ce divorce va permettre à la raison de se dégager, par étapes puis presque totalement, de l'emprise du dogme et d'élaborer un système de pensée, lui aussi autonome. Avec le rationalisme, c'est également, pour reprendre par le titre de Bachelard, *la formation de la pensée scientifique* et, dans la foulée, celui du progrès technologique.

Ce phénomène se conjugue avec le développement de la puissance politique, militaire et économique et les prémices de l'action coloniale et impérialiste. L'Occident a emprunté au monde musulman les outils et la méthode de la pensée libérée à un moment de l'histoire où, par rapport à la tradition chrétienne majoritaire mais également grâce aux conditions objectives réunies, tout était associé pour permettre son élan. Libre de toute entrave, la « transgression dans l'innovation » n'était plus limitée que par le possible ou l'impossible et allait désormais bien au-delà de ce que la pensée musulmane pouvait imaginer, eu égard à la nature de la relation que la foi et la raison continuaient à y entretenir.

Ce moment de rupture et de renversement est capital. Il explique le frein dans l'évolution de la pensée islamique mais également la révolution que fut la Renaissance en Europe. La pensée rationaliste, cartésienne, autonome que nous défendons aujourd'hui en Occident a pris racine dans ce terreau, presque naturellement contre le « religieux » perçu comme l'« autoritaire » et le « dogmatique ». C'est elle qui porte la pensée du progrès et de l'expansion technologique. On a pu penser que le progrès et l'élaboration technologique ne connaîtraient pas de fin.

Le paradoxe aujourd'hui, c'est que l'on voit revenir, comme le dit justement le philosophe des sciences Michel Serres, la préoccupation morale. On peut chercher à se référer à une morale rationnelle, ou à l'éthique – le terme grec semble plus technique, moins religieux, presque moins choquant pour certaines oreilles – le fait dévoile une même réalité : le besoin de limites. Jusqu'où se donne-t-on le droit d'aller ? La planète dit chaque jour le non-sens de notre gestion et les progrès scientifiques et médicaux nous font frémir au seul énoncé de ce qui demain sera objectivement possible. Ce retour à la question éthique intéresse au premier chef le monde musulman puisque le sens de la limite et de la sélection dans l'innovation participe de son identité même. Ce qui hier a freiné la civilisation islamique pourrait aujourd'hui lui permettre de mieux avancer.

La stagnation historique de l'islam

J.N. N'anticipons pas. Je voudrais d'abord élucider l'interrogation sur la grande crise de l'islam. Un des facteurs est sans doute le glissement du centre politique de l'islam de Bagdad vers Istanbul, des Arabes, qui sont les inventeurs de l'islam vers un peuple, qui est un peu barbare, qui vient des steppes de l'Asie, comme tous les envahisseurs, et qui en particulier ne maîtrise pas la langue arabe comme support naturel.

Je voudrais peut-être formuler des questions d'ingénieur. L'Occident a connu, grâce à l'islam, toute une série d'inventions qui ont servi à son développement et qu'il a réussi à pousser jusqu'au bout de leur logique. La boussole, la poudre à canon, le gouvernail d'étambot, l'imprimerie. Toutes ces techniques n'ont pu atteindre le monde occidental qu'en passant par le monde musulman. Il est frappant de voir le monde occidental les utiliser de façon absolument extensive alors que le monde islamique ne sert que d'intermédiaire, sans aucune velléité de développer lui-même ces techniques.

Je voudrais en particulier insister sur le phénomène de découverte géographique. Les peuples, qui ont unifié la planète, sont des Occidentaux, en particulier les Portugais et les Espagnols au départ, puis les Anglais et les Français. Ils se sont lancés dans une entreprise qui était tout à fait extraordinaire même si les mobiles étaient extrêmement mélangés. Bien entendu, beaucoup de rapacité. Les *conquistadores* étaient des gens de sac et de corde. Mais sur les caravelles, se trouvaient aussi des religieux qui se déplaçaient pour des raisons missionnaires, parce qu'ils voulaient prêcher la foi. Les techniques avec lesquelles les jonques chinoises avaient été construites permettaient aux marins chinois de parcourir tout l'océan Indien. Mais ces mêmes techniques ont été appliquées en Occident de façon beaucoup plus audacieuse, au point que les Portugais ont fait le tour du monde. Quand

Vasco de Gama a contourné l'Afrique, il a rencontré à hauteur de Zanzibar, des navires arabes et des navires chinois. Mais jamais, les navires musulmans ou les navires chinois n'ont fait le voyage en sens inverse pour venir s'amarrer à Cadix ou à Lisbonne.

Même si l'on garde à l'esprit la violence et le mercantilisme qui ont accompagné toute cette opération, on ne peut qu'être frappé par l'effort d'expansion de la foi chrétienne qui est extraordinaire par rapport à ce qu'auraient pu faire les deux autres grandes civilisations de l'époque, c'est-à-dire l'islam et la Chine. Je trouve cela très frappant et même étrange. L'islam avait démontré au VIIe siècle qu'il était capable d'avoir une activité missionnaire. Mais subitement, au moment où le monde s'ouvre, cette activité ne se manifeste plus. Donc, cela ne peut être seulement une crise politique. Est-ce qu'il y a un autre facteur?

T. R N'oublions pas que l'engouement et l'énergie du VIIe siècle étaient nourris par la force d'une conviction spirituelle. On portait témoignage et l'on transmettait un message, le dernier selon la conception musulmane, c'est-à-dire avec une dimension considérée comme universelle. Peu à peu cet engouement a disparu et les problèmes internes se sont multipliés. C'est une des causes objectives d'une sorte de recroquevillement.

Il faut noter également que les musulmans ont été de grands voyageurs et que l'expansion de l'islam s'est souvent faite par la présence de commerçants itinérants comme ce fut le cas dans de nombreuses régions d'Afrique de l'Ouest et d'Asie. Les découvertes, les progrès, les initiatives ne furent bientôt plus le fait d'un pouvoir fort et les efforts n'étaient pas orientés au nom d'une politique claire.

C'est exactement le contraire en Europe qui retrouve une énergie que n'entravent plus les anciennes limites. Mieux, les progrès et les découvertes sont mis au service d'une politique de puissance et d'expansion coloniale qui leur donne une claire légitimité aux yeux des rois et de l'autorité cléricale. Les motivations des premiers musulmans n'étaient pas fondées sur une volonté de puissance et de colonisation. Souvent d'ailleurs les autorités locales gardaient leurs privilèges. Cela n'a rien à voir avec l'expansion européenne du Moyen Âge dont les motivations sont claires quant à la volonté d'acquérir du pouvoir, des richesses et des terres. Face au déploiement de cette force, on est obligé, à mon sens, de se tenir au constat que la civilisation islamique n'avait pas les ressources religieuses, morales, politiques et militaires de tenir tête ou simplement de résister aux nations européennes.

J.N. Du reste, on peut aller jusqu'au bout de ce raisonnement. Au même moment de ces grandes conquêtes, au moment de ce développement technique emprunté à l'extérieur, l'Occident invente l'économie moderne.

Pas de société anonyme, capable de mobiliser des capitaux importants sans l'acceptation du prêt à intérêt. Et il a fallu le faire ! Parce que le prêt à intérêt était interdit originellement, chez les chrétiens comme chez les musulmans. Cette activité était confiée aux juifs, qui étaient du reste très mal vus à cause de cela. Chaque fois qu'ils s'étaient trop enrichis, les chrétiens récupéraient l'intégralité de leurs biens en procédant à un pogrom. Mais ces rapports heurtés ne constituent évidemment pas la base d'une économie dynamique. On ne peut pas sortir d'une économie à dominante rurale sans accepter les mécanismes nécessaires pour accumuler le capital entre les mains de dirigeants industriels.

Aux alentours du XIIᵉ siècle, le chrétien qui prêtait contre versement d'intérêts était damné de façon certaine. La situation paraissait irrémédiablement bloquée. C'est alors qu'en Occident, certains théologiens inventent le purgatoire. Ce lieu intermédiaire entre le ciel et l'enfer permet effectivement de sauver à terme les prêteurs au prix d'une expiation temporaire. Grâce à cette astuce théologique, un financier peut tout gagner sur la Terre, sans perdre tout dans l'autre monde.

À titre tout à fait personnel, je trouve cette approche non seulement astucieuse au point de vue intellectuel mais aussi positive en bonne morale. La foi entraîne des prescriptions morales. Au moment où il est utile d'en faire litière, on agence une invention pure et simple. On aurait beau fouiller toute l'Écriture, il ne s'y trouve aucune mention du purgatoire.

Inventer le purgatoire permet de créer les premières banques italiennes qui vont permettre toute cette entreprise de conquête du monde. Armer un bateau avec assez peu de chances de le revoir, cela suppose un capital suffisant pour pouvoir en risquer des fractions substantielles. Cela suppose la constitution de sociétés anonymes avec tout ce que cela signifie d'indifférence pour les conséquences sociales de certains développements économiques.

L'islam, au contraire, est resté fidèle à ses valeurs, n'a pas accepté le prêt à intérêt. Une banque islamique fonctionne dans un tout autre état d'esprit qu'une banque occidentale. Pourriez-vous expliquer à la fois ce que signifie la limitation du prêt à intérêt et ce que signifie le concept de banque islamique ?

Le concept de banque islamique

T.R. Avec le domaine économique, on touche vraiment le cœur de la problématique des limites. À partir de la seconde moitié du Moyen Âge, on va tenter de justifier par des inventions de nature théologique des pratiques que la tradition chrétienne interdit et que le judaïsme d'ailleurs interdit quand les tractations à intérêt se font entre juifs. Vous venez de citer l'exemple du purgatoire.

Dans la tradition musulmane, les savants n'ont eu de cesse de rappeler que l'intérêt et l'usure sont strictement interdits et donc bien sûr la spéculation. Le fondement de cette prescription réside dans le fait qu'en islam une richesse ne peut produire par elle-même une richesse et que la production de l'avoir, doit se faire par le travail et l'investissement avec, en toutes circonstances, la préservation du facteur risque. C'est le vrai sens de la participation économique et l'on ne peut imaginer avoir une rétribution usuraire à taux fixe et prédéterminé. Si l'on ajoute à cela le nécessaire paiement de la *zakat* sur la totalité des biens susceptibles de produire de la richesse, eh bien il apparaît clairement que l'individu doit s'engager et investir économiquement sans aucune possibilité de devenir un pur rentier. Sans cela, sa richesse s'épuiserait.

Certains savants ont essayé, au cours de l'histoire, de jouer sur le sens des concepts, leurs acceptions et la compréhension des instruments de l'analyse économique. Ils ont affirmé que l'intérêt bancaire n'est pas un intérêt ou qu'il est autorisé car il ne dépasse pas une certaine somme ou un certain taux : des arguties de ce genre. Mais ces affirmations furent très critiquées et elles ne trouvent pas d'échos favorables parmi la très grande majorité des musulmans.

Vous avez cité les banques islamiques qui tentent aujourd'hui de produire de nouveaux modèles en évitant l'intérêt. Il existe des initiatives intéressantes, mais de nombreux problèmes restent en suspens et de nombreux manques demeurent quant à la gestion de ces institutions.

Plus intéressantes sont les initiatives de coopératives de développement sans intérêt, les microprojets d'investissement comme ceux qui ont cours au Bangladesh, ou les sociétés d'investissement : toutes ces élaborations vont dans le sens du respect de la prescription islamique qui s'oppose à la spéculation et à l'intérêt et exige de penser un commerce plus équitable et une économie à visage humain dont la finalité est de le servir et jamais de l'asservir.

J.N. Aux sources même du capitalisme se trouve la célèbre analyse d'Adam Smith au XVIIIᵉ siècle : n'attendez pas votre pain quotidien de la bonne volonté du boulanger, mais de son intérêt ; la somme des intérêts égoïstes de chaque individu concourt de façon miraculeuse au bien-être commun.

Cette analyse est extrêmement réductrice. Il est exact que le boulanger est mû par son intérêt financier. Mais cela ne veut pas dire qu'il ne tienne pas à l'estime de son voisinage, qu'il n'aime pas le travail bien fait, qu'il ne comprenne pas que son bien-être particulier dépend d'une prospérité générale. Il n'y a plus de travail pour le boulanger dans une société peuplée de chômeurs. Il n'y a plus de sécurité pour le boulanger lorsque les pauvres recourent à la violence pour ne pas mourir de faim. Les motivations du boulanger sont bien plus complexes que l'analyse apparemment lucide et pragmatique d'Adam Smith.

L'efficacité terrifiante du monde occidental s'appuie souvent sur des analyses simplistes, schématiques et réductrices. Elle mène aussi à des dysfonctionnements subits et ravageurs : crises économiques, guerres mondiales, désastres écologiques. À partir du XVIIIᵉ siècle, on considère de façon explicite en Occident que la religion constituerait un frein dans le développement économique. Le christianisme est évacué au bénéfice d'une religion du profit, du développement, de la puissance, même si les formes extérieures sont respectées.

La relation entre christianisme et capitalisme est du reste beaucoup plus complexe qu'une simple opposition, une phagocytose du premier par le second. La conquête de l'Amérique a été entreprise au début par des gens qui ont fui l'Europe, parce qu'ils y étaient persécutés pour leur foi religieuse. Le puritanisme des Pères fondateurs des États-Unis signifie un esprit d'ascèse, d'économie et d'austérité tout à fait extraordinaire.

Pendant deux siècles ont subsisté des communautés de quakers dont il ne reste aujourd'hui plus grand-chose de l'esprit originel. Ce mouvement religieux a conquis la planète mais l'Amérique a oublié son passé puritain. Tout le développement de l'Europe du Nord et du Centre s'est appuyé sur l'éthique protestante telle qu'elle a été analysée par Max Weber. Mais cela, on veut l'oublier aujourd'hui dans une société centrée sur la satisfaction immédiate des appétits les plus sommaires.

Aujourd'hui, la religion n'est plus un facteur social important en Occident. Une des lignes de fracture entre l'Occident et l'islam se situe dans cette opposition : les uns tiennent la religion comme un facteur négatif, les autres comme un facteur positif. Il reste que, dans l'état actuel des choses, l'Occident a l'air de mieux réussir. Mais il réussit au prix de l'exploitation de peuples qui ne participent pas à cette réussite économique et aussi au prix de l'exploitation de la nature. On sait bien que l'on ne pourra pas continuer indéfiniment cette croissance qui constitue une nécessité politique et économique. Un peu comme la contrainte de base du cyclisme : il faut rouler pour se maintenir en équilibre. Si l'on s'arrête, on tombe.

Le rapport attraction-répulsion entre Occident et islam

J.N. Face à cette réussite apparente, les musulmans sont déchirés, du moins dans certains pays. Ils sont séduits par l'Occident et, dans le même temps, ils se rendent compte que succomber à ces séductions, c'est renoncer à leur âme. Entre l'Occident et l'islam se tisse une relation de séduction, de résistance, d'amour, de haine, qui explique peut-être certaines réactions violentes. Les terroristes algériens, les talibans afghans en sont l'expression extrême. Même ces extrémistes ne font que réagir par rapport à l'Occident. Ce sont des réactionnaires au sens étymologique du terme. S'ils nourrissaient une foi parfaite en l'islam, ils n'iraient pas jusqu'aux extrémités violentes qui les discréditent et qui compromettent l'islam. Ils feraient un acte de foi en proclamant leur confiance dans la voie islamique du développement économique. Un vrai croyant possède la patience d'attendre un siècle ou deux pour vérifier quelle économie survivra à l'épreuve des faits.

T.R. Je suis tout à fait d'accord avec vous. Le problème est bien dans ce rapport attraction-répulsion. Depuis le Sud, être attiré par les mirages technologiques du Nord est presque normal : il y a quelque chose qui est de l'ordre de la magie et de la fascination. En même temps, la même attraction donne naissance à une répulsion presque épidermique et parfois violente. Le sentiment généralement partagé est celui d'une véritable dépossession de soi, une aliénation au sens fort du terme. Sentant l'attirance, on ne supporte pas d'être ainsi contraint, « à son cœur défendant », de nier son identité par la vague qui nous emporte.

La violence est alors une façon de se débattre de ce que l'on vit comme un enchaînement, un emprisonnement. La réponse est bien dans l'engagement à long terme. Celui de croyants déterminés, résistants, sages et patients. Il faut dépasser le stade de la réaction épidermique et proposer de véritables projets alternatifs tant sur le plan économique et commercial que sur le plan de la gestion sociale et humaine. Tout nous prouve aujourd'hui que le modèle occidental ne peut en être un pour la planète. Il faut trouver autre chose : porter la foi, c'est assumer la responsabilité essentielle de l'initiative et de la créativité. Loin des mirages et de la magie du progrès et d'un modernisme aveugle, il faut que les musulmans retrouvent la confiance et le sens de la mission qui est la leur : au nom de leur foi porter témoignage d'une résistance déterminée à la folie des hommes aussi bien dans leur gestion du monde que dans la façon qu'ils ont de traiter leurs semblables.

J.N. J'aime bien que, dans votre livre, vous conclussiez en disant : au fond, on doit s'opposer aux rapports de force et à la volonté déshumanisée de l'univers symbolique de l'Occident : *c'est résister non à son être mais dans sa façon d'être.*

Les deux situations de l'islam

J.N. Je propose que l'on passe à un thème lié au précédent. Dans cette cohabitation entre l'islam et le monde occidental qu'on peut encore vaguement appeler chrétien, il existe en somme deux situations. En premier lieu, la situation des pays où l'islam est majoritaire, où il exerce sa tolérance traditionnelle à l'égard des chrétiens ou des juifs, tolérance qui, comme on l'a vu dans les entretiens antérieurs, subit parfois un certain nombre de bravures. La situation est relativement claire : dans cette société islamique, on peut construire un droit, des institutions, une économie, qui soient en harmonie avec les valeurs religieuses. Par contre, on sera obligé de se montrer extrêmement méfiant à l'égard de toute invasion des valeurs européennes. À plus d'une reprise dans l'histoire récente, on a perçu cette espèce d'intégrisme frileux dont a déjà parlé et dont la révolte des ayatollahs en Iran est assez symptomatique.

En second lieu, il y a la situation de l'islam minoritaire, présente en France ou en Allemagne avec environ 10 % de musulmans noyés dans une société anciennement chrétienne. La difficulté paraît insurmontable. Les musulmans sont bien obligés de se plier aux institutions, au droit, à l'économie, qui sont radicalement en opposition avec leurs valeurs.

Parlons des deux problèmes. Comment est-ce que l'islam peut, là où il est majoritaire, accepter certaines valeurs ou institutions occidentales sans se renier ? Que peut-il accepter des Occidentaux qui s'installent dans ce contexte ? Comment peut-il, en sens contraire, s'adapter à l'intérieur d'une société qui lui est sournoisement hostile sous couvert de neutralité à l'égard de toutes les religions ?

Prenons d'abord l'islam majoritaire. À partir de maintenant, quel serait votre souhait ? D'abord, est-ce qu'il y a un pays dans l'islam qui se comporte selon votre cœur, de ce point de vue-là. Est-ce qu'il existe un pays qui soit proche de l'idéal souhaitable d'adaptation sans reniement ? Est-ce qu'il existe un pays islamique qui pratique correctement le rapport souhaitable avec les autres fois religieuses ?

T.R. Vous savez, je suis très critique à l'égard des pays musulmans mais je me refuse à caricaturer. Nous avons déjà pu parler d'un certain nombre de pays qui, à mon sens, sont plutôt des antimodèles. L'Arabie saoudite, je le répète, est un bastion protégé par l'Occident : pour les musulmans, c'est tout sauf un modèle de gestion politique. L'Afghanistan, c'est du pareil au même, malgré ce que l'on veut nous faire croire ici : dans le silence et dans les coulisses de la gestion politique présentées par les talibans, les États-Unis préparent un accès aux ressources pétrolières d'Asie centrale avec l'appui du Pakistan et de l'Arabie saoudite. La dénonciation est également dirigée vers d'autres types de pays comme la Tunisie, l'Algérie, la Turquie, la Syrie, l'Égypte et tant d'autres qui sont clairement des dictatures. Je suis également vigilant et critique par rapport à l'Iran, la Malaisie ou le Soudan mais jamais de la façon simpliste et mensongère dont on nous présente ces pays à travers les médias occidentaux; les caricatures et la propagande sont permanentes et on établit une grille de lecture idéologique et mensongère.

Je n'ai pas de modèle à proposer mais aujourd'hui j'ai des questions à formuler à l'Occident. Car enfin, il faut être clair et admettre que, de deux choses l'une: soit l'on reconnaît le droit aux sociétés majoritairement islamiques de rester fidèles à leurs sources et de penser une organisation qui convienne à leur identité; soit l'on dit, ou l'on avoue, que la seule motivation du Nord consiste à préserver ses intérêts quel qu'en soit le prix, faudrait-il pour cela nier la foi de l'autre et sa culture.

L'histoire prouve que l'on ne peut penser l'avenir du monde musulman sans une reconnaissance de la prégnance du référent religieux et culturel. Le cas de la Turquie à lui seul est parlant: après plus de soixante ans d'un système à l'européenne imposé à coup de triques et d'exécution, le référent islamique reste solidement ancré. Demain, les opposants au régime pourraient devenir d'autant plus violents que l'on persistera à nier le « fait islamique » et à le gérer par la répression et la mort.

Prendre au sérieux les régimes politiques

J.N. Les pays du Nord, s'ils veulent préparer l'avenir, doivent opérer un changement radical de gestion en cessant de ne viser que l'intérêt à court terme. Mes questions sont les suivantes: est-on prêt, en Occident, à modérer sa volonté de domination; est-on prêt à faire ce que l'on dit en matière de droits de l'homme; est-on prêt à cesser de soutenir les dictateurs et à se fendre des discours les plus hypocrites sur la justice et l'égalité? Personne n'est dupe: qui donc est prêt à cela en Occident? Je suis critique à l'endroit des pays musulmans mais l'hypocrisie des pouvoirs occidentaux a fini par m'écœurer, au sens premier du terme. On aimerait que je tourne mon regard vers le monde musulman et que je dénonce les horreurs faites au nom de l'islam, alors que, dans mon dos, dans les coulisses, les pouvoirs donneurs de leçons négocient et collaborent avec les pires autocrates, les plus sombres criminels.

C'est pire que cela encore, savez-vous. Vous êtes littéralement «pris en sandwich». Je ne cesse de critiquer les pouvoirs, de l'Arabie saoudite à la Tunisie en passant par la Libye, la Syrie et tant d'autres. Vous l'avez souvent entendu depuis le début de nos entretiens. Comme tout homme de foi et de bonne volonté, vous trouvez cette position juste et honnête.

Mais savez-vous le fin mot de l'histoire? C'est que ce discours, on ne le veut pas non plus en Occident. Quand je critique les pétromonarchies ou l'Algérie ou l'Égypte, certains me tapent sur l'épaule et m'encouragent alors que les pouvoirs français, anglais, belges et jusqu'aux autorités politiques suisses et cantonales voient cela d'un très mauvais œil. Ces dénonciations les gênent et les pouvoirs que je critique interviennent pour que l'on trouve un moyen de me faire taire. Que peut valoir ma parole face aux millions de dollars de tractations financières qui existent entre ces différents pays? Pas grand-chose… *Rien.*

Pire, on orchestrera la rumeur pour faire de celui qui élève la voix – un intégriste déguisé, un fondamentaliste au double langage et l'on jettera ainsi le discrédit sur la personne elle-même. Je vis cela tous les jours… Tant et tant de pseudo-révélations et de rumeurs propagées par des intellectuels très perspicaces, défenseurs de «la bonne idéologie», ou encore des journalistes «libres», informés dans les antichambres des services secrets d'États, lesquels sont forcément «désintéressés» et les fournissent en «révélations» croustillantes «par pur amour de la vérité». Bien sûr. Qui donc aujourd'hui tient un double discours? Celui qui dénonce l'horreur et qui se bat pour la justice, l'État de droit, les élections libres et le pluralisme ou les États qui, au nom de leurs intérêts économiques, s'appuient ici sur la démocratie et collaborent, là-bas, avec la terreur.

Il ne s'agit pas aujourd'hui d'imposer un modèle unique de gestion politique, économique et sociale. Il s'agit plutôt de défendre des principes inaliénables.

J'en mentionnerai trois sur lesquels, je pense, nous pouvons être d'accord: l'État de droit, le droit des peuples à choisir leurs élus et leurs représentants, le principe du pluralisme et de la liberté de conscience. Je pense que l'on a raison d'interpeller les musulmans sur ces principes et je pense que leur réponse doit être claire: nous nous reconnaissons dans ces fondements. L'islam n'est pas responsable de la déstructuration des sociétés contemporaines; il faut cesser ce type d'analyse bien simpliste et considérer l'ensemble des facteurs qui jouent sur le plan historique, politique, social et économique. Par ailleurs, il faut reconnaître qu'il existe aujourd'hui dans le monde musulman des mouvements d'opposition légalistes qui refusent la violence et qui, en voulant rester fidèles à l'islam, s'opposent aux dictatures et veulent instaurer un État de droit avec de véritables élections. Ils sont diabolisés en Occident parce qu'on s'acharne à vouloir mettre tout le monde dans le même paquet : « Tous des intégristes, tous des radicaux ». Les pouvoirs occidentaux ont compris que leurs intérêts sont mieux protégés par les dictatures que par des mouvements populaires, *a fortiori* musulmans, fussent-ils démocrates. Rien d'autre ne les intéresse. Dès que l'on a réalisé cela, on comprend que les discours politiques relèvent davantage de la couverture idéologique que du constat objectif.

Quand on observe le monde musulman aujourd'hui, il y a de quoi être inquiet, cela va sans dire. Mais les choses avancent quelque peu ; vous avez beaucoup parlé de la situation iranienne et j'ai dit clairement qu'il fallait être critique sur des pans entiers de la gestion religieuse, sociale et politique. Mais il faut être objectif et honnête : en matière de liberté politique comme sur le plan de la participation des femmes, ce pays est nettement en avance sur l'Égypte, la Tunisie ou l'Arabie saoudite, qui sont les alliés immédiats de l'Occident. Depuis dix ans, l'avancée est visible et phénoménale. Une révolution a lieu à l'intérieur même du processus révolutionnaire. Ce n'est pas suffisant, certes, mais ayons l'honnêteté de reconnaître que l'Iran est davantage un État de droit et de participation citoyenne que la plupart des autres pays musulmans. Et le mouvement des femmes est à nul autre pareil.

J.N. Si j'ai bien compris votre intervention, elle ne cite comme exemple aucun pays, parce qu'un pays n'est jamais exemplaire, qu'aucun système politique n'est jamais exemplaire. Vous semblez privilégier l'Iran comme la moins mauvaise approximation de ce que l'on peut souhaiter pour un pays où l'islam est majoritaire.

T.R. Non, je ne parle pas ici en tant que « modèle ». Je veux simplement mettre en évidence que la référence à l'islam ne signifie pas immobilisme, dogmatisme, enfermement. Bien au contraire, l'Iran est de tous les pays de la région celui qui a vécu, à différents niveaux, l'évolution la plus spectaculaire et qui n'est de loin pas le pays islamique le moins démocratique.

C'est dire que, à l'intérieur même du champ de référence islamique, les choses bougent et évoluent. Aujourd'hui, ce sont les pays qui imposent un modèle de société, apparemment à l'européenne, dans lesquels les choses sont statiques et où les initiatives sociales, politiques et économiques sont immanquablement étouffées sous la chape de plomb des pouvoirs. Contrairement à ce que l'on affirme, les pays qui se réfèrent à l'islam, avec tous les défauts que nous devons relever avec objectivité, ne sont pas les moins dynamiques ni les moins porteurs de progrès.

Encore faut-il se mettre d'accord par ce que l'on entend par « progrès ». Est-ce le degré de pénétration des modes occidentales ou bien l'impulsion d'une dynamique populaire et étatique porteuse de changements sociaux, politiques, législatifs et économiques ? Nous avons parlé de l'Iran, mais parlons de la Malaisie ou des mobilisations en Indonésie. Même le Soudan, qui doit être critiqué quant à sa gestion politique (tout en refusant les analyses « à la petite semaine » où l'on répète aveuglément la propagande de l'opposition idéologique des États-Unis.), même ce pauvre pays a réussi à mettre sur pied un projet d'agriculture vivrière localisé, appuyé sur des instituts universitaires régionaux, qui a permis une croissance de près de 13 % qui est demeurée jusque dans les premiers temps de l'embargo. Le F.M.I., dans ses premiers rapports, avait salué la performance. Celle-ci fut ensuite curieusement ignorée des évaluations dès qu'il s'est avéré que le régime ne collaborerait pas avec les États-Unis.

Tout cela m'amène à dire que la référence à l'islam n'est pas en soi un frein ; au contraire, elle peut devenir un outil fécond de la mobilisation populaire et sociale dès lors que sont préservés la liberté et le droit. Encore une fois, le problème des pays musulmans, de ceux que je viens de citer comme de tous les autres, ce n'est pas l'islam, mais bien le manquement au respect des principes de l'État de droit et du pluralisme politique.

J.N. Y aurait-il un autre pays qui serait plus proche encore de cet idéal d'un pays musulman, où l'islam est certes majoritaire, mais qui en même temps essaie de vivre avec le reste du monde correctement ? Est-ce que vous voyez un autre pays ?

T.R. J'ai cité la Malaisie. Je viens de visiter ce pays et je dois dire que mon analyse est mitigée. Certes, il existe des initiatives sociales et économiques très intéressantes : le pays bouge, le développement est impressionnant. Ce qui me gêne, c'est le modèle de développement proposé : c'est clairement une « société de consommation » qui s'américanise très fortement et que l'on « saupoudre » de quelques réminiscences islamiques. C'est déroutant, mais je ne crois pas que ce soit la voie. Je pense au contraire qu'il faut proposer un projet en rupture avec le modèle occidental fondé sur la productivité et la consommation.

La dynamique transnationale de l'islam

J.N. Raison pour laquelle, je ne parlerai pas d'états ou de pays particuliers en matière d'exemple. Ce qui m'intéresse aujourd'hui est plutôt de l'ordre de ce que j'appellerais la « dynamique transnationale » : dans un grand nombre de pays musulmans, la mobilisation populaire et l'engagement au niveau dit « meso » sont impressionnantes. Des initiatives de coopérations de développement tout à fait originales comme la création de petites et moyennes entreprises ou encore des projets agricoles sont lancés qui montrent la vigueur de l'engagement des intellectuels et de celui de pans entiers de populations musulmanes.

J'étais récemment en Afrique de l'Ouest et j'ai pu me rendre compte que le tissu associatif est très engagé dans les villes et dans les campagnes. Des projets endogènes, sociaux, éducatifs et économiques, sont réalisés au niveau local. On remarque cette même dynamique dans d'autres pays et ce malgré la répression, comme en Égypte, en Syrie ou en Indonésie. Ce phénomène de mobilisation transnationale est non seulement intéressant mais capital en ce qu'il se démarque du modèle du consumérisme imposé par l'Occident et qu'il repose sur une stratégie de rupture au nom des valeurs de l'identité musulmane.

Il faut également remarquer son aspect populaire qui laisse présager un renouveau de l'engagement citoyen. Il faut mettre en évidence aujourd'hui ces dynamiques : à mon sens, elles représentent les « modèles » loin des louvoiements mensongers des États. C'est à ce mouvement d'initiative et de résistance que je m'associe : on le trouve de façon concomitante dans de nombreux pays et il me paraît que c'est à ce niveau qu'il faut aujourd'hui s'engager. L'avenir, c'est sans doute cette dynamique populaire de participation au niveau de l'éducation et de la solidarité qui entraînent dans leur sillage une profonde révolution des mentalités.

La référence islamique est ici tout à la fois déterminante et dynamique, créatrice, facteur d'engagement. On y trouve également des mouvements importants de femmes qui revendiquent leurs droits et qui sont très actives dans le tissu associatif. Ce sont elles qui s'occupent de projets agricoles collectifs avec des rendements parfois trois fois plus importants que les hommes (comme des études l'ont montré dans le sud du Sénégal). Elles sont souvent musulmanes pratiquantes et engagées et elles n'hésitent pas à bousculer les coutumes faussement habillées de la légitimité de l'islam. On a là quelque chose qui est très intéressant et il s'agit clairement de projets locaux d'économies alternatives qui s'inscrivent en opposition à l'économie libérale écrasante. Par ailleurs, au niveau politique, des structures de concertation et de participation existent qui sont, à mon avis, des modèles de citoyenneté sur le plan local.

J.N. Tout à fait. Au lieu de continuer ce jeu où que je vous questionne sur vos préférences, vous pourriez l'interrompre en me retournant la question. Vous auriez pu me demander si j'estime qu'il existe une gradation parmi les pays qui se disent chrétiens ou qui sont de tradition chrétienne. Est-ce qu'il y en a qui sont plus proches de l'idéal chrétien?

Je n'aurais pas longtemps hésité: ce sont des pays neutres européens, les pays scandinaves, la Suisse, les Pays-Bas, par opposition à des pays qui ont utilisé le christianisme à des fins politiques, comme l'Espagne de Franco, le Portugal de Salazar, l'Italie de Mussolini, la France de Pétain, la Grèce des colonels, l'Argentine de Ongania, le Chili de Pinochet. Pour moi, il existe des pays de tradition chrétienne qui sont plus proches de la foi dans leurs réalisations politiques que d'autres. Et c'est même assez tranché quand vous réfléchissez aux exemples que je donne. Il existe des régimes qui marchent lentement et péniblement vers ce que l'on appelle le royaume de Dieu sur la terre. Et il y en a d'autres qui s'en écartent radicalement. En règle générale, moins on invoque le christianisme comme légitimation politique, mieux on le pratique dans les faits. Telle peut être une appréciation globale que l'on porterait sur le classement par excellence des pays chrétiens.

L'islam en état de guerre larvée?

J.N. Face à l'islam et à ses différents enracinements politiques, j'ai toujours autant de peine malgré vos réponses. D'une part un idéal de paix, de fraternité, de tolérance dans le Coran; d'autre part des situations pathologiques qui se développent dans tous les sens. La violence et la terreur dans le cas de l'Algérie, de l'Afghanistan ou du Soudan. Même s'il n'y a pas de violence comme en Libye, ce pays semble dirigé par un malade mental. Les pays qui se rapprochent de l'Occident, comme la Tunisie ou la Turquie, sont, selon vous, loin d'être des modèles au point de vue politique. On a le sentiment d'un islam qui est en état de guerre larvée. D'abord de guerre civile souvent, à l'intérieur d'un pays. Puis de guerre entre pays musulmans, comme le conflit entre l'Irak et l'Iran. Le monde islamique donne l'impression d'un nid de guêpes, qui sont prêtes à se massacrer mutuellement ou à répandre leur venin à l'extérieur. Quand il y a des difficultés à l'intérieur de l'Algérie, et que la France, très imprudemment du reste, donne des leçons de morale à l'Algérie, les terroristes algériens s'imaginent qu'ils disposent d'une sorte de droit moral pour poser des bombes sur les Champs-Élysées. Ce sont des péripéties propres à créer des malentendus durables. L'ensemble de l'islam est considéré par le monde occidental comme un facteur de déséquilibre mondial, peut-être pour des raisons de déséquilibre interne.

T.R. Pour traiter de ces questions, il faut s'imposer des niveaux de lecture. Il y a effectivement, dans le monde musulman aujourd'hui, des situations conflictuelles et des problèmes qui ne sont pas réglés.

Il faut d'abord ne jamais oublier que la majorité des pays musulmans vivent en situation de sous-développement caractérisé. La pauvreté, la misère et la réalité de l'étouffement de la sphère politique sont en soi propres à créer des turbulences. C'est un premier niveau.

Le second concerne l'intervention immédiate ou médiate des pouvoirs occidentaux dans le but de défendre leurs intérêts. Il faut alors s'engager dans une analyse géopolitique qui soit tout sauf simplificatrice. Prenons très rapidement trois exemples.

Le cas algérien n'a jamais été réglé parce que, à l'arrière-fond, la relation historique entre la France et l'Algérie ne cesse de marquer les mémoires. Il y a eu un processus électoral relativement pluraliste qui a été stoppé par un véritable coup d'État déguisé. Le lendemain des élections, des députés élus se sont vu emprisonnés, déportés et torturés au vu et au su du monde. Les gouvernements sur la scène internationale n'ont pas réagi, si ce n'est d'abord l'Arabie saoudite qui a reconnu le nouveau pouvoir sanguinaire. Les arrestations et les tortures furent la règle et le gouvernement français, par exemple, a soutenu le pouvoir en place dont on sait qu'il n'a jamais fait dans la dentelle en matière de répression. Qu'on soit d'accord ou critique à l'égard du FIS, et j'ai très tôt engagé un dialogue critique avec certains de ses partisans en Europe, on ne peut se taire devant ce qui est une manifestation d'injustice et de déni de droit. Il faut être clair : dénoncer avec la plus ferme des énergies les groupuscules armés ne souffre pas de discussion mais il faut dans le même élan critiquer la gestion étatique d'une mafia militaire s'appuyant sur la terreur et l'assassinat. Or qu'observe-t-on ? Les pouvoirs occidentaux se montrent bien frileux quand il s'agit de dénoncer le pouvoir politique algérien. La France, au premier chef, continue à entretenir des relations avec certains militaires indignes et qui ont à leur actif de nombreux crimes contre l'humanité.

Qui donc est responsable des turbulences dans le monde musulman ? Les musulmans seuls ? Non, soyons sérieux et sachons déterminer les vrais enjeux. Comment se fait-il que les emplacements des ressources pétrolières n'aient jamais été touchés depuis six ans ? Comment se fait-il que le F.M.I. relève, alors que les massacres de civils perdurent, que « l'Algérie est un bon élève » et gère, de façon compétente et déterminée, le programme d'ajustement structurel. Étonnant, à tout le moins, cet oléoduc, qui traverse l'Afrique du Nord et en particulier l'Algérie, construit pendant qu'à quelques kilomètres le sang et la mort se répandent. Amnesty International ou la Fédération des Ligues de droits de l'homme doutent des véritables intentions et des actes du pouvoir et on continue à jouer aux aveugles en Occident. Il est trop facile ensuite de dénoncer l'islam et les musulmans en ne tenant pas compte du jeu et de la responsabilité de l'Occident dans la gestion et l'entretien de l'horreur.

Que dire des talibans, soutenus par les services secrets pakistanais qui sont eux-mêmes à la solde américaine ? Ici aussi un oléoduc traverse le pays jusqu'en Asie centrale. Qui donc soutient cet islam réactionnaire et fermé ? Qui donc soutient l'Arabie saoudite et la gestion indigne que les princes font de leurs richesses ? Qui donc soutient les partisans de l'islam le plus réducteur ? La réponse est simple : tant qu'ils préservent leurs intérêts financiers et géostratégiques, les pouvoirs occidentaux se moquent du progrès, de l'ouverture d'esprit, de la démocratie et des droits des peuples. On ne peut être acteurs et promoteurs des débâcles et jouer aux spectateurs attristés et effrayés au moment de leur évaluation.

Il ne s'agit pas ici de déresponsabiliser les musulmans, mais il faut que nous reconnaissions au moins que les responsabilités sont partagées. La violence visible dont vous parlez ne doit pas nous faire oublier la violence véritable qu'exerce aujourd'hui la gestion de la planète sur les pays défavorisés. La réalité de la violence ne s'évalue pas selon l'emploi ou la seule visibilité des armes... mais, bien plus, elle doit être considérée à l'aune de la souffrance et de la mort qui sont répandues. Qui aujourd'hui exerce le plus de violence sur la terre ? Attention aux illusions d'optique : les images d'horreur de la télévision sont insupportables et il faut faire cesser ces dérives ; mais les conséquences des flux financiers invisibles, presque virtuels, et des gestions politiques en coulisse sont ô combien plus dramatiques. La culture de l'image est en train de tuer la profondeur de nos analyses. Gravement.

Un mot encore sur le Soudan, pays auquel vous avez souvent fait allusion. Tout se passe aujourd'hui comme si on savait ce qui s'y passe réellement. Mais qui donc sait ce qui s'y passe ? La propagande américaine donne le ton et on dit tout et n'importe quoi sur ce pays. C'est très grave : à terme, c'est la permission donnée aux avions américains de détruire une usine pharmaceutique, aux yeux du monde, pour ensuite se permettre de refuser la constitution d'une commission d'enquête destinée à savoir si oui ou non il s'y cachait des produits chimiques destinés à des armes. Je me suis rendu au Soudan et j'ai émis des critiques sur le manque de liberté politique mais cela ne me permet pas de dire n'importe quoi. La situation au Sud-Soudan n'est pas la responsabilité du pouvoir actuel : tout le monde devrait savoir que c'est la Grande-Bretagne et sa gestion coloniale qui ont décidé d'un développement différencié entre le Nord et le Sud. Quand on ajoute qu'il s'agit d'une guerre de religion, on dit une contrevérité encore : il existe une alliance objective entre les États-Unis et certaines mouvances chrétiennes (qui d'ailleurs sont rarement claires sur leur programme missionnaire d'évangélisation) pour dénoncer le pouvoir soudanais « islamiste ».

Que dire enfin, s'il s'agit d'une guerre de religion, de ce soutien saoudien aux partisans du « très chrétien » Garang ? De qui se moque-t-on ? Les intérêts en jeu sont importants et le Soudan est une place stratégique en Afrique. À comparaison équitable, le pouvoir de Khartoum est moins policier, moins dur et moins discriminatoire que ses voisins, l'Égypte, la Tunisie ou la Syrie. C'est son insubordination qui pose problème et qui justifie l'embargo actuel. Il faut aller voir ce qui se passe sur le terrain et cesser de répéter des analyses simplistes et idéologiquement orientées.

Cela étant, que l'on me comprenne bien, il ne s'agit à aucun moment de cautionner les excès du pouvoir militaire de Khartoum, que ce soit sur le plan politique et/ou pénal : le clientélisme y est très répandu, la liberté politique est très relative et on s'en prend aux pauvres et aux déracinés d'une façon inacceptable. Ma critique est claire. La question du nombre de prisonniers politiques, que certains officiels ont avancée lors ma visite afin que leur gestion politique trouve gain de cause à mes yeux, ne m'intéresse pas : s'il n'y avait qu'une femme ou un homme jeté en prison pour ses idées et, de surcroît, torturé, ce serait déjà inadmissible. Or c'est le cas au Soudan : l'horreur et l'inhumain ne s'évaluent pas à l'échelle du nombre.

Permettez-moi de poser une question encore : qui donc veut aujourd'hui l'établissement de sociétés musulmanes pluralistes, ouvertes, libres ? Qui donc se bat pour établir l'État de droit ? On ne peut soutenir des tortionnaires et reprocher aux peuples de résister ; on ne peut rester aveugle devant le meurtre des intelligences qu'exercent les pouvoirs et regretter l'absence d'intellectuels libres. Il me paraît qu'il faut dénoncer tous les terrorismes, des groupuscules comme de l'État, promouvoir l'éducation et la liberté et se battre pour que l'on respecte, enfin, l'opinion des peuples même si le peuple décide contre les intérêts immédiats de l'Occident. Cela veut dire aussi, par exemple, qu'il faut prendre des positions claires par rapport à Israël et à sa gestion politique : cet État et l'idéologie sioniste sont des facteurs de trouble au Proche-Orient et le gouvernement agit comme bon lui semble avec son voisinage, se moque des Palestiniens (et du monde…) et légalise la torture « de petite intensité ». N'y a-t-il rien à dire sur cette réalité, n'y a-t-il rien à expliquer ? Ensemble, nous devons promouvoir une pédagogie de la nuance et de la résistance.

On pourrait penser que je ne reconnais aucune responsabilité aux musulmans eux-mêmes. Ce n'est pas le cas : je n'ai de cesse de mettre en évidence les carences de notre pensée, de nos gestions et de nos engagements. C'est une constante dans mes ouvrages, mes conférences et mes articles. Comme je l'ai dit, il m'apparaît urgent que nous réalisions que les responsabilités sont partagées.

Chacun est responsable de sa réussite ou de son échec

J.N. Je suis tout prêt du reste à battre ma coulpe pour tout ce que l'Occident a fait. À commencer par une vaste opération de colonisation dont on a parlé tout à l'heure, qui est évidemment traumatisante pour la culture victime de la colonisation. Mais elle s'est produite dans le passé à cause de la faiblesse des pays islamiques, de cette incapacité d'enclencher une révolution scientifique puis une révolution industrielle.

Il reste ce défi. L'histoire ne retient que les civilisations qui réussissent, d'une façon ou d'une autre, en culture, en science, en politique ou en religion. Si on considère les petits pays neutres que j'ai mentionnés et qui sont au sein de l'Europe, ils n'ont pas reçu leur indépendance et leur prospérité par un don du ciel. Au contraire, ils ont dû souvent se battre.

Les Suisses ont créé un pays en se battant contre tous les pouvoirs autour d'eux et en étant prêts, encore ce siècle-ci, à se battre pour préserver leur neutralité et leur indépendance. Même défi pour un pays comme les Pays-Bas, qui est un pays plat, difficile à défendre, et qui a failli, au XVIIe siècle, disparaître sous la pression des Espagnols, soucieux d'imposer à nouveau le catholicisme à des protestants. On peut rappeler la même épopée pour le Danemark ou la Suède, qui, à un moment ou à un autre, ont dû se défendre les armes à la main. Parfois par des actions de résistance passive admirable, comme les Danois, sauvant jusqu'au dernier tous les juifs qui vivaient sur leur territoire durant la Seconde Guerre mondiale. Ces peuples sont prospères, ils ont dû se battre contre des agressions extérieures, ils ont réussi à créer une démocratie pluraliste extrêmement respectueuse des droits de l'individu.

Il semble se dessiner entre le développement politique du christianisme et le développement politique de l'islam au moins un décalage dans le temps. L'affrontement, aujourd'hui, n'est-il pas dû à ce décalage dans le temps ? Est-ce que cette fracture entre le XI et le XVe siècle où l'Occident s'est approprié la raison (ou la déraison) n'a pas constitué la bifurcation temporelle entre les deux religions ?

Réfléchissons à toute l'éthique protestante, fondée sur une série de malentendus religieux de plus en plus fructueux en terme de développement économique. Selon la thèse de Calvin, les hommes sont prédestinés au moment même où ils naissent, soit au salut, soit à la damnation, quoi qu'ils fassent. Cela n'a évidemment rien à voir avec le message de Jésus. C'est une idée juste («Dieu est seul source de salut») devenue folle («l'homme n'a aucune prise sur son destin»). C'est devenu une idée absurde.

Mais, très curieusement, cette perversion religieuse a entraîné le bien-être des peuples qui s'y sont adonnés. Pourquoi cela? Parce qu'ils étaient angoissés. Parce qu'ils consultaient les pasteurs sur leurs chances d'être sauvés. La réponse des pasteurs fut de l'ordre de l'ergothérapie: travaillez sans relâche pour oublier vos angoisses! Ce genre de conseil vertueux laisse subrepticement sous-entendre que ceux qui travaillent beaucoup réussissent bien et que d'une certaine façon, cette réussite matérielle constituait, sinon une garantie, du moins un indice de leur salut. Surtout s'ils pratiquaient l'ascèse qui consiste à se priver du plaisir de consommer dans l'immédiat pour accumuler par épargne un capital. C'était une façon de deviner s'ils étaient sauvés.

Au point de vue religieux, c'est complètement fou: Jésus n'a jamais suggéré de travailler avec acharnement, bien au contraire, et il n'a jamais laissé croire que la réussite matérielle ou le goût de l'épargne pouvaient être liés au salut éternel, bien au contraire. L'invention de l'éthique protestante du travail et de la capitalisation constitue une opération du même style que l'invention du purgatoire. C'est contraire au génie du christianisme, mais cela marche. Cela fonctionne un peu comme une vaccination où l'organisme réagit à une agression modérée en sécrétant des anticorps qui le rendent infiniment plus résistant. Non seulement cela marche au point de vue économique, mais cela marche aussi au point de vue politique.

S'il fallait choisir entre la Suisse et l'Afghanistan, le choix est vite fait. La différence entre les deux pays n'est pas un problème géopolitique, c'est un problème de culture. Si, dans un *Gedankenexperiment*, on prenait les Afghans et on les déplaçait en Suisse et qu'on prenait les Suisses pour les déplacer en Afghanistan, vingt ans après, l'Afghanistan serait devenu la Suisse et la Suisse serait devenue l'Afghanistan. Il y aurait des talibans et des femmes voilées à Genève et des banques à Kaboul. C'est très clair.

Donc, dans cette dynamique torturée du christianisme héritée des Grecs, se situe probablement l'explication. Cette dynamique est absente de l'islam, parce que l'islam n'est pas en révolte. Il n'est pas en révolte contre Dieu. Il n'est pas en révolte contre la nature. Comment comprendre le décalage historique entre les deux civilisations à partir de cela?

T.R. Je ne suis pas tout à fait d'accord avec votre point de vue. J'ai souvent entendu ce type de glissement dans l'analyse et il me paraît dangereux. Certes, on serait malvenu de ne pas reconnaître qu'il existe un retard en terme de développement dans les pays musulmans, mais je ne pense pas que l'on puisse expliquer ce phénomène par l'idée d'un « retard culturel » ou d'une sorte de « sous-développement culturel ». Les formules du type « Nous sommes passés par là », « Il faut que l'islam vive sa renaissance comme nous l'avons vécue », « L'islam vit son Moyen Âge » sont réellement simplificatrices et surtout révèlent un double positionnement : d'abord, on considère l'histoire occidentale comme l'unique paramètre du bon développement (ce qui est, en soi, très discutable) et d'autre part, on fait fi de la logique interne et de l'évolution endogène des autres civilisations, ce qui, souvent, est la preuve d'une totale ignorance des dynamiques fondatrices et structurantes de la foi et de la culture de l'autre.

On ne peut ainsi passer d'un constat objectif de retard économique à l'extrapolation du retard de civilisation. Ce qui explique le sous-développement aujourd'hui est une somme de facteurs qui englobe tant les phénomènes internes de déclin des sociétés islamiques dont nous avons déjà parlé que la mainmise coloniale qui soumettra les peuples et les pouvoirs pendant des décennies sur le plan politique comme, aujourd'hui, sur le plan économique. Il existe des faits objectifs qui expliquent le renversement du rapport de force à partir de la fin du Moyen Âge et la lente et radicale prise de pouvoir de la civilisation occidentale due essentiellement à sa nouvelle maîtrise scientifique et technologique.

Il est évident que l'appareil conceptuel théologique, qui a été pensé et catégorisé *a posteriori* a permis de légitimer l'entreprise à tous ses différents niveaux, social, politique, économique et scientifique, mais il n'est pas la seule source d'explication de la Renaissance. Il faut dire que le progrès et la libération de la raison se sont surtout opérés en Occident contre la religion et le dogme. À partir du VI et du XVIᵉ siècle, on le sent déjà chez Montaigne et chez Rabelais par exemple, le discours religieux est à la traîne de la pensée autonome qui bientôt deviendra clairement scientifique. Ce que l'on perçoit au niveau de la pensée est vrai dans les différentes sphères de l'activité humaine. Le discours théologique a dû s'adapter à une évolution à laquelle il n'était pas habitué auparavant : son pouvoir jusqu'alors tenait dans le fait d'édicter le dogme et de fixer la norme. La révolte de la pensée d'une part, comme la résistance et l'inadaptation du clergé d'autre part expliquent, à l'intérieur du champ de référence occidentale, comment le progrès s'est établi. Il ne faut pas non plus oublier les influences extérieures comme celle de la pensée arabomusulmane. C'est une question de rapport de force entre des tendances contradictoires. Je ne crois pas que le substrat théologique du protestantisme et du catholicisme suffise à expliquer le phénomène du développement, même si, et vous avez raison, il a pu légitimer et encourager l'initiative privée, comme ce fut le cas de l'éthique protestante.

La civilisation islamique n'a pas connu ces développements. Je dirais même que son évolution fut à l'opposé de ce que nous venons de dire. Durant les premiers siècles, alors que la référence religieuse est encore très prégnante, on constate une pensée très dynamique, très innovatrice en matière de production intellectuelle, d'emprunt et d'adaptation culturels ou encore de développements scientifiques.

C'est par analogie avec l'histoire occidentale que l'on pense que le religieux freine «forcément» la science et la recherche. Mais ce ne fut pas le cas dans l'histoire musulmane, au contraire. «Savoir, c'est adorer; mieux comprendre, c'est mieux servir le Très-Haut»; les musulmans ont d'abord compris ainsi le message de l'islam. Il convient d'ajouter que la révolte, qui fut un réel catalyseur de développement dans l'histoire des mentalités occidentales, n'est pas le seul état permettant le dépassement de soi. La notion centrale de *djihad* en islam, au cœur de toutes les élaborations de l'action, associe la foi au principe de l'effort et de l'engagement.

Jamais, en islam, l'expression de l'acte de foi n'a compris l'idée d'accepter passivement son état de pauvreté ou d'exploitation. Si on peut comprendre le sens de la révolte, voire sa nécessité, quand une religion enseigne que les derniers ici seront les premiers là-bas (c'est en ce sens que Marx avait raison de parler d'«opium du peuple» parce que le christianisme avait jusqu'à son époque souvent tenu le discours de l'acceptation et du renoncement), il ne faut pas commettre l'erreur de réduire le discours des autres religions aux mêmes présupposés. C'est une erreur méthodologique et scientifique grave.

Il est dit dans la Bible qu'il sera plus difficile à un riche d'entrer au paradis qu'à un chameau de passer par le trou d'une aiguille. La même formule est employée dans le Coran, mais alors il ne s'agit pas de riche mais d'un être humain orgueilleux et injuste, parce qu'il ne suffit pas d'être pauvre pour être honnête… Le culte de la pauvreté, de la renonciation et de la contemplation n'est pas islamique : au contraire, il s'agit d'un message d'action, de témoignage dans l'action.

Dans un certain nombre de pays, la référence islamique fut bien plus mobilisatrice que n'importe quel appel à la résistance. À l'époque coloniale, sur le plan politique, comme aujourd'hui sur le plan social et économique, le référent religieux est un multiplicateur d'énergies et de synergies. C'est une réalité dans le monde musulman comme en Occident et les musulmans semblent retrouver, par la conjonction de tous les écueils dont nous avons parlé, le souffle des temps anciens. C'est insuffisant encore, mais le renouveau est patent. Dans beaucoup de sociétés majoritairement musulmanes, l'islam façonne des consciences qui elles-mêmes orientent des mobilisations en terme de projets de société. C'est un constat que n'importe quel observateur un tant soit peu objectif ne saurait manquer de faire. La pensée réformiste musulmane en est la preuve à l'époque contemporaine.

Les faiblesses historiques des musulmans

J.N. Vous mentionnez dans votre ouvrage un certain nombre d'écueils à l'intérieur du monde musulman. Je vais les citer rapidement : le cloisonnement des compétences, l'absence de culture politique, l'absence de volonté politique, la corruption. J'ai beaucoup réfléchi à cela.

J'ai peut-être quelques autres suggestions. J'essaierais de les trouver, non pas dans ces manifestations d'immaturité politique, d'archaïsme culturel que vous mentionnez, mais dans l'origine commune de ces manifestations. Si on me demandait, avec tout le respect et toute la sympathie que j'ai pour lui, de désigner le point faible de l'islam, de la même façon que j'ai désigné le point faible du christianisme, je me poserais d'abord la question du statut du Coran.

Est-ce qu'il n'y a pas une exagération dans la référence littérale à un livre, à un texte, écrit à une certaine époque ? Est-ce qu'il n'y a pas un attachement exagéré au sacré, par opposition au saint ? La sainteté est vraiment une propriété de l'homme. L'homme est saint ou ne l'est pas : cela se remarque à une certaine attitude dans l'existence. Le sacré est plus ambigu : une catégorie intermédiaire entre la magie et le saint, l'irruption dans notre monde visible de quelque chose qui est radicalement autre. La faiblesse de l'islam ne se situe pas dans la définition d'une morale très exigeante certes, mais aussi très codifiée, très figée dans des prescriptions et bien moins fondée sur la conscience que dans l'Occident.

Dans le christianisme, au moins dans la pratique que j'ai apprise au sein du catholicisme, se trouve un exercice mental et spirituel qui s'appelle l'examen de conscience. Et l'examen de conscience répété, qui à la limite a engendré la psychanalyse, est un outil qui est à la fois très dangereux à manipuler, mais qui est tout de même extraordinairement utile. Le chrétien face à sa conscience doit continuellement se dépasser et ne jamais se fier seulement aux prescriptions.

Je sais bien qu'à l'intérieur de l'islam, cela existe aussi. Mais est-ce perçu de la même façon ? Est-ce qu'il n'y a pas un manque de stimulation de la conscience ? Le manque de stimulation par le sens du tragique de l'histoire que l'on a évoqué au départ, le mythe de Prométhée, qui est à la fois un mythe déchirant, mais aussi un mythe créateur. Le mythe d'Œdipe, qui est le mythe de la culpabilité : quand bien même vous n'avez commis aucune faute ou que vous croyez n'avoir commis aucune faute, c'est vous le coupable de l'histoire. Le policier finit par découvrir qu'il est le coupable. C'est un mythe fondateur extraordinaire à la base de la civilisation occidentale.

L'Occidental est un personnage brutal, conquérant, mais qui possède une force cosmique. Dans le film de Werner Herzog, *Aguirre, la colère de Dieu*, on découvre cette espèce de soudard espagnol, interprété par Klaus Kinski, en train de conquérir un continent et on a l'impression d'un personnage qui est possédé. Et qui est possédé en un sens très différent du taliban afghan, il est projeté vers le futur plutôt que cramponné sur le passé.

Vous critiquez, aussi, ce que vous appelez l'idéalisation. C'est-à-dire une certaine vision idéale de la société islamique qui a transparu à travers ces entretiens. On maintient à la fois qu'il ne peut y avoir de chômage dans l'islam en oubliant consciencieusement que, bien entendu, le chômage existe, sous la forme d'un sous-emploi.

Tels sont les différents points faibles que je vois de l'extérieur, avec toute la sympathie et le respect que je dois à des frères croyants et toute la repentance et la honte que j'éprouve pour le comportement de certains chrétiens. Est-ce qu'il y a, parmi toutes ces lacunes que j'ai mentionnées, un point qui vous semblerait procéder d'une mauvaise interprétation de l'islam ?

T.R. Le propos est intéressant et je dois dire que c'est la première fois que l'on me présente les choses sous cet angle. Disons deux choses. La première concerne le statut du Coran. Pour le musulman, il est révélé et sa place est incontournable. Il est la référence, mais il n'est pas une prison. Une tradition prophétique nous apprend que tous les cent ans, un réformateur viendra renouveler le mode de lecture que les musulmans ont de leurs sources scripturaires. En somme, il s'agit d'un renouveau de la compréhension.

Le texte demeure, avec ses orientations générales, mais l'intelligence évolue, se façonne, s'adapte, en constant rapport dialectique avec l'environnement. Le sens du sacré n'est pas dans l'immobilisme et la frilosité. En islam, est sacré tout ce que je fais en me souvenant de Dieu. Le sacré habite le cœur et la mémoire, il n'emprisonne pas l'action. Ici encore, les notions de sacré et de profane sont totalement différentes parce que, en islam, la mémoire est partout et le sacrement nulle part. C'est une religion du pacte, non une religion du sacre, du sacrement, de la sacralité intangible.

La seconde remarque concerne ce que vous avez dit de la force évocatrice des mythes et de ce qu'ils ont permis dans l'élaboration de la pensée occidentale. Ce que vous dites est vrai mais, à mon sens, incomplet. Certes, la culpabilité a peut-être permis ce réveil et cette force de la créativité et de l'initiative, jusqu'à la transgression assumée et au dépassement de soi comme dans l'ultime étape de la philosophie nietzschéenne par exemple. Le chameau est devenu lion qui est devenu enfant… innocent, autonome, libre. L'image de Nietzsche est belle, séduisante : la liberté est totale et Dieu est mort.

L'Occident sans garde-fou

J.N. Poussons le raisonnement jusqu'au bout et l'on verra, presque naturellement, poindre la question de la limite. C'est le problème qui se pose aujourd'hui de façon cruciale à l'Occident : jusqu'où aller ? Qui détermine le sens et la valeur ? L'image de l'enfant est d'elle-même significative ; certes il est innocent et libre mais qu'est-ce donc qui oriente son action, qui donc lui donne un sens ou seulement la maîtrise ? À terme, de par la nature de son « innocence », il nous montre une insouciance très dangereuse : le monde devient un simple jouet dont il fait ce qu'il veut ; seule l'arrête la catastrophe ou sa prévision. Le retour de l'éthique, avec la bioéthique par exemple, ou l'écologie sont nés de ce sentiment de la catastrophe imminente. L'enfant semble être allé trop loin. Plus de référence, plus de « racines » plus de traditions... et parce que l'on a longtemps vécu la responsabilité comme un synonyme de la culpabilité, on a fini par confondre l'innocence avec la déresponsabilisation, une sorte d'insouciance immature. La trilogie nietzschéenne est bien plus réaliste et vraie que celle que nous proposait Auguste Comte avec cet espoir de la naissance d'un homme nouveau, maîtrisant l'objet scientifique.

La tradition musulmane est attachée à une référence forte. Le texte demeure et exige la maturité de savoir le lire et le comprendre. L'innocence admise ne saurait être sans responsabilité et si l'on aime préserver l'insouciance de son enfance, on ne saurait vouloir, par ce désir, échapper à ses responsabilités. Le texte coranique et les traditions nous rappellent l'orientation, la limite, le respect intime et spirituel de la création : celle-ci ne peut être un jouet, et nous ne pouvons demeurer des enfants responsables de son irresponsable destruction.

L'Occident vit aujourd'hui à plein le sens de ces questionnements. Le problème du sens, des valeurs et de la limite est centrale ; sans doute parce que l'histoire de cette civilisation l'a menée à revendiquer certaines notions et certains états de l'être par opposition à l'autorité cléricale et dogmatique. Toute référence, toute racine, toute tradition est devenue suspecte ; une possible atteinte à ma totale liberté, un frein au progrès. On aurait alors une formule du type : « La référence tue la liberté ». Je ne peux adhérer au sens de cette formule qui est celle que nous sert quotidiennement, explicitement ou implicitement, le courant idéologique dominant. L'image est séduisante, certes, mais ses conséquences sont dangereuses, autant que peut l'être un enfant... une arme, ou plutôt une bombe, entre les mains.

J.N. Tout à fait. Et c'est certainement le déficit le plus grand de l'Occident. Je suis tout à fait d'accord.

T.R. Je pense que les références auxquelles continuent de s'attacher les musulmans les protègent de l'errance autant que d'une innocence immature et irresponsable. Certes, si l'on est protégé de l'errance, on doit admettre d'être freiné dans le progrès, parce que tout n'est pas possible. Les limites existent avant les catastrophes : c'est une *écologie d'avant l'écologie*, une écologie née des principes et non du choc des catastrophes. Elle impose un être au monde différent, en tout cas toujours lucide face à ses responsabilités devant le Créateur comme devant sa conscience.

La référence coranique est exigeante, cela est certain, elle impose une attitude lucide et rigoureuse mais on aurait tort de croire qu'elle est figée et dogmatique. Au contraire, nous l'avons dit, l'un de ses instruments est l'intelligence humaine dynamique, innovatrice, curieuse. Mais il ne faut pas qu'elle perde la mémoire. Le sens de la responsabilité spirituelle et intellectuelle qu'exige de nous la référence est un frein, mais c'est également une protection. Il nous protège de nous-mêmes d'abord et de nos propres excès... et chacun de nous sait où ces derniers peuvent le mener.

J.N. C'est une limite que l'on s'impose à soi-même.

T.R. Oui. Le vrai sens d'une innocence, d'une liberté et d'une responsabilité humainement et dignement assumées.

J.N. Ce qui est inconcevable pour l'Occident. Dans l'Occident, le sacré ayant complètement disparu, il n'y a plus aucune limite.

T.R. C'est effectivement ainsi que se présente aujourd'hui l'Occident, avec ce paradoxe d'être constitué de millions d'individus avides de sens et de dignité.

J.N. On finira dans nos laboratoires par multiplier des embryons humains pour fabriquer des produits de beauté en récupérant des cellules non différenciées, capables de combler les rides. On commencera par renâcler et par appeler à la rescousse tous les comités d'éthique. Et l'on finira par conclure : s'il y a tellement d'argent à gagner en acceptant cette entorse à une règle sans fondement véritable dans la transcendance, il n'y a aucune raison de ne pas la faire.

T.R. Oui, il s'agit bien de savoir jusqu'où on peut aller et au nom de quoi on devrait s'arrêter. La transcendance, au cœur de la vie, donne une réponse et indique des limites. Plus que cela encore : quand je dis que le sacré recouvre la totalité de mon action dès lors que je me souviens de Dieu, je pose un principe fondamental ; jamais, en face de ma conscience, le monde ne sera « désenchanté ». Le rappel de la Présence est partout et la pure instrumentalisation de la création impossible. La présence du sacré est permanente mais de façon toujours très dynamique et engagée : le sacré m'habite et habite le monde si ma mémoire accompagne le moindre geste de mon quotidien, boire comme manger, penser comme aimer.

Il faut que l'on admette, quand on pense à la rencontre des civilisations, que les références et les conceptions de l'homme comme de la vie, comme encore de la création, ne sont pas les mêmes. Tout, par ailleurs, n'est pas réductible à la seule raison. Parfois, il faut avoir l'humilité de le reconnaître et de dire : « Je ne comprends pas ». Cela ne doit pas permettre de renvoyer la pensée d'autrui dans les annales du « passé » ou de l'« absurde ». C'est admettre que la conception est différente, que l'on ne comprend pas tout mais que l'on respecte le point de vue d'autrui tant que les droits fondamentaux sont eux-mêmes respectés.

Au demeurant, la vraie question est de savoir ce que l'on veut vraiment. Certains critiquent le système et le confirment chaque jour dans ses excès par le mode de vie qu'ils mènent. Ils critiquent l'individualisme et vivent eux-mêmes en tirant avantage de tout ce que cet individualisme leur permet. Ils critiquent la folie du monde, les excès du progrès, de la technologie et de la science, alors que leur appétit consumériste est l'expression la mieux affirmée d'une folie qui s'ignore. On ne peut vouloir pour soi la liberté totale et sans limite et attendre du monde la justice…

Un verset coranique nous oriente : *Dieu ne change pas ce qui est en un peuple, avant que les gens [qui constituent le peuple] ne changent ce qui est en eux-mêmes.* Que veut-on au juste ? Une simple déclaration d'intention qui, dans l'apparence, nous innocente des excès ; ou un véritable questionnement, un débat sur le fond, qui doit aboutir pour chacun de nous à revisiter son propre comportement ? C'est ce type de rencontre dont nous avons besoin, au niveau de l'individu comme au niveau des systèmes sociaux et politiques.

J.N. C'est forcer le grand débat. Un débat qui est politique en Occident.

Pour dépasser la querelle de famille

J.N. Je voudrais peut-être conclure en confiant ceci : mon rêve, c'est qu'un jour, tous les enfants d'Abraham se retrouvent. Par exemple, à Jérusalem. Puisque Jérusalem a un sens pour eux tous. C'est un rêve que j'entretiens.

À un certain moment, on conclura vraiment la paix entre les religions. Et à ce moment-là, viendra la paix entre les peuples si les politiques acceptent d'entrer dans les questions fondamentales que nous avons discutées. Ils ont trop tendance à lire l'histoire présente comme une succession de complots terroristes contre lesquels seule l'action policière est efficace.

La difficulté vient de ce que tous les enfants d'Abraham font partie de la même famille. On peut entretenir des relations sympathiques mais distantes avec les bouddhistes. Au fond, ça ne nous intéresse pas beaucoup, parce que cela ne nous engage en rien. Mais ici nous avons affaire à une querelle de famille. Et l'on sait bien que les querelles de famille sont inexpiables : chacun sent qu'il partage certaines valeurs avec les autres ; ce que l'autre a et que lui n'a pas, représente ce qu'il a perdu du message initial.

L'autre, qui est le plus proche, le prochain dans le sens chrétien du terme, est en train de lui adresser un reproche extraordinaire par le seul fait de son existence. L'apport le plus grand lors du contact entre les deux civilisations, c'est que chacune d'entre elles, se voyant avec les yeux des autres, se découvre infidèle à Dieu. Chacun est toujours et par définition fidèle et infidèle à Dieu. Mais pas toujours de la même façon ! Je ne considère que ma propre fidélité, mais je découvre mon infidélité dans la fidélité du prochain. Il devient littéralement odieux, alors qu'il devrait m'être aussi cher qu'un messager de Dieu !

T.R. L'autre m'apprend à questionner mon propre cheminement, effectivement. Et il faut, bien sûr, avoir le souci de se regarder en face. Pas facile de se dire : il faut que ta présence questionne mon cheminement, au risque de me découvrir des infidélités. Mais la rencontre repose sur cette exigence. J'avais un jour invité Pierre Dufresne à un colloque que nous organisions. Il était déjà très malade mais il était venu au nom de notre amitié. Il avait eu alors cette formule simple, dont j'ai déjà parlé, mais dont chaque jour je comprends mieux le sens, et plus profondément : *il ne faut* *pas se tromper d'ennemi.* Combien de musulmanes et de musulmans se trompent aujourd'hui en considérant les fidèles des autres traditions, juive, chrétienne et plus largement humaniste, comme de véritables ennemis avec lesquels il ne faut pas transiger? Combien d'humanistes, de chrétiens et de juifs se trompent en voyant les musulmans comme la nouvelle menace qui risque de les envahir ou de répandre le sang.

On se trompe, au sens littéral, d'ennemis: toutes ces traditions, humanistes et religieuses, portent des valeurs communes fondées sur le souci permanent de la conscience et de la dignité humaine. Ce qui les lie est bien plus important que ce qui les sépare... Ne devrait-on pas nous engager ensemble à partir de ce qui nous unit et «*rivaliser dans l'application du bien*», selon une formule coranique, dans ce qui nous distingue?

Finalement, à bien y réfléchir, les concepts de «civilisation islamique» et de «civilisation occidentale» sont quelque peu caricaturaux et ils peuvent être utilisés, nous l'avons vu ces derniers temps, dans le registre de la confrontation. Les enfants d'Abraham sont pourtant dans ces deux civilisations, et les ponts et les intersections sont multiples et permanents. Qui donc se présente comme l'ennemi de la tradition abrahamique: le juif? le chrétien? le musulman? l'humaniste?

Non, bien sûr, c'est bien plutôt ce nouveau culte du productivisme aveugle, de l'individualisme acharné, du progrès inhumain, sauvage, errant. Il faut ensemble résister au règne du non-sens et de l'inconscience. Les êtres de foi et de conscience justement sont appelés à prendre leur responsabilité: elle est commune. Ensemble ils doivent porter témoignage qu'ils sont déterminés à résister au non-sens, au meurtre de la spiritualité, aux fractures dans l'éducation, au cœur de nos sociétés... Ce témoignage devrait réunir dans la grande famille, pour utiliser vos termes, des êtres de foi et de conscience, croyants et humanistes. Le dialogue est et demeurera difficile à l'intérieur de la famille d'Abraham et avec les humanistes: les vrais dialogues et débats de fond ne sont jamais aisés s'ils sont sincères. Je crois pourtant que nous devrions prendre conscience non pas seulement des divergences qui existent entre nous, autour de la table, mais plus largement des pressions qui sont à l'extérieur de la maison et qui la mettent en péril.

CHAPITRE 6

L'islam en Occident

J͟ACQUES N͟EYRINCK Abordons la situation la plus difficile, celle d'une communauté islamique minoritaire. En France, il y a quatre millions de musulmans, essentiellement maghrébins. En Allemagne vivent trois millions de Turcs. L'interpénétration entre les cultures, la mondialisation, va multiplier ces minorités dans les pays chrétiens. Même si la plupart des chrétiens sont apostats, agnostiques, indifférents, les musulmans vont se trouver confrontés à une difficulté qu'ils n'ont jamais rencontrée : vivre ailleurs que chez eux, ne pas réussir à faire coïncider les demandes de l'islam avec la loi civile, vouloir réellement pratiquer une religion exigeante dans une société irréligieuse. Pourriez-vous évoquer les pays où la situation existe et où des problèmes surgissent ? Prenons le cas de la France pour commencer.

T͟ARIQ R͟AMADAN J'aimerais faire une remarque préliminaire car il m'arrive souvent d'entendre l'analyse que vous proposez et qui, pourtant, ne répond pas à la réalité historique. On affirme que l'actuelle situation des musulmans, en minorité dans un pays, serait quelque chose de nouveau, or cette situation s'est présentée maintes fois dans l'histoire. Que ce soit en Afrique Noire ou en Asie. Des penseurs musulmans ont déjà dû considérer la réalité de leur présence dans une société dans laquelle ils n'étaient pas majoritaires. En Inde, par exemple, la réflexion juridique est allée très loin et de façon constructive. Très près de nous, dans les années quarante et cinquante, les prises de position contradictoires de Mawdudi et de Nadawi sur la question en sont un exemple.

J.N. Si je puis vous interrompre sur ce point précis, la partition de l'ancien Empire britannique entre Pakistan et Inde résulta précisément des difficultés qui surgirent dès le jour de l'indépendance.

T.R. Vous avez raison mais ce que je tenais à mettre en évidence, en préambule, c'est que la réflexion, je dirais presque « l'attitude intellectuelle », qui est le produit d'une situation de « présence minoritaire », n'est absolument pas nouvelle dans l'histoire musulmane. Des savants, avant nous, ont réfléchi à la question et se sont penchés sur des ébauches de réponses.

Une situation neuve au sein des États de droit

T.R. Il reste cependant qu'il y a quelque chose d'original dans notre nouvelle présence en Occident, aux États-Unis comme en Europe. Nous nous inscrivons dans des États de droit et il devient nécessaire de penser non seulement la place que nous pouvons y trouver mais surtout la nature de notre participation active comme membres à part entière de ces sociétés. D'emblée, il faut mettre en évidence que les situations sont bien différentes, ne serait-ce qu'en Europe. La France, qui compte le nombre le plus important de musulmans, pense son « intégration » de façon très différente de l'Angleterre, de la Belgique, de la Suède ou de l'Allemagne. Cette diversité se complexifie par la nature des populations en question. L'histoire et la culture maghrébine, dont sont originaires la majorité des musulmans que l'on trouve en France ou en Belgique, sont bien différentes de celles des Indo-Pakistanais qui habitent en Angleterre, et toutes deux diffèrent des traits culturels turcs que l'on trouve en grand nombre en Allemagne par exemple. On se doit de penser globalement, mais il est nécessaire de différencier les approches.

On aurait par ailleurs tendance à penser que la question est purement d'ordre religieux et/ou culturel. Or il n'en est rien et ici encore il faut se garder des simplifications.

D'emblée, on peut distinguer trois niveaux d'analyse : le premier concerne le processus d'immigration proprement dit qui exige une étude spécifique tenant compte de la nature des populations issues de l'immigration. Il est important de sérier très clairement la spécificité des problèmes liés à cette immigration et à son évolution. Je crois qu'on ne peut pas faire l'économie de ces analyses différenciées pour comprendre la situation, sauf à vouloir continuer à présenter les choses de façon conflictuelle, à savoir avec la certitude qu'il est question d'un choc de religions et de civilisations.

Or c'est beaucoup plus complexe que cela. Il s'agit tout à la fois d'une question sociale et économique, à laquelle viennent bien entendu s'ajouter les problèmes de l'identité religieuse et culturelle.

Le second niveau doit s'intéresser à la façon dont les musulmans eux-mêmes considèrent leur environnement. Une analyse approfondie montrera que leur perception et leur évaluation ont changé au cours des générations. Les premiers migrants se considéraient comme de passage, quelques générations plus tard leurs enfants se sentent Européens, chez eux, membres de la seule société qu'ils connaissent. La mémoire de l'exil ne les habite plus et leur regard change, très naturellement.

Le troisième niveau d'analyse est la conséquence directe du second. Dès lors que le regard sur l'environnement a changé et que l'on ne se sent plus « de passage », alors il devient nécessaire de revisiter les sources scripturaires pour penser les étapes de l'adaptation juridique. Il s'agit de coordonner une triple intégration : *identitaire*, pour rester fidèle à sa conscience dans un nouveau contexte ; *légale*, pour déterminer le type de rapport que l'on doit établir avec la législation d'un pays donné ; *sociale*, pour fixer les possibles d'un engagement citoyen authentique et global. J'entends « social » en son sens large et extensif, incluant la question de la participation politique et économique. En d'autres termes, ce troisième niveau pose clairement l'enjeu fondamental : comment rester fidèle dans l'évolution ou, différemment formulé, comment évoluer dans un nouveau contexte tout en restant fidèle aux prescriptions de sa foi ?

J.N. Reprenons successivement ces trois niveaux.

Trois niveaux d'intégration

J.N. Le premier souligne fort justement que les difficultés d'adaptation des populations maghrébines en France tiennent aux conditions détestables dans lesquelles l'immigration s'est faite. C'est une main-d'œuvre non qualifiée, sous-payée, mal logée dans des ghettos. Elle parle une langue différente et ne comprend pas bien le français. Il y a déjà, même à ce niveau-là, une différence par rapport aux autres immigrations en France. Il y a eu de longue date une immigration italienne. Cette migration s'est complètement fondue, au point qu'on ne sait plus, en France, qu'initialement Yves Montand ou Coluche étaient des Italiens. Les Italiens sont vraiment très proches des Français dits de souche, parce qu'ils parlent une langue latine. Mais on peut observer la même assimilation pour les Polonais, qui ont immigré massivement avant ou après la Seconde Guerre, quand ils ont été chassés par l'armée russe, ou pour les Hongrois qui se sont enfuis en 1956 de leur pays. La France est par définition un pays d'immigration, ouvert à tous les vents. Une règle démographique assez simple énonce qu'un Français sur quatre a un grand-parent au moins qui n'est pas Français.

Autant les autres Européens de tradition chrétienne se sont dissous dans la masse rapidement et certaines familles se sont propulsées dans la hiérarchie politique – Balladur est d'origine arménienne, Poniatowski est d'origine polonaise, Sarkozi est d'origine hongroise – autant la communauté maghrébine semble bloquée dans son travail d'assimilation par sa pratique religieuse. La France est un pays qui a transformé la laïcité en religion et qui est donc extrêmement hostile à toute manifestation extérieure de la religion. C'est seulement en France que l'on a fait des avanies aux jeunes filles qui portaient le foulard islamique. Ailleurs, on ne l'a même pas remarqué. Est-ce que c'est bien le facteur religieux qui fait que l'assimilation se fait plus lentement?

T.R. Il est clair que le facteur religieux rend les choses plus complexes mais avant même de s'engager dans les considérations liées à la religion, considérons objectivement un certain nombre de faits. On gagnera beaucoup en clarté en rappelant des choses finalement très simples. La présence des musulmans, telle que nous la connaissons aujourd'hui, est très récente. Pour la très grande majorité, on peut l'estimer à cinquante, soixante ou quatre-vingts ans tout au plus. Quand il s'agit de considérer l'intégration d'une population à un nouvel environnement, une séquence temporelle d'un demi-siècle est très courte. Vous avez parlé des Italiens ou des Polonais, on pourrait ajouter les Portugais et les Espagnols. Il a fallu des générations à ces populations pour « s'intégrer » et l'on aimerait que cela se fasse du jour au lendemain avec les musulmans pour lesquels le facteur religieux et culturel est forcément un indice de complexité supplémentaire.

Que dire des populations protestantes et juives? Combien de générations a-t-il fallu pour que le « vivre ensemble » soit possible? Ayons de la mémoire et gardons à l'esprit que le phénomène est malgré tout très nouveau. Cela nous permettra d'évaluer à sa juste valeur la révolution qui s'est produite dans les mentalités musulmanes depuis ces quinze dernières années et qui promet une évolution intéressante dans un proche avenir.

Rappelons également un fait important : les populations musulmanes qui sont venues en Europe, pour des raisons essentiellement économiques, étaient démunies, pauvres, peu instruites. Leurs premiers réflexes étaient de se recroqueviller, de se protéger et de vivre un peu en marge d'une société qu'ils ne considéraient pas comme la leur. Un jour, pensaient-ils, ils repartiraient. Il leur a souvent bien fallu vingt ou trente ans pour prendre conscience que leur vie, comme celle de leurs enfants, se dérouleraient en Europe. Prise de conscience difficile, longue, souvent déchirante. Les premiers migrants n'ont pas d'abord cherché à expliquer, à interagir avec leur environnement : ils pensaient à se protéger et leur situation sociale et économique ajoutait au processus de marginalisation déjà si naturelle. Cette première génération de musulmans n'avait ni l'envie ni les moyens de l'explication et du dialogue. Rien ne les y engageait : leur mode de vie était dans la discrétion. Pouvait-il en être autrement ?

Peu à peu, ils ont commencé à construire des mosquées, les familles se sont regroupées et les enfants ont grandi. La discrétion d'hier a naturellement laissé place à une nouvelle visibilité. C'est à ce moment, d'ailleurs, que la question de l'islam est devenue un problème : invisible hier, voilà les musulmans qui demandent des lieux de prière, des cimetières, de la viande *halal* et qui se distinguent par leur tenue vestimentaire. Le premier malentendu commence très exactement à partir de ce moment.

De l'extérieur, on a considéré ces nouvelles demandes des musulmans comme des refus d'intégration, alors qu'il s'agissait, dans leur esprit, exactement du contraire : toutes ces requêtes coïncidaient avec la prise de conscience et l'acceptation, explicite ou implicite, qu'ils devaient s'intégrer à leur nouvel environnement et trouver les moyens d'être bien ici, chez eux. Répondre aux vicissitudes de leur destin voulait dire aménager un espace de mieux-être pour leur identité musulmane, dans leur nouveau contexte européen. Il s'agissait d'une étape et d'un clair engagement vers l'intégration. Il me paraît que nous devons nous rappeler de ces quelques faits.

Il faut aussi dire que, lorsque deux populations se rencontrent, dans la situation que nous décrivons ici, les crispations et les tensions sont normales. Il faut faire face au problème avec maturité et refuser l'angélisme, d'un côté comme de l'autre. Il faut prendre le temps de se connaître, de se parler, de se faire confiance. À vouloir aller trop vite, nous risquons de reculer et, déçus dans nos espoirs irréalistes, nous serions responsables des amertumes et des doutes dont notre engouement initial nous avait d'abord protégés. Il faut avoir les pieds sur terre, tenir compte du temps, des évolutions des populations concernées et des malentendus dont personne parfois n'est totalement responsable. Il faut s'habiller d'une certaine sagesse : elle rappelle les choses simples et évite que nous cherchions des coupables quand, simplement, il s'agit de gérer des problèmes humains, très humains, simplement humains. C'est-à-dire complexes et délicats.

Penchons-nous également sur les acquis et nous verrons qu'ils sont nombreux. Les enfants des deuxième, troisième et quatrième générations ont acquis des niveaux d'études importants, ils entrent en interaction avec leur environnement, ils se sentent chez eux, l'expliquent et le disent. Ces voix sont nouvelles, elles existent et elles promettent un avenir moins sombre si nous choisissons, ensemble, la voie du dialogue serein et responsable. Il y a un acquis qui, à première vue, pourrait être considéré comme un écueil, la réalité d'un échec : c'est l'expression du malaise lui-même. De plus en plus de jeunes et de moins jeunes expriment en France, en Allemagne, en Angleterre et ailleurs en Europe leur mal-être. D'une façon ou d'une autre, ils disent leur souffrance et leur isolement. On avait peu vu les parents, on voit trop les enfants et on les juge. Vite, trop vite. Mais je crois que « dire le malaise », c'est la première étape, nécessaire, pour penser ensemble à la solution de ce mal-être.

Les chiffres parlent d'eux-mêmes : les 60 % de la population carcérale de Bruxelles sont issus de la population maghrébine, on avance le chiffre de 25 % pour l'ensemble du territoire français et nous sommes à près de 30 % en Angleterre. On ne peut rester aveugle à ces réalités. Il ne s'agit pas d'islam proprement dit, le problème est plus complexe parce que s'y mêlent la fracture sociale, le chômage endémique, l'exclusion et le facteur religieux et culturel. Le discours ambiant en Europe, sur l'islam et les musulmans, ne fait qu'ajouter au sentiment de rejet et de marginalité : « pauvre, au chômage, exclu et musulman » est perçu comme une addition, un cumul de défauts. Il faut circonscrire et distinguer chacun d'eux, cela va de soi, mais on se doit de penser aussi à une approche globale. Vouloir régler le social en niant le religieux ou le culturel, vouloir faire évoluer les mentalités sans s'occuper des auto représentations blessées, s'acharner à vouloir intégrer le vêtement en désintégrant les cœurs est un non-sens. Aborder les problèmes séparément, prendre conscience qu'il ne s'agit pas d'un problème exclusivement religieux et culturel, penser des stratégies différenciées de réformes est impératif, mais cela ne sera possible que lorsque l'on aura appréhendé plus globalement cette question avec l'idée de prôner une société qui enrichit son pluralisme politique, déjà acquis, d'un véritable pluralisme religieux et culturel. Somme toute, il s'agit de penser un projet de société.

Le manque de représentation

J.N. On y viendra. Puisqu'on a parlé de visibilité, il faut noter une singularité de la communauté musulmane en France. Elle ne possède pas une représentation au niveau national. Non pas que le gouvernement français refuse la reconnaissance, mais il a de la peine à se trouver des interlocuteurs. C'est une situation très différente de celle de l'Église catholique, qui est complètement liée à une structure très hiérarchisée où existe une Conférence des évêques. L'État français peut tout naturellement se tourner vers le président de cette conférence lorsque surgissent des conflits entre l'Église catholique et les pouvoirs publics sur des sujets comme l'avortement, l'accueil des immigrés irréguliers ou le PACS.

De même les Églises réformées de France ont réussi à se regrouper et à représenter une unité à l'égard du monde extérieur. Il en est de même pour le grand rabbin qui représente valablement tout le judaïsme.

Mais que se passe-t-il pour l'islam? Les médias prennent généralement comme interlocuteur en France le recteur de la mosquée de Paris. Mais il y a toujours un flottement : cet imam particulier représente-t-il bien tous les musulmans français ou du moins leur majorité? D'où provient cette incapacité des musulmans à se présenter unis face au pouvoir, alors que cela représente une importance certaine? Ce sont des luttes internes? C'est le refus de vouloir s'organiser? C'est ce que nous avons découvert dans nos exposés antérieurs : l'islam n'est pas une religion avec une hiérarchie centralisée. C'est une religion extrêmement décentralisée. Mais même comme cela, elle pourrait peut-être mieux s'organiser au sein de la France laïque et républicaine pour mieux s'affirmer et se défendre? On ne peut pas faire fi impunément du jeu des institutions et de la concertation entre notables. Aucune religion ne peut l'interdire à ses représentants sans choisir une forme de suicide.

T.R. Le problème de la représentation est un problème central effective-ment et, partout en Europe, on semble se poser la question : les musulmans peuvent-ils s'organiser? Tant il apparaît que, partout, c'est la division et la foire d'empoigne. Il faut donc poser les questions dans leur ordre et chercher des réponses qui soient circonstanciées.

La question de la représentativité préoccupe aujourd'hui les pouvoirs qui veulent avoir des interlocuteurs crédibles; de même que certains musul-mans qui cultivent «l'attirance des sommets» et l'envie de représenter les musulmans de leurs pays respectifs. Or, à mon sens, toutes ces discussions, ces débats et ces palabres quant à la représentativité des musulmans sont malsains et dévoilent des intentions peu claires d'un côté comme de l'autre. En ce qui me concerne, la question de la représentativité est *très importante mais elle n'est pas prioritaire*. Les musulmans sont là depuis quelques décen-nies et ce n'est que très récemment qu'une partie d'entre eux a pris cons-cience de ce qu'est l'organisation de l'islam en Europe, avec ses modalités, ses étapes, ses objectifs. Et on aimerait que, déjà, ils soient organisés et que leurs représentants soient désignés. C'est illusoire.

Or de deux choses l'une: soit l'on pense que le représentant doit être désigné par les musulmans eux-mêmes et alors il faut se donner le temps de la prise de conscience à la base, de la participation locale jusqu'à l'orga-nisation au sommet (le principe islamique est clair, comme l'est le principe démocratique: *celui qui se place devant est choisi par ceux qui se placent der-rière*). Soit, pour des raisons politiques peu avouables, on est pressé de régler le problème et alors l'alternative se résume à un jeu entre le pouvoir qui veut décider de ses propres interlocuteurs et certains acteurs musulmans qui se proclament représentatifs. Ces deux dernières solutions sont bien sûr les plus mauvaises; d'abord, parce qu'aucun pouvoir n'a à s'immiscer dans les affaires des musulmans ni à décider qui est «bien» et qui ne l'est pas; ensuite parce que les représentants autoproclamés, et les notables de l'islam, n'ont clairement aucune légitimité et sont souvent liés à des pouvoirs étrangers et cela n'est pas acceptable non plus. Sur ce point, les principes doivent aussi très clairs : l'islam en Europe, c'est la réalité d'une double indépendance sur laquelle il ne faut pas transiger : *indépendance politique et financière*. C'est le refus explicite et définitif de toute ingérence des pouvoirs étrangers dans la gestion de l'islam d'Europe, du Maroc, comme de l'Algérie, de la Turquie, de la Tunisie, de l'Arabie saoudite, de l'Iran ou autres. L'argent qui sert à acheter des silences et des compromissions, nous devons le refuser. Les musulmans d'Europe doivent aller vers cette totale autonomie qui, par extension, est également une exigence d'indépendance claire par rapport aux États européens eux-mêmes.

Il ne m'intéresse pas beaucoup de savoir aujourd'hui quel musulman doit serrer la main du conseiller d'État, du Premier ministre ou du président de la République de tel ou tel pays. On semble obnubilé par cette question en France : qui donc sera reçu par le président lors de la cérémonie des vœux ? Personnellement je ne m'en préoccupe pas et, à vrai dire, la question de la représentativité est bien plus importante que ces questions protocolaires.

Priorité à la représentation locale

T.R. Il m'apparaît aujourd'hui qu'il faut distinguer différents niveaux de représentativité et, avant d'être obsédé par le sommet, de se préoccuper du local et du régional, car enfin c'est souvent à ce niveau que de nombreuses questions de gestion peuvent déjà se régler. Je ne vois qu'une seule démarche vraiment raisonnable et honnête sur le plan de la légitimité : créer, au niveau des villes, des plates-formes comprenant des représentants de diverses mosquées et/ou associations islamiques actives sur le terrain local et traiter des questions relatives à l'islam dans un conseil pluriel et ouvert. Il ne faut pas que la représentation ou le « pouvoir » soient l'enjeu de ces plates-formes ou de ces conseils. Dans un premier temps, il faut ensemble chercher à régler des problèmes très concrets : lieu de culte, aumônerie, viandes, cimetières et autres.

Tout cela peut déjà se faire au niveau des villes et des régions, il n'est point besoin de représentativité nationale pour régler tous les problèmes de l'islam et la majorité des questions les plus urgentes peuvent se régler à la base. Il faut donc que les acteurs politiques locaux prennent leurs responsabilités et dialoguent avec les associations actives sur leur terrain avec un souci de les associer à une réflexion, non au choix des représentants. Ce sont des problèmes concrets qui doivent les réunir autour de la table et non le pouvoir et l'intérêt financier. Sur le plan local, les musulmans doivent également prendre leurs responsabilités en admettant qu'ils sont rarement les seuls représentants sur le terrain et en se préoccupant surtout de régler des situations spécifiques et non de chercher à atteindre le sommet. Nous devons passer par cette expérience de la participation et du débat au niveau local; c'est une école du pluralisme et de la saine gestion qui respecte le principe fondamental du choix de la base. La vraie légitimité repose sur trois principes: *présence sur le terrain, compétence, reconnaissance par la communauté.* À plus ou moins longue échéance, des tendances se dessineront dont il faudra tenir compte, mais laissons le temps aux esprits de se former, de penser l'espace local et de s'organiser dans le respect du pluralisme.

On ne veut plus de ces guerres entre notables par États interposés avec, de surcroît, le pouvoir local, français, allemand ou belge, intervenant dans les processus de choix et cela en contradiction flagrante avec les principes de la constitution des États laïcs. On dit une chose et on en fait une autre pour préserver des intérêts politiques. Il faut savoir ce que l'on veut: une représentation des musulmans choisie par les musulmans du pays en question ou une mise en scène derrière les coulisses de laquelle se cachent les pouvoirs et certains de leurs alliés algériens, turcs, marocains ou saoudiens. Encore une fois, je m'oppose à ces bricolages politiciens et je ne peux concevoir qu'une représentation indépendante politiquement et financièrement et qui soit respectueuse de l'avis, forcément pluriel, de la base. Je demande donc à ce que nous nous donnions du temps; on n'organise pas un processus d'élection, fondé sur un authentique pluralisme, en «deux temps, trois mouvements». À moins de le mettre en scène. Prenons notre temps et responsabilisons d'abord les musulmans au niveau local. Nous verrons plus tard pour le protocole.

Il y a eu récemment des élections qui étaient une première en Belgique. Elles furent organisées à la hâte mais une majorité de musulmans se sont inscrits sur les listes. Finalement près de 50 % ont, semble-t-il, effectivement participé au vote. Le gouvernement s'est donné toutes les garanties afin de préserver un droit de regard sur les résultats. On peut concevoir que ce type de procédure soit une première étape qui part de la base (même si le pouvoir s'est beaucoup immiscé dans le déroulement des élections). La suspicion est grande et l'on a finalement affirmé que les « intégristes » s'étaient infiltrés et avaient dangereusement remporté le scrutin. Par ailleurs, on sait que le pouvoir belge devait grandement compter avec la sensibilité du pouvoir marocain et dans une moindre mesure avec Tunis et Alger. Qu'est-ce donc que cette gestion ? Qui décide de quoi ? Et à partir d'où ? Il suffit que quelques politiciens agitent le spectre de l'« islamisme rampant » pour que tous les musulmans d'un pays soient soumis à la suspicion quant à leur choix et à leur sincérité. Je ne crois pas que l'on arrive à rien de bon dans la précipitation. Nous devons observer l'évolution de la Belgique. Gardons espoir mais, de toutes les façons, ce modèle n'est pas « exportable » parce que la Belgique est un petit pays.

Pour conclure, je pense donc que nous devons commencer à la base et réfléchir sur le long terme. En toutes circonstances, il faut réinstaurer la culture du dialogue intra-communautaire parmi les musulmans. Le plan local est le meilleur espace. Si, cependant, on faisait le constat sur le plan national que des décisions nécessitent une représentation, ne serait-ce que temporaire ou circonstanciée, je ne vois également pas d'autres voies que celle de créer une plate-forme réunissant plusieurs associations ayant une envergure nationale pour régler les problèmes ponctuellement. Demain, les musulmans, même s'ils ne seront jamais totalement unifiés, réussiront, je pense, à faire un choix fondé en légitimité. Si, par ailleurs, on respecte les principes de la laïcité, à savoir de ne pas s'immiscer dans leurs affaires et de ne pas sans cesse chercher à les diviser… pour mieux régner. Les principes sont clairs pourtant : choix de la base, indépendance politique et financière, pluralisme respecté et compétence des représentants. Il faut du temps.

Le respect de la communauté

J.N. Demander une représentation des musulmans, c'est donc mettre la charrue devant les bœufs. Alors même que la communauté est dans un état de mutation et, petit à petit, est en train de s'adapter au pays, on ne peut pas supposer que ce travail soit déjà fait et qu'il existe déjà des représentants naturels. Il faut d'abord concevoir l'insertion, une insertion sympathique et acceptable des musulmans dans le pays. Ce travail-là est en train de s'opérer maintenant.

T.R. De façon extraordinaire. Partout, dans tous les pays européens que j'ai pu visiter, la prise de conscience avance et les choses évoluent. En France, en Belgique ou en Angleterre, les cadres associatifs insistent sur la participation des musulmans à tous les niveaux : gestions associatives, projets de solidarité mais également dans le sens de la participation citoyenne. En Angleterre, une brochure sur le vote, sur ses enjeux, sur l'importance de l'engagement a été élaborée ; en France et en Belgique, on ne cesse d'en parler et de s'y préparer. Toutes ces initiatives sont propres à forger une identité musulmane mature, adaptée au contexte et plurielle.

Les interventions des pouvoirs provoquent plus de divisions que de réels progrès quant à la question de la représentativité. À se demander s'il n'y a pas là derrière une stratégie politique consistant à mettre en avant une question sensible propre à perpétuer la division. Et les musulmans de tomber dans le piège. Il faut savoir ce que l'on veut, le pouvoir ou l'harmonie. Cette dernière demande des réalisations par étapes ; elle exige surtout que nous respections un certain nombre de principes. Au premier rang desquels se trouve le respect de la communauté. Ceux qui veulent parler au nom des musulmans en se fondant sur des principes élitistes et soi-disant savants, ont le défaut d'être coupés de la base. Que valent leurs paroles même si toutes les télévisions du monde leur ouvrent leurs plateaux ? Ceux derrière lesquels se cachent des gouvernements sont bien mal cachés et cachent bien mal le scénario de la mise en scène. On assiste parfois à des débats et à des gestions bien pitoyables. Je ne tiens en tout cas pas à me mêler de cela. Je ne sais qu'une chose aujourd'hui : personne n'a le monopole de la représentation légitime et il vaut mieux former, éduquer, engager à la participation à la base et localement que se déchirer pour une chaise au sommet.

Les dynamiques associatives actuelles que j'ai pu voir dans un certain nombre de pays européens sont très intéressantes, nous sommes sur la bonne voie. Vous savez, je crois qu'à terme, le processus de représentativité accompagnera la dynamique de la citoyenneté ; et ce n'est pas plus mal. De plus en plus les musulmans accèdent à cette conscience de leur responsabilité participative. Le cas récent de la Belgique, dont nous avons parlé, est une première étape qui manifeste la réalité du nombre et de la masse : une grande partie des musulmans se sont sentis concernés. Les aménagements que l'on a pensés là-bas sont un premier pas.

Demain, il faut avoir pour objectif de réaliser la trilogie : *une présence, une indépendance, une citoyenneté*. Même si la liberté qu'un tel projet nous donne peut paraître gênante, voire dangereuse, tant pour les pouvoirs étrangers que pour les gouvernements européens qui veulent avoir la maîtrise des dynamiques de base (alors même que leur Constitution ne leur en donne souvent pas le droit) eh bien, malgré tous ces écueils, je ne vois pas d'autres voies transparentes et légitimes. L'objectif est clair, les moyens pour y parvenir sont non moins explicites et la résistance, aux raisons d'États et aux tentatives de soudoiements qui ne manquent pas se présenter, doit rester ferme et déterminée.

J.N. Il devrait être très clair pour les musulmans désunis que les autres confessions ont toujours eu, grâce à leur représentation, des influences sur la politique et qu'elles ont été influencées par la politique. En France, les catholiques, s'ils sont intégristes, vont aller jusqu'à voter Le Pen. Inversement, le parti communiste ou, jadis, le parti socialiste sont des partis où les chrétiens ne se sentent pas très à leur aise. En tout cas, les catholiques moins que les protestants. On ne peut pas faire abstraction de ce lien consubstantiel entre religion et politique. C'est absolument inévitable.

Même aux États-Unis, bien qu'il y ait une séparation stricte entre l'État et les Églises inscrite dans les articles de la Constitution, les démocrates spéculent sur le vote juif, qui est extrêmement important. Israël n'existerait tout simplement pas si ce vote ne pesait pas d'un tel poids. Donc, cette collusion entre les pouvoirs politiques et religieux dépasse forcément l'anecdote locale, l'art subreptice de payer le clergé et de réparer les toits des lieux de culte. C'est une contrainte dont il faut tenir compte. Et c'est bien le sujet que nous traitons. Passons au second niveau de lecture par les musulmans de leur situation.

L'espace de la guerre n'existe plus

T.R. On a pendant longtemps fait référence, dans les écrits musulmans, aux textes classiques qui découpaient le monde en *dar al-islam*, la « demeure ou l'espace de l'islam », dans lequel les musulmans étaient majoritaires, dont ils possédaient le sol et sur lequel ils légiféraient. À l'extérieur, il y avait *dar al-harb*, littéralement la « demeure ou l'espace de la guerre », qui était potentiellement l'espace de l'ennemi où le musulman n'était pas en sécurité. À cette vision binaire, s'ajoutait un troisième concept qui, au demeurant, ne remettait pas en cause la bipolarité de la description du monde : il s'agit de *dar al-sulh* qui est l'«espace de paix», à l'extérieur, qui prend cette dénomination car un pacte a été signé avec un État et qui empêche la guerre. Cette lecture date des Xe et XIe siècles. Elle est l'exacte lecture de la situation géostratégique de l'époque en matière de conflit et de sécurité intérieure. De fait, une séparation de cette nature était compréhensible et légitime.

Aujourd'hui les choses ont changé, la notion de *dar al-harb* est caduque et ne reflète pas du tout une situation d'insécurité pour les musulmans. J'explique, dans mon livre *Être un musulman européen*, que nous sommes souvent plus en sécurité en Occident que dans les pays majoritairement musulmans. Par ailleurs, l'analyse juridique pointue des autres critères montre que, pour beaucoup, ils ne sont plus opérationnels. Cette vision binaire, qui récemment cautionnait des rejets, est donc en train de changer et les musulmans acquièrent peu à peu la conscience qu'il est légitime, islamiquement parlant, d'être partie prenante de leur société européenne. Il s'agit d'une première révolution des mentalités qui se fonde sur la lecture juridique puis sur l'appréciation psychologique. Ce n'est pas rien d'avoir dépassé l'ancien clivage !

J.N. On peut dire que la chrétienté était dans le même état. Charles Martel, Jean Sobieski, Don Juan d'Autriche essayaient aussi de défendre les frontières du monde chrétien à Poitiers, Vienne et Lépante. Donc je dirais volontiers, pour résumer et simplifier, que les deux entités culturelles majeures ont fonctionné de la même façon.

T.R. Oui, mais Dieu merci les choses ont changé. Il faut dire au passage que les concepts dont je viens de parler ne sont ni coraniques ni issus de la tradition prophétique. Dans l'analyse du monde plus que partout ailleurs l'ijtihâd dont nous avons déjà parlé est nécessaire et nous avons à nous y engager. Beaucoup de musulmans se demandaient, il n'y a pas si longtemps encore, s'ils pouvaient demeurer en Europe : aujourd'hui les choses sont plus claires et l'élaboration juridique s'est adaptée au nouvel état de fait qui concerne désormais des millions de musulmans en Occident.

Certains savants ont pensé à de nouveaux concepts comme au *dar adda'wa*, l'« espace de la prédication », pour parler de l'Occident. Pour ma part, j'ai proposé la notion de *dar ash-shahada*, qui veut dire la « demeure ou l'espace du témoignage ». La notion est centrale en islam et elle réfère clairement à un acte fondamental de la présence musulmane : *être témoin devant les gens, a fortiori* à l'époque de la mondialisation. Ce qui est important, c'est de remarquer l'évolution dans la recherche et dans les mentalités.

L'autre dimension qui est également plus claire, sauf pour certains groupuscules radicaux, c'est le fait de respecter le cadre légal du pays où nous nous trouvons. Le musulman considère qu'il a un contrat moral tacite avec la société dans laquelle il vit et il ne saurait être question de le trahir ou de louvoyer. À l'analyse, on s'aperçoit, que la majorité des situations problématiques peuvent se régler sans heurts. Pour les cas très spécifiques dans lesquels le musulman est dans l'obligation de se soumettre à une prescription qui ne correspond pas à son credo, on devra étudier, au cas par cas, les modalités d'une adaptation de type juridique. La flexibilité du droit musulman en matière de nécessité ou de situation d'exception est importante et l'on se doit d'user de ces instruments.

Avec tout cela, la compréhension de notre situation a beaucoup évolué : on commence à sentir que l'on peut se considérer « chez soi ». La sécurité est préservée, le droit est premier et personne ne nous empêche de vivre, de pratiquer et de témoigner de notre foi. Comme tout citoyen ou résident, on respecte la Constitution et le cadre légal. Quant aux cas de figure sur lesquels on trouverait une opposition entre le cadre législatif et sa conscience, eh bien, il faudra mesurer le niveau de priorité. Si vraiment il y a incompatibilité, parce que cela s'oppose à notre conscience, alors, à l'extrême, il y a, comme d'ailleurs pour chaque citoyen, un droit qui réfère à « la clause de conscience » et qui permet à chacun de stipuler : *en conscience, je ne peux pas faire cela*. On s'aperçoit, à l'analyse et à l'expérience, qu'un cas de ce type, par rapport aux constitutions européennes, est quasiment inexistant, en tout cas pour ce qui concerne la vie quotidienne.

Le conflit entre polygamie et droit européen

J.N. Prenons un exemple très précis pour que ce soit concret. Venant de certains pays où la polygamie est légale et où elle est acceptée par le Coran, vivant effectivement en situation de polygamie – cela peut être le cas de Maliens ou de Soudanais – ils rencontrent des problèmes inextricables au moment où ils se mettent à vivre sous l'empire du droit civil français. Et je ne parle pas seulement du droit : on peut toujours déclarer une des épouses comme étant l'épouse légitime, l'autre devenant une concubine. Mais cela pose des problèmes de succession qui surgissent régulièrement, qui deviennent inextricables, qui sont sources d'injustices graves, puisqu'une ou plusieurs des femmes n'hériteront de rien du tout.

S'il est conscient du sérieux de la situation, un musulman, qui est polygame de bonne foi, parce que c'est la tradition culturelle de son pays, doit-il refuser de s'installer en France ? Faut-il qu'il comprenne que sa foi entre en conflit pratique avec le droit de son pays d'adoption et que le conflit est irréductible au point d'exclure tout compromis acceptable pour les deux parties ?

T.R. S'il est déjà engagé, comme dans votre exemple, dans une vie polygame, il doit soit faire le choix de ne pas s'installer en France, soit clarifier sa situation pour être en règle avec le droit du pays où il réside. Cela étant, il faut dire que certains savants ont relevé que, si un homme a une femme reconnue devant la loi du pays et qu'il protège comme il se doit son autre épouse (au niveau du contrat islamique et même si celle-ci est considérée comme une concubine par le droit du pays européen), la situation est concevable puisqu'il s'agit d'une adaptation pragmatique qui n'est pas une réelle trahison de la loi. On a évoqué ces situations dans le cas de certains diplomates musulmans provenant de pays très fortunés. Ce sont souvent des avocats de pays européens qui les ont conseillés et orientés vers ce type d'adaptation. Des savants musulmans ont élaboré leur avis sur la latitude que donnait ce type de gestion pragmatique.

Pour ma part, je suis un peu gêné par ces situations et je pense que l'on doit s'atteler à trouver des solutions qui, dans le respect du droit, ne lèsent personne et en tout cas pas, quand la polygamie est déjà effective, l'une ou l'autre des épouses. C'est dans des cas de ce type que, pour les musulmans, il faut aussi penser à la formulation de *fatwa* qui sont en fait des dispositions juridiques circonstanciées. La *fatwa*, l'élaboration d'un avis juridique pour des cas très spécifiques, est l'instrument sur lequel va reposer le dynamisme de l'adaptation des musulmans en Europe. Mais cela doit se faire avec compétence et circonspection. Il faut noter cependant que, pour l'exemple que vous mentionnez, il s'agit de cas exceptionnels ; d'autres domaines doivent nous intéresser d'abord afin de trouver des solutions adéquates qui concernent une majorité de musulmans.

J.N. On ne peut pas vraiment tourner la loi en matière de succession. Là, c'est extrêmement clair. Sanf si un héritier ou une héritière accepte de faire un cadeau à quelqu'un d'autre de la famille. Et encore ! Les dons manuels pour être légaux doivent être enregistrés et entraînent le prélèvement d'impôts.

T.R. La situation dont vous parlez est intéressante parce qu'elle est révélatrice de ce que les musulmans peuvent et doivent entreprendre pour l'avenir de leur établissement en Europe. Le droit dans les différents pays européens n'est pas unique ni fermé, il offre une marge d'interprétation ou d'application. De plus, il existe des dispositions reconnues par la loi auxquelles les musulmans peuvent recourir pour gérer leurs situations respectives au plus près de leur conscience. La gestion de l'héritage selon le droit des pays européens permet de penser, relativement, les modalités de la distribution ou du simple don. Pour un musulman, cela implique de faire un travail d'approximation et d'adaptation dans les limites de ce que la loi lui permet jusqu'à arriver au plus près des enseignements de sa foi.

Souvent on s'aperçoit qu'il n'existait qu'une contradiction apparente et que le travail d'adaptabilité à partir des latitudes offertes par la loi – en matière d'interprétation, d'application possible ou de stricte jurisprudence – offre des issues intéressantes. À l'avenir, ce sera aux juristes musulmans de penser les modalités de ces adaptations particulières en travaillant par étapes et sur les différents domaines du droit : du contrat de mariage, à l'héritage jusqu'au domaine de la finance et du commerce. Nous en sommes aux balbutiements. On commence seulement à réfléchir à des contrats, de mariage par exemple, qui répondraient aux normes islamiques tout en respectant les lois du pays de résidence : on travaille la formulation, les termes de l'engagement, les clauses et les conditions. C'est une entreprise d'envergure qui révèle des moyens très prometteurs de penser une « intégration par le juridique » ; cela ne saurait manquer de se réaliser comme on a pu le voir dans d'autres continents comme en Asie par exemple.

Notre nouvelle situation a provoqué une sorte d'enthousiasme sur le plan de la lecture juridique, mais elle nécessite une bonne connaissance de la loi des pays respectifs et cela n'est pas acquis, loin de là. Il nous faut devenir des musulmans, citoyens d'un État au plein sens du terme. Nous deviendrons alors des citoyens comme tous les autres, c'est-à-dire des Français, des Belges, des Suisses musulmans. La question de savoir si nous sommes d'abord Français, Anglais ou musulmans n'a pas de sens : si l'on parle de citoyenneté, nous sommes Français ou Suisses ou Belges musulmans et, si nous abordons la question philosophique, nous sommes alors musulmans belges, ou suisses ou français comme quelqu'un serait humaniste belge ou français, etc. Sur le plan de l'identité, nous sommes des Européens de confession musulmane et je ne pense pas qu'il faille s'exciter davantage sur cette question.

Synthétiquement, posons quatre principes :

1   Il est possible de vivre en Europe ;
2   On se doit de respecter la constitution du pays où l'on vit ;
3   On doit se considérer et vivre comme un citoyen participatif si l'on a la nationalité du pays ;
4   L'adaptation par l'élaboration juridique (la *fatwa*) sera l'instrument d'une meilleure intégration clairement fondée « en droit ».

Il s'agit de promouvoir « une intégration de droit », une « intégration légale ». Bref, établir la légalité de la présence après que les faits nous en ont imposé le constat. C'est ainsi que le droit islamique a toujours fonctionné, en son essence il est exigeant et flexible. En fait, je dirai qu'il a l'exigence de sa flexibilité et c'est pourquoi le juriste se doit de n'être jamais en repos d'initiative ou de créativité.

J.N. Je voudrais souligner ce grand principe que vous venez d'énoncer ici. Si une communauté musulmane est minoritaire dans un pays qui est un État de droit, un État tolérant – pas un État qui persécute la foi – ce qui est le cas de la plupart des pays de l'Europe occidentale, le musulman doit honnêtement accepter le droit tel qu'il existe. Il peut et doit utiliser les marges qui existent à l'intérieur de ce droit, pour se rapprocher autant que possible des conceptions de l'islam.

T.R. Exactement.

J.N. Mais sans violer le droit local! Cette prise de position est très importante. C'est un message que les Occidentaux perçoivent très mal.

L'hostilité à l'égard des musulmans provient toujours de l'idée qu'une fois qu'ils seront suffisamment nombreux, ils ne vont plus obéir au droit commun et l'on va se retrouver avec deux communautés, vivant l'une à côté de l'autre, avec leurs propres droits, avec leurs propres tribunaux. Et la situation va devenir inextricable d'abord et puis conflictuelle comme en Israël ou au Liban.

Les conflits de conscience

J.N. Je voudrais aborder maintenant des situations limites. Même si un musulman sincère peut vivre selon le droit de la famille français, qui procède d'une inspiration honnête, qui protège la veuve et l'orphelin, ce même citoyen français de religion musulmane peut se trouver, en cas de guerre, incorporé comme soldat et être expédié sans qu'on lui demande son avis au Moyen-Orient. Cela s'est déjà produit à l'égard de l'Irak, par exemple. Et il se trouve placé là dans une situation paradoxale, parce qu'il devient le mercenaire contraint de la chrétienté face à ses frères musulmans. Cela rappelle la situation des harkis en Algérie durant la guerre d'indépendance de ce pays. Que doit-il faire dans ce cas-là?

T. R Il faut distinguer les situations.

Le principe premier est celui de la justice. Si, en effet, un conflit s'engage et que le musulman, qui est dans le parti adverse, défend une cause injuste, alors la participation à cette guerre peut être légitimée. Le Coran parle du cas de figure où deux partis musulmans s'opposent: il faut alors prendre le parti de la justice et l'équité. Le Prophète avait dit: «*Aide ton frère (musulman), qu'il soit juste ou injuste*». Ses compagnons s'en étaient étonnés: «D'accord pour l'aider s'il est juste, mais comment faire pour l'aider dans son injustice ? » Et le Prophète de répondre : « *Fais-lui cesser son injustice !* » Le propos est explicite.

Si, par contre, il s'agit d'une guerre menée à des fins coloniales par exemple, ou pour exproprier des terres ou pour tout autre motif, alors il est impossible au musulman de s'y engager. Il devra ici faire jouer la clause de conscience, l'objection de conscience. Notez que les choses doivent être claires : il ne s'agit pas d'avancer l'objection de conscience uniquement quand on estime que la guerre qui nous oppose à des musulmans est injuste. L'objection de conscience doit concerner tout engagement dans une guerre injuste, quel que soit l'adversaire. Il n'y a pas de traitement sélectif en la matière. La position de Cassius Clay, Muhammad Ali, qui refusa de se battre au Viêt Nam, était la seule possible d'un point de vue islamique : l'entreprise était injuste et illégitime ; un musulman ne pouvait en aucun cas la cautionner. Ce que beaucoup de chrétiens ont également refusé de faire. Encore une fois, on s'aperçoit que l'analyse doit se faire au cas par cas. Nous pouvons édicter ici le principe général, mais il est nécessaire, ensuite, de considérer chaque situation pour ce qu'elle est. L'objection de conscience est parfois nécessaire et elle n'est pas seulement le fait des musulmans. Beaucoup d'humanistes et de chrétiens y ont recours.

J.N. À commencer par l'actuel président des États-Unis : Bill Clinton n'a pas fait la guerre du Viêt Nam. Il n'a pas été vraiment un objecteur déclaré, il a été plus astucieux. Comme il appartenait à un milieu riche et cultivé, il s'est arrangé pour aller faire ses études en Angleterre.

T.R. Peut-être... Mais je pense ici à nombre d'hommes qui ont eu la dignité de dire, « je ne peux pas ». C'est la clause de conscience qui existe dans le droit européen et à laquelle les musulmans pourront, comme n'importe quel citoyen, recourir. Il ne s'agit pas de refuser de faire face à un coreligionnaire, il s'agit de refuser de cautionner l'injustice envers n'importe quel être humain sur la surface de la terre.

J.N. Autant nous avons découvert de nouveaux principes qui pourraient fonder une cohabitation harmonieuse entre musulmans et chrétiens (même apostats), autant la pratique est extrêmement difficile. Il faut proclamer ces principes, en particulier pour désarmer l'hostilité dont les musulmans sont victimes en France. Sans doute parce que c'est une communauté importante qui paraît menaçante en certains endroits. Mais la pratique de tous les jours est bien différente.

La peur de la criminalité et du terrorisme

J.N. Vous avez évoqué tout à l'heure les quelque 60 % de détenus dans les prisons bruxelloises qui sont musulmans, alors que la communauté musulmane doit représenter 10 % de la population. Cela témoigne pour le moins d'un malaise. Est-ce que ce malaise est seulement social ? On comprend qu'une population pauvre, non instruite, fournisse forcément davantage de délinquants. C'est aussi le cas aux États-Unis bien que les Africains, les Noirs, soient citoyens depuis fort longtemps.

Mais, est-ce seulement cela ? Dans l'imaginaire des Européens dits de souche, les musulmans qui se conduisent mal, qui sont délinquants, ne sont pas des délinquants ordinaires, ce sont des délinquants qui cherchent dans leur foi des excuses et qui mènent une espèce de « guérilla sacrée » à l'égard des autochtones.

Ce soupçon a évidemment été renforcé par ce qui s'est passé à Paris, voici trois ans, lorsque la capitale de la France s'est soudain sentie menacée par des terroristes, qui étaient vraiment des terroristes musulmans. Des soldats en tenue de combat patrouillaient autour des points sensibles, toutes les poubelles avaient été supprimées, on fouillait les sacs à l'entrée des lieux publics : tout cela créait une atmosphère d'état de siège. La France n'avait pas de conflit interne entre ses propres citoyens, elle était victime d'un petit groupe de terroristes. Il s'inscrivait dans un conflit tout différent, celui d'un pays qui n'est pas la France, qui est l'Algérie, mais qui prend la France en otage. Cette situation a été très mal ressentie par la population, puisque les attentats ont entraîné des morts comme nous l'avons rappelé dès l'introduction de ce livre. Ce type d'action cause un tort considérable à toute la communauté musulmane. Comment ce genre de situation peut-il se produire ? D'autres communautés religieuses, je pense aux juifs, par exemple, ne se sont jamais livrées à ce genre de terrorisme en France alors qu'il y avait de bonnes raisons de recourir à la violence...

T.R. Vous avez posé les termes du débat de façon assez claire. Essayons de distinguer les domaines. Ce que nous venons de voir, au cours de notre entretien, c'est que la question du droit, de l'intégration légale, n'est pas le cœur du problème. Les Constitutions européennes permettent en l'état, et pour l'essentiel, de réaliser une coexistence positive et, pour les musulmans, participatives. Les points de friction sont minimes et souvent marginaux. Le problème n'est donc pas là.

Quel est donc le problème ? En ayant traversé l'Europe, discuté avec nombre d'intellectuels anglo-saxons ou francophones, travaillé sur le terrain social et éducatif, j'en arrive à la conclusion qu'il s'agit, prioritairement, d'une question d'image, de représentation. L'idée que l'on se fait en Europe de l'islam, de la musulmane, du musulman, et par extension de l'Arabe ou de l'étranger, suffit à niveler toutes les analyses sur les causes des processus de marginalisation et d'exclusion pour n'en retenir qu'une seule : cet islam venu d'ailleurs.

Cette représentation viciée se nourrit de tous les aliments à sa disposition : la délinquance dans les banlieues et les cités, les voitures brûlées, les prénoms étrangers, la différence de faciès, le foulard de la voisine, les derniers égorgés d'Algérie, la « prière télévisuelle » de Saddam Hussein, les bombes aveugles, les talibans, les femmes invisibles et recluses d'Afghanistan… Et l'on finit par tout mélanger. L'islam étant perçu comme le dénominateur commun, il devient la cause de tout.

Il faut absolument lutter contre ces simplifications. Nous sommes à une époque où la caricature peut servir les projets les plus fous et causer la mort de milliers d'êtres humains. Nous l'avons vu durant la guerre du Golfe. La mise en scène a payé, et le peuple irakien continue, lui, de payer. La seule démarche qui me paraisse raisonnable est celle qui consiste à distinguer les problèmes et à sérier les causes.

La fracture sociale exige une approche circonstanciée : qu'on soit musulman, juif, chrétien, bouddhiste ou Français, Haïtien, ou encore Polonais, il existe des conditions objectives qui expliquent l'exclusion, la violence sociale et les processus de marginalisation. Quand on sait comment on a (mal) pensé la gestion de l'espace urbain pour les premiers migrants, comment on les a « parqués » dans des cités dortoirs, comment se sont ajoutés à ce malaise le chômage, la discrimination à l'emploi et le sentiment du rejet ; quand on sait tout cela, on comprend l'origine du malaise. On a créé une bombe à retardement. En Angleterre, on a créé des ghettos ethniques, en France, l'autre modèle, on a développé des ghettos économiques. Dans les deux cas, une erreur.

Dans l'esprit des gens, des Français ou des Européens de souche, comme on dit sans savoir de quoi il retourne vraiment, la violence, à proximité, semble être une réplique de la violence télévisée. Ce sont les mêmes « acteurs ». La scène internationale exerce un parasitage constant dans les analyses sur la situation des musulmans en Europe. Or, ici aussi, il convient de redonner son statut à l'analyse géopolitique, à l'approche différenciée des processus politiques, économiques, religieux ou simplement culturels.

Il faut enlever le voile de « la différence religieuse », qui simplifie outrageusement les évaluations, pour accéder à la complexité de l'étude politique et géostratégique.

Alors de nouvelles questions apparaissent qui sont directement adressées à nos gouvernements qui soutiennent de façon très contradictoire les pouvoirs les plus fermés, les plus traditionalistes, les plus inhumains. Les responsabilités sont partagées. Les musulmans sont grandement responsables en Europe de ce déficit de communication avec leur environnement. Ils doivent aujourd'hui s'exprimer davantage, expliquer, se faire entendre, devenir des citoyens à part entière.

Citoyens, cela veut dire interpeller le pouvoir sur sa politique sociale ou internationale (sans d'ailleurs être immédiatement soupçonnés d'intelligence avec l'ennemi). Citoyens, cela veut dire utiliser toutes les plates-formes d'où sa voix puisse être entendue : au niveau des municipalités, du tissu associatif, des élus locaux, des députés. Bref, être présent et participer à la vie de sa société. À tous les niveaux. Se faire entendre et établir des partenariats. La clef, c'est, finalement, de gagner sincèrement la confiance de ses interlocuteurs. Mais il faut que ces derniers s'engagent, aussi, à lutter contre leurs propres représentations caricaturales. Qu'ils s'engagent à un dialogue constructif et surtout qu'ils acceptent de devenir de véritables partenaires sur le terrain. Il faut qu'ils jouent l'interface et deviennent des intermédiaires entre les musulmans mal perçus et les sociétés dans lesquelles ils vivent. De plus en plus d'intellectuels, d'acteurs sociaux et politiques sont amenés à jouer ce rôle et petit à petit les choses avancent. C'est un travail de proximité constant. Je ne vois pas d'autres perspectives, par exemple, pour penser l'intervention dans les banlieues.

Attention cependant à ne pas confondre «travail de proximité» et «bricolage social» : le travail de proximité exige une vue globale et synthétique, la détermination d'un objectif raisonnable avec les étapes de sa réalisation. La proximité dans l'accompagnement exige que l'on avance, et non pas seulement que l'on calme ou que l'on panse ponctuellement des blessures. Dans beaucoup de quartiers d'Angleterre et de France, tout se passe comme si l'on avait une bonne méthode mais sans réel objectif pour les jeunes musulmans. Le manque de clarté se situe en amont.

J.N. Je voudrais intervenir, parce que cette déchirure procède tout de même de la difficulté pour certaines personnes, qui sont sincèrement religieuses mais qui ne sont pas assez instruites, de leur difficulté à faire, à l'intérieur de leur foi ou de leurs coutumes, la différence entre ce qui est essentiel et qu'il faut préserver, et tout ce qu'il faut abandonner pour s'adapter aux coutumes et au droit locaux. On ne s'insère pas dans une communauté si l'on n'accepte pas un certain nombre de coutumes.

Or cette situation n'est pas propre à l'islam. D'autres communautés vivent de cette façon-là. Si vous prenez le cas de la Belgique, il existe un double réseau d'enseignement. Un enseignement officiel qui est passablement laïc, au sens agressif dans la tradition du service public de l'Éducation nationale en France. Et puis un enseignement libre qui est principalement organisé par l'Église catholique. À peu près moitié-moitié. Il s'agit donc d'un pays où les catholiques, au moment où ils se sont sentis agressés, ont organisé un réseau scolaire. La même situation existe en France où une communauté catholique qui est certes plus restreinte a tout de même tenu à organiser son propre enseignement. On peut trouver en Suisse des écoles pour les juifs et des écoles catholiques pour les intégristes d'Opus Dei.

Des écoles musulmanes ?

J.N. Est-ce qu'il ne vaudrait pas mieux finalement que la communauté musulmane, composée de citoyens français, se sente plus à son aise, non seulement en organisant des institutions représentatives, mais aussi en gérant son propre réseau d'écoles. Quand la délinquance surgit dans les banlieues déshéritées de Lyon, Strasbourg ou Marseille, c'est parce que les barrières traditionnelles de l'islam ont été supprimées. Or ces barrières sont fortes. Elles font que dans un pays musulman comme l'Arabie saoudite, il n'y a pas de délinquance, parce que les sanctions tombent immédiatement. Si on enlève ce système de sanctions, certains jeunes musulmans sont complètement déboussolés. Ce que le petit musulman peut trouver dans l'école laïque, c'est-à-dire un cours de morale abstrait et philosophique, ne va pas l'aider ! Alors, pourquoi est-ce qu'il n'y a pas d'écoles musulmanes ?

T.R. Deux conceptions existent aujourd'hui parmi les musulmans.

Certains pensent que la seule solution est la création d'écoles islamiques qui vont permettre de protéger les enfants tout en leur transmettant des valeurs qui sont les leurs.

D'autres, dont je suis, pensent qu'il faut faire très attention car ces écoles, selon la façon dont on les conçoit, peuvent devenir des ghettos et créer davantage de problèmes qu'elles ne résoudront véritablement de situations.

Au demeurant, tout dépend de ce qui motive la constitution de ces écoles islamiques : s'il s'agit de se retrouver entre nous, de s'isoler et de se couper du monde, alors on risque fort de provoquer de fâcheuses ruptures demain, quand les jeunes se retrouveront lâchés dans la société. Si, au contraire, il s'agit de projets ouverts en interaction avec l'environnement, dans un souci de développement harmonieux avec le milieu, cela peut être intéressant.

L'évaluation que je fais des communautés musulmanes en Europe aujourd'hui m'amène à penser que nous sommes très loin de concevoir des écoles islamiques dynamiques et ouvertes. Dans l'esprit de la plupart des concepteurs musulmans, il s'agit, comme je l'ai dit, d'écoles cloisonnées, en marge de la réalité du pays. C'est dangereux. L'expérience anglaise, avec près de soixante-dix écoles islamiques, est mitigée. Il y a certes des choses intéressantes mais les défaillances sont nombreuses notamment par rapport aux parents qui parfois se déchargent sur l'école « puisqu'elle est islamique ». Le projet touche des familles fortunées car, hormis deux écoles subventionnées, les frais de participation sont très élevés par rapport au revenu des familles. En Hollande et en Suède, les subventions de l'État (allant jusqu'à 75 % des frais de fonctionnement des établissements) rendent ces écoles plus accessibles mais l'on s'aperçoit que les projets sont gérés de façon très discutable.

On confond parfois les écoles islamiques avec les écoles des pays d'origine. On ne répond pas au véritable besoin, voire on se trompe du tout au tout sur la gestion et la méthode. À ce jour, j'ai visité peu d'écoles islamiques qui offrent des démarches intéressantes. En Suède, j'ai été agréablement surpris de voir une initiative très originale avec des enseignants et des élèves qui n'étaient pas tous musulmans et qui, de plus, développaient de véritables ponts avec l'environnement.

Je reste très circonspect et même si, un jour, des écoles islamiques pourront être conçues de façon tout à fait novatrice, force est de constater que ce n'est pas le cas aujourd'hui. Il faut à tout prix éviter les écoles ghettos. À vrai dire, je crois qu'il est prioritaire de s'engager dans le parascolaire. Pour deux raisons : d'abord parce que nous toucherons plus de jeunes et de façon, somme toute, plus démocratique ; ensuite parce que le véritable problème des jeunes se situe au niveau de l'encadrement et l'accompagnement. Il faut penser les étapes d'une prise en charge locale avec des projets éducatifs, des activités sportives, des initiatives d'utilité publique.

La première démarche consiste à changer l'image que les jeunes ont d'eux-mêmes. Les ruptures commencent à ce niveau : il est nécessaire que l'encadrement et l'accompagnement soient valorisants, qu'ils forgent chez les jeunes une autoreprésentation positive et plus équilibrée. Il faut absolument leur restituer le triple sentiment de la capacité, de la responsabilité et de l'utilité : se sentir capable de réussir, se sentir responsable d'un projet, se sentir utile aux hommes, tout cela forge une personnalité, façonne une identité. Il faut passer par là mais il ne faut pas jouer à cache-cache ou au chat et à la souris.

Certains responsables politiques locaux aimeraient que l'on ne se préoccupe pas de la dimension culturelle et religieuse parce qu'il faut traiter ces jeunes « comme des Belges ou comme des Français ». Je comprends leur souci mais avant d'être des Belges, des Français ou autres, ces jeunes sont des êtres humains et l'on n'éduque jamais un individu en niant sa mémoire, son histoire, ses racines. Ne soyons pas « républicains » au point d'en être aveugles et stupides. Il ne s'agit pas de prôner ici un quelconque prosélytisme, mais bien de tenir compte de cette donnée objective chez les jeunes, qui est leur religion d'origine et leur culture passive : travailler à changer l'image qu'ils ont d'eux-mêmes, c'est se préoccuper de ces dimensions, forcément. D'une façon ou d'une autre, il faut en parler, raisonnablement, posément, positivement. Seule cette approche est à même de leur donner la possibilité de choisir ce qu'ils veulent être en connaissance de cause.

Malheureusement, la façon dont on agit aujourd'hui, en en parlant sans en parler, en tournant autour du pot, perpétue les malaises et les blessures et parce que l'on n'offre pas aux jeunes les moyens de leur liberté, on les cantonne dans une double marginalité sociale et culturelle. L'échec paraît assuré. Il faut réconcilier ces populations avec leur histoire. Cette entreprise, pour les acteurs et les politiciens locaux, est à mon sens la première étape de la démarche citoyenne. Il ne s'agit pas de dispenser des cours de « catéchisme musulman » mais bien de penser des formations touchant à l'histoire de la civilisation musulmane, aux sciences, à l'art, à la langue, aux diverses traditions. Il faut valoriser ce patrimoine. Dans le même temps, il convient de s'occuper de l'éducation civique, de la connaissance de l'environnement et de son histoire. L'un n'empêche pas l'autre au contraire, et aussi paradoxal que cela puisse paraître, seule la première démarche peut garantir la réussite de la seconde dans les populations les plus touchées par la fracture sociale. Mieux en paix avec leur mémoire, ils sauront mieux faire face aux défis de leur présent : je crois vraiment que quand les repères du passé ont disparu, les limites dans le présent s'effacent, consciemment ou inconsciemment. C'est ce que trop de jeunes musulmans vivent.

Ensuite, il devient cohérent et censé de consolider les fondements de la participation civique. Il s'agit alors d'expliquer comment fonctionnent les institutions, ce que dit la loi, quels sont les différents types d'élections, et tout à l'avenant. De plus en plus de cadres d'associations musulmanes ont pris conscience de l'importance de cette démarche. Ils n'hésitent pas à aller rencontrer le maire de leur ville, à s'engager dans des partenariats et à développer des ponts avec leur environnement. La suspicion reste certes très forte, mais les choses avancent et l'on sent, partout en Europe, que l'on est dans une période de transition et que les choses changent fondamentalement. Les musulmans sont en train de trouver leur place dans les sociétés européennes – même si le processus paraît parfois très lent – et déjà, dans certaines circonstances, leur dynamisme est une promesse de contribution positive pour l'avenir. L'éducation à la citoyenneté est l'un des fondements de la solution pour l'avenir et il faut insister sur cette démarche, elle a un double objectif : forcer les musulmans à retrouver la culture du dialogue qui est la leur par le débat intra-communautaire, et développer le sentiment d'appartenance à sa société. Le travail de proximité est également fondamental de même que les initiatives de partenariat.

En France, aujourd'hui, une initiative s'est développée dans plus de dix-huit villes qui met en relation les fédérations des œuvres laïques de la Ligue de l'enseignement et des associations musulmanes très diversifiées. Des modules et des programmes de formation sont réalisés tant à propos de l'islam qu'à propos de la laïcité ou de la citoyenneté. C'est un travail de pionniers, mais de très grande importance. Des hommes et des femmes ont décidé de cesser de s'observer par le petit bout de la lorgnette, derrière le prisme déformant des caricatures. Ils ont décidé de dialoguer, d'être des partenaires honnêtes, c'est-à-dire exigeants. En deux ans, les progrès réalisés sont considérables. Hier, beaucoup émettaient des doutes, républicains laïcs ou musulmans ; aujourd'hui ils sentent que c'est la bonne voie. Les représentations se déconstruisent, la confiance s'installe entre les partenaires du dialogue et, de plus en plus, on sent que l'on est sur le même bateau : celui de citoyens responsables qui veulent offrir à chaque cœur et à chaque conscience les moyens de préserver leur identité, leur liberté et leur indépendance. Ensemble nous devons travailler sur les représentations et dépasser les suspicions qui paralysent.

J.N. Tout à fait. Tout le monde ne peut que marquer son accord sur le principe. Il faudra bien sortir de cette situation. Si on considère les communautés musulmanes d'Europe, elles sont là pour rester et elles n'ont absolument aucune envie de se retrouver dans leur pays d'origine, qui est souvent le lieu du conflit, le lieu de persécution. Je ne vois pas un Kurde retourner en Turquie ou un Kosovar, retourner en Serbie, de son plein gré, le sourire aux lèvres, dans la certitude d'être respecté.

Une laïcité respectueuse des religions

J.N. Maintenant, la laïcité n'est pas simplement une neutralité, une distance entre l'État de droit et les différentes convictions religieuses, comme aux États-Unis. La séparation entre l'État et les Églises signifie paradoxalement une bienveillance extraordinaire de la part de l'État américain à l'égard de ses confessions religieuses. Par exemple, toutes les organisations religieuses jouissent d'une exemption fiscale totale.

Dans le cas de la France, c'est tout autre chose. La forme de la laïcité française peut se retrouver en d'autres endroits, plus ou moins atténuée, comme en Belgique ou dans certains cantons suisses. On peut donc se trouver dans des situations de conflit. Et de conflit fondamental par rapport à des principes, que ce soit du Coran, que ce soit de la Bible ou que ce soit de l'Évangile, des principes sur lesquels on ne peut pas transiger.

Je vais citer un exemple historique, qui est tout de même significatif : au moment où, en Belgique, on a voté une loi légalisant l'avortement, celui qui devait signer la loi, c'est-à-dire le roi Baudouin, a fait jouer une clause de conscience et il ne l'a pas signée. Il prenait un risque considérable ; faisant passer sa foi avant sa fonction dans l'exécutif, il risquait tout simplement de faire passer la Belgique de la monarchie à la république. Mais il a eu le courage de ce conflit. J'ai pris un exemple du côté des catholiques. On peut trouver des exemples dans d'autres confessions.

Aux États-Unis par exemple, les témoins de Jéhovah refusaient de servir dans l'armée de conscription. Et un certain nombre d'entre eux ont été mis au bagne pendant des années pour cela.

Pourriez-vous évoquer des circonstances où ce genre de conflit, par rapport à ce que le Coran prescrit, se produirait ? Nous ne pouvons pas vivre dans un univers où tout est rose. Les principes religieux sont là, à certains moments, pour orienter la société civile et placer des contraintes. Imaginez-vous qu'un musulman devenu citoyen d'un de ces États de droit occidental, doive se rebeller, lui tout seul ou toute sa communauté dans certaines circonstances et lesquelles ?

T.R. J'avais tenté d'étudier les cas limites au moment où j'écrivais mon livre *To Be a European Muslim*, parce que je voulais me pencher sur l'approche juridique fondamentale. Il m'est apparu clairement que deux horizons se rejoignent et rendent les choses bien moins difficiles qu'il n'y paraît au premier abord.

Si l'on considère la législation européenne, on s'aperçoit qu'elle laisse, à l'intérieur des limites clairement définies, une marge importante de choix à chaque individu quant à son comportement et à la gestion de ses affaires. Tout ne tombe pas sous le coup de la loi et la marge de manœuvre est conséquente.

247

Si maintenant on se tourne du côté du droit musulman, on relève que la flexibilité et l'adaptation participent de l'essence même de la pratique juridique. Ces deux réalités mises côte à côte et considérées ensemble font fondre quantités d'écueils qui nous paraissaient d'abord sujets à conflit. Quand la loi d'un pays laisse aux citoyens le choix entre plusieurs possibilités, les savants devront orienter les musulmans vers celui qui correspond le mieux à leurs prescriptions : cela peut être le cas quand on est en présence de différents types de contrats d'assurance, en ce qui concerne les formulations de contrats de mariage ou de succession. Cela demande une étude approfondie de la loi du pays en question et de la jurisprudence afin de connaître la latitude permise dans les choix. Il ne s'agit pas de détourner la loi ou de jouer avec son sens, il s'agit de trouver une solution à l'intérieur des limites qu'elle a prescrites dans le respect de la liberté octroyée à chaque citoyen.

Quand on se trouve devant des lois qui sont contraignantes selon la législation du pays, comme de contracter certaines assurances, et qui nous poussent, par incidence, à agir en dehors des normes prescrites par l'islam ; dans ces cas de figure, très rares au demeurant, il faudra faire jouer le principe d'adaptabilité et énoncer un avis juridique circonstancié, une *fatwa*, qui offre une solution temporaire ou définitive à cette situation précise, pour des personnes données, dans un pays spécifique. La *fatwa* naît de l'étude des cas de figure très précis et elle ne s'exporte pas. Elle doit tenir compte du degré de contrainte des lois du pays et chercher, s'il n'y a pas de compatibilité possible entre ladite loi séculière et les principes islamiques, la « moins mauvaise des solutions ». C'est une règle connue des fondements du droit islamique. C'est dire, si l'on appréhende les deux sphères ensemble, que la marge de manœuvre est importante et qu'il existe des solutions dès lors que l'on dépasse les apparences et que l'on étudie vraiment la matière du droit. Il s'agit d'une étude pointue, circonstanciée et toujours raisonnable.

Encore faut-il que, d'un côté comme de l'autre, on sache vraiment de quoi l'on parle. Ce n'est pas toujours le cas. D'un côté, on trouve des partisans de la laïcité qui disent de la laïcité ce qu'ils en ont compris et la façonnent à leur convenance. Loin d'une véritable étude du droit, le concept de laïcité devient une arme contre toutes visibilités ou manifestations religieuses. Cela devient le concept fourre-tout d'une idéologie de combat qui veut en découdre avec les « religieux ». Cette dérive est grave, et il faut absolument marquer des limites.

Si la laïcité peut exprimer une attitude philosophique qui se fonde le plus souvent sur l'agnosticisme, il ne s'agit pas de cela dans le débat qui nous concerne. Ici, il est question d'un cadre juridique qui se fonde sur des textes, des lois et une jurisprudence. Ce sont ces derniers qui font foi et non les raisonnements à l'emporte-pièce d'un certain nombre de partisans d'une «laïcité de combat». Nous ne devons pas nous laisser entraîner sur le terrain du rejet idéologique. Nous cherchons à régler des questions de droit et il faut circonscrire les domaines.

Les musulmans, quant à eux ne sont pas en reste d'attitudes discutables et malvenues. Certains connaissent très mal leur religion et finissent par tout mélanger. Dans leur esprit, il n'existe aucune nuance et toutes les prescriptions tiennent la même place et se valent. Prier aurait la même importance que l'appel à la prière, jeûner le même degré de nécessité que le droit de sacrifier pendant la grande fête, ou encore le fait de s'habiller à l'orientale serait du même ressort que le respect des clauses du mariage. Or rien n'est moins juste. Il faut considérer les différents degrés d'obligation quant aux prescriptions islamiques : distinguer ce qui est essentiel de ce qui est secondaire, déterminer ce qui est définitivement fixé de ce qui est sujet à une adaptation. La juridiction islamique est une science qui suppose une vision globale et précise, elle ne doit pas se soumettre aux accès émotifs qui portent certains musulmans à penser qu'il est impossible de vivre ici tant le sentiment qui prédomine est celui du rejet.

C'est également ce même sentiment qui pousse certains musulmans à démissionner de tout : craignant l'idée que l'on se fait d'eux, ils appellent à délaisser presque toutes les pratiques islamiques. En tout cas celles que leurs interlocuteurs européens comprennent le moins. Ils agissent de façon frileuse et vont parfois jusqu'à répéter ce que des partisans de la «laïcité de combat» affirment : «Tel ou tel comportement ou tenue vestimentaire est contraire à la laïcité, donc les musulmans doivent s'en abstenir». Or, trop craintifs ou en mal de reconnaissance sociale ou politique, ils répètent souvent des contre-vérités et manquent à leurs responsabilités : à l'étude, ils s'apercevraient que la laïcité de droit n'est pas ce que veulent en dire ceux qui cherchent le conflit et veulent créer un inutile trouble, pour mieux exister bien souvent.

Il faut donc s'engager dans un travail de fond. Pour le large public, il est nécessaire d'informer tant les Européens que les musulmans de ce qu'est et de ce que permet le cadre légal du pays où ils vivent, mais également de ce qu'est l'islam. Il faut aujourd'hui promouvoir une information à grande échelle qui se fonde sur la transmission du minimum de connaissances nécessaires pour former le citoyen d'aujourd'hui et de demain : connaissance des institutions et des lois de son pays, connaissance de ses concitoyens dans leur diversité religieuse et construction, avec lui ou elle, de la société dans laquelle vivront, côte à côte, leurs enfants. Un tel engagement, fondé sur l'approche susmentionnée, est le moyen le mieux éprouvé pour s'opposer aux communautarismes que nous refusons. Certes, nous savons l'importance et la nécessité de préserver le sentiment de la communauté de foi, de la communauté spirituelle. Un musulman ne peut faire autrement, nous en avons déjà parlé. Mais cela n'a rien à voir avec la constitution de ghettos sociaux, d'espaces d'exclusion ou de législations spécifiques.

Tout ce que j'ai dit du travail juridique très pointu que nous devons entreprendre, en même temps que de l'information large à diffuser d'une façon ou d'une autre auprès du grand public, tout cela nous oriente vers l'exact opposé du communautarisme. Nous voulons une société de rencontre, d'échange, de dialogue dans le respect et l'exigence de concitoyens qui se connaissent et se reconnaissent pour ce qu'ils sont. La conviction des uns ou des autres ne s'oppose pas au dialogue et à l'ouverture. On a souvent confondu le fait d'être «convaincu» avec le fait d'être «obtus» : ces deux notions ne sont pas forcément synonymes. Porter une conviction profonde et demeurer ouvert est possible. C'est une marque de dignité, un signe de profonde humanité. Ce devrait être l'enseignement offert à l'école de la foi.

Un mot encore sur les politiciens qui disent une chose et font exactement le contraire. D'un côté, ils affirment s'opposer au «communautarisme», et c'est bien. Mais de l'autre, une fois les élections venues, voilà que l'on joue avec les jeunes «issus de l'immigration» et les musulmans. On place un nom à consonance «arabe» sur sa liste, on promet de considérer la situation des musulmans, de penser un projet de mosquée quand on ne va pas jusqu'à la promettre «en cas de victoire aux élections».

À quoi joue-t-on ? La course aux voix fait oublier jusqu'au moindre principe de civisme. Comment voudrions-nous, devant de tels comportements, que les musulmans ne se constituent pas en une sorte de lobby conscient de la force de son nombre. Et de voter pour le plus «généreux».

Le double discours de certains politiciens prépare des lendemains de tranchées. En tant que musulmans, nous ne connaissons qu'un principe, une règle, en matière de choix politique : il faut voter pour celle ou celui qui associe deux qualités, l'honnêteté et la compétence, musulman ou pas. C'est-à-dire surtout pas pour les «acheteurs de voix» qui se comportent comme de véritables chasseurs caméléons. Tout citoyen honnête doit refuser ces dérives et surtout ne pas démissionner parce que «telle est la politique». Notre foi ou notre conscience doivent nous maintenir éveillés et vigilants.

De la laïcité à la sécularisation

J.N. Je voudrais reprendre la même question, mais sous un angle tout à fait différent. On pourrait considérer qu'il n'y a pas de problème parce que les États de droit européens sont extrêmement tolérants en général et pas agressifs du tout à l'égard des communautés religieuses. Petit à petit, on arrive à cette situation où le chrétien moyen se dit qu'il n'a plus besoin de religion puisque l'État remplit absolument toutes les fonctions et tous les services que l'on attendait auparavant d'une religion. L'État garantit l'ordre, mieux assuré par la police que par l'enseignement de la morale à des candidats voleurs. Auparavant, il fallait terroriser les futurs délinquants en précisant qu'ils mettaient leur salut éternel en cause. La solidarité s'exerce par un énorme mécanisme de redistribution des revenus. Les Églises ne s'occupent en principe plus d'enseignement. L'État s'en occupe. Et il s'en occupe assez bien. Les institutions caritatives du genre hospices, hôpitaux, etc., ne sont pas nécessaires puisque l'État fait tout cela. Donc, on a parfois le sentiment qu'on peut cesser de s'occuper de la charité au sens traditionnel du mot dans toutes les religions.

La laïcisation a rongé l'appartenance religieuse. On est arrivé à des sociétés complètement sécularisées. Une série de fonctions qui devaient s'appuyer sur une foi religieuse, une croyance en une certaine transcendance, sont accomplies maintenant, quotidiennement, par les États. La plupart des Européens pensent que la religion n'est plus nécessaire. Ils en ont la preuve, puisqu'ils ne la pratiquent plus.

Il reste, à l'intérieur de cette société sécularisée, une petite minorité de croyants. Les chrétiens pratiquants représentent à peu près 10 % de la population dans un pays occidental. Ces chrétiens pensent qu'ils possèdent des règles, qu'ils disposent de critères pour une vie conforme à la volonté de Dieu sur lesquels ils ne peuvent pas transiger. Tel est le cas dans le droit de la famille : la levée de bouclier en France au sujet du PACS en est un bon exemple. Il en est de même en matière d'avortement, de manipulations génétiques, du clonage d'êtres humains. Je suis de ceux qui pensent qu'une société où il n'y aurait aucune religion, aucun témoignage de la transcendance, partirait à la dérive.

Le noyau dur des fois monothéistes

J.N. Pour tous les croyants de toutes les confessions il existe un noyau dur sur lequel on ne peut pas transiger. Ce noyau dur est dans une large mesure commun aux chrétiens, aux juifs et aux musulmans, parce que ce sont trois religions monothéistes toujours axées sur le respect de la dignité de chacun des êtres humains. C'est peut-être cela leur façon de traduire leur foi en un Dieu unique. Dès lors que cela est vrai et qu'il existe des communautés de croyants pratiquants, des juifs, des chrétiens, des musulmans, elles peuvent, à un certain moment, nouer des alliances de fait pour lutter contre certaines dérives totalement immorales.

Je pense en particulier à tout ce qui peut se passer dans une civilisation sans foi ni loi qui dispose d'outils aussi puissants que le génie génétique. On finira par fabriquer des produits de beauté à partir d'embryons fabriqués spécialement pour l'industrie : on sacrifiera une vie virtuelle pour des produits antirides. Est-ce que vous pourriez essayer de cerner ce noyau dur sur lequel tous les croyants pourraient se battre ensemble ?

T.R. L'époque moderne nous engage à relever des défis communs, effectivement. Je pense que vous avez raison de le rappeler et, de fait, vous allez exactement dans le sens de l'affirmation de Pierre Dufresne dont j'ai souvent parlé. Pour ma part, je mettrai en avant deux sphères sur lesquelles, ensemble, nous devrions porter notre attention et nos efforts.

La première concerne la spiritualité. Pour une femme et un homme désireux de protéger leur spiritualité, les sociétés modernes peuvent être rudes et cruelles. La question est simple : comment, aujourd'hui, vivre et protéger une vie spirituelle, l'intériorité, la méditation, la redécouverte du souffle de vie ? Pas facile et encore moins facile est l'exigence de la transmission. Comment transmettre à ses propres enfants le sens de la vie intérieure, avec Dieu, parmi les hommes.

Le deuxième domaine est celui de l'éducation. Nous avons ensemble à nous engager sur ce terrain. L'éducation et l'instruction aujourd'hui ne sont pas un problème posé aux seuls parents et aux seuls enseignants. C'est une question de société qui doit associer tous les citoyens. Les croyants, les humanistes, comme tous les êtres soucieux de l'avenir, doivent se mobiliser pour penser une éducation qui réponde aux exigences de notre époque. Il s'agit, à la maison comme à l'école, de former des êtres humains. La fameuse distinction entre la famille qui éduque et l'école qui instruit ne tient plus : qu'avons-nous à proposer ? C'est un grand chantier sur lequel se joue la protection de la liberté de chaque citoyen.

Nous semblons perdre la mémoire tant la vitesse nous entraîne. La vitesse est en train de nous voler notre liberté. Dans beaucoup de domaines, les « modes » du penser ont remplacé la connaissance : on finit par se croire libre dans l'ignorance. L'ignorance est pourtant la pire des prisons parce qu'elle nous illusionne sur l'invisible réalité de ses barreaux. C'est vrai dans le domaine religieux où nos sociétés sont productrices d'un véritable analphabétisme religieux, mais c'est également vrai dans tant d'autres domaines. On ne connaît souvent plus sa propre histoire, sa propre culture, ses propres racines et l'on voudrait pousser les hommes à comprendre la culture de l'autre. Un leurre. C'est dans les programmes scolaires qu'il faut chercher les premières concessions faites à l'extrême droite et non pas seulement dans les banlieues défavorisées.

J.N. Donc, il faut être présent dans le processus de l'éducation ?

T.R. C'est indispensable. Mais il faut l'être de façon profonde et constructive. Les discours négatifs sur l'école et l'incompétence des enseignants sont des propos de paresseux et de démissionnaires. On aimerait que l'enseignant soit tout, un papa, une maman, un assistant social, un éducateur, un psychanalyste, un psychiatre, un concierge parfois, et un confident souvent.

Nos sociétés doivent trouver aujourd'hui des citoyens qui prennent leurs responsabilités et qui s'investissent au niveau des écoles qui sont tout sauf des espaces fermés. L'interaction positive avec la société doit être pensée par la collectivité – les écoles sont des lieux de vie au centre d'autres lieux de vie. Les collectivités locales, les parents et les enseignants doivent travailler de concert et ne plus se renvoyer la balle en cherchant les « coupables ». Nous tous, nous devons investir le domaine de l'éducation au sens large. De l'accompagnement des familles à l'activité parascolaire, de la formation citoyenne à l'engagement solidaire. J'ai travaillé dix années dans l'engagement de proximité, je ne connais pas d'autres voies. Ensemble, et non pas avec les enseignants d'un côté, les politiciens de l'autre, les travailleurs sociaux entre les deux et les juifs, les chrétiens, les musulmans et les humanistes en ordre dispersé. On se trompe de méthode et de partenaires.

J.N. Une alliance de fait entre croyants pourrait exiger une véritable formation religieuse à l'école. On peut admettre qu'il y ait un enseignement public, les enfants peuvent se retrouver quelle que soit leur origine sociale et leur religion familiale. C'est une bonne chose de leur apprendre à vivre de façon pluraliste.

L'enseignement de la religion

J.N. Mais il n'empêche que, dans l'éducation en général des enfants, l'éducation religieuse doit avoir une part. Elle ne peut pas seulement être transmise à la maison, dans une pastorale propre aux enfants, mais elle doit avoir sa place à l'école, pour être respectée par les enfants, pour que les enfants la prennent au sérieux. Et donc, on peut demander que dans l'enseignement public, à tous les niveaux, existent au programme des heures consacrées à l'enseignement religieux. Les différentes confessions organisent cet enseignement.

T.R. Que les religions, leur histoire, leurs fondements soient pris au sérieux, effectivement, c'est bien de cela qu'il s'agit. Par crainte du prosélytisme religieux, on s'empêche d'apporter quelque éclairage que ce soit aux jeunes et aux moins jeunes. Il faut trouver un mode d'enseignement de ces matières qui permette au moins d'avoir quelques repères. La mémoire se perd, il ne reste plus grand-chose de l'histoire et les maîtres de français et de philosophie sont dans l'obligatoire de bricoler des commentaires de texte parce que leurs élèves n'ont plus de références.

Il en est de même au niveau universitaire : j'en fus le premier étonné, mais combien de fois ai-je dû rappeler des faits simples que de nombreux étudiants ignoraient totalement. L'école doit répondre à cette mission, d'une façon ou d'une autre. Nos sociétés multiculturelles exigent ce type de formation permettant les repérages, l'identification – bref la compréhension. Encore une fois il ne s'agit pas de catéchisme mais bien d'étude de faits et de référence, ce qui veut dire que ceux qui enseignent ces matières doivent avoir les compétences pour le faire, être de véritables pédagogues et non pas avoir de vagues connaissances de l'une ou de l'autre religion à travers lesquelles ils continuent, volontairement ou non, à charrier les fantasmes les plus farfelus sur l'autre.

Il s'agit d'un enseignement de nature scientifique et approfondi au cours duquel on ne doit pas hésiter à mettre, parfois, les élèves en situation de dialogue ouvert avec des fidèles des religions ou des confessions étudiées. Cette étude devrait être large et faire partie du cursus de formation pour tous les élèves. Aujourd'hui, il arrive que cela soit proposé à quelques élèves en dehors des heures scolaires ; c'est bien, mais l'on remarque souvent que les jeunes qui participent à ces formations, en dehors des horaires de cours, sont déjà sensibilisés à ces questions à la maison. Sans doute n'est-ce pas eux qui en auraient le plus besoin.

Ces formations sont impératives et ceux qui s'y opposent au nom du refus du « prosélytisme » me paraissent être eux-mêmes des prosélytes de la « libre ignorance » qui est mensongère et dangereuse. Quelles que soient nos idéologies et nos croyances, ou non-croyances, je ne crois pas que l'on puisse s'opposer au « plus de connaissance et plus d'approfondissement ». La liberté, que l'on invoque chaque fois que l'on parle du religieux, est sœur de la connaissance et nous sommes en train de « produire » de véritables « ignorants ». On peut ensuite faire la critique des sectes, alors que l'incohérence de nos gestions et les vides et les lacunes de nos formations en ont fait le lit.

J.N. On vivrait peut-être mieux le pluralisme religieux si ce pluralisme était respecté dans les écoles. D'une part, des heures d'enseignement religieux où les enfants se séparent pour suivre l'enseignement de leur religion.

D'autre part, à certains moments, on les fait tous se rencontrer pour que chacun connaisse la foi des autres.

T.R. Il faut un débat de fond sur le contenu de cette formation. Les avis sont divergents et les sensibilités sont à fleur de peau sur ces questions. Il faut rester prudent et respecter les étapes avec un débat clair sur les objectifs. Certains affirment que l'on ne doit pas négliger la présentation du spirituel « de l'intérieur », et d'autres veulent un enseignement sur les religions, c'est-à-dire des présentations théoriques de « systèmes de pensée » et de faits historiques « objectifs ».

J.N. Mais ce n'est pas suffisant.

T.R. Pour le croyant cela est effectivement insuffisant, mais il faut faire la part des choses et proposer des approches qui se complètent. L'école ne peut pas tout faire non plus et, comme je l'ai dit, il faut que nous pensions des espaces d'accompagnements à partir des familles comme à partir des structures associatives locales. Un discours « religieux » à l'école n'est pas « la » solution aux problèmes que vivent nos sociétés et il ne s'agit pas de nous « décharger » sur une option qui représenterait la panacée. Les questions relatives à l'identité sont complexes et exigent que nous pensions des approches tout à la fois différenciées et complémentaires en redistribuant les rôles aux différents partenaires du tissu ou de la structure sociale. De l'individu à la famille, puis de la famille à la collectivité. La question de la transmission des valeurs, de la promotion de comportements intellectuels et sociaux doit se traiter en amont.

Que voulons-nous? Des questions que nous avions refusé de nous poser pendant des décennies nous sont imposées par la perspective de catastrophes imminentes. Pour le croyant, toutes ces questions participent de l'édification de sa foi: le sens de la vie, l'éthique, l'esprit critique, la présence solidaire. Il en est de même pour la conscience de l'humaniste engagé. Ensemble, ils doivent s'engager à poser ces questions, à susciter le débat, à intervenir au niveau social, éducatif, politique et économique pour faire des propositions, développer des stratégies alternatives. Notre situation n'exige pas des bricolages structurels, ce que trop souvent nous faisons en appelant cela « réforme ». Il ne s'agit en fait que d'« aménagements », ou de simples modifications dans les « gestions ».

Or nous avons besoin d'une réforme fondamentale, profonde, neuve, parce qu'essentiellement centrée sur l'humain et la justice. Une réforme, au sens ou je l'entends, nécessite que nous développions la conscience de la « rupture » en vue de proposer, à partir du niveau local, une autre façon d'être, d'être au monde et de gérer nos affaires. Chacun, à partir de ses valeurs, de sa conscience, de son engagement particulier doit pouvoir apporter sa contribution à cette réforme. Il s'agit aussi, clairement, de fortifier en nous, ensemble, le « devoir de résistance » face aux dérives et aux folies d'une gestion sans âme, sans conscience.

Je ne connais de vraie citoyenneté que dans ce « refus engagé » de la logique du rendement et de la productivité. Être avec Dieu, c'est rappeler la place essentielle de l'homme, de l'humanité, de la fraternité humaine, une fraternité d'être, même et surtout si nous tenons à vivre une diversité de pensées. La foi aujourd'hui est un mariage entre une intense spiritualité et une déterminée résistance. C'est le sens du « témoignage », de la shahada pour le musulman, et l'Occident est aussi cet « espace du témoignage ». De cœur et d'intelligence.

Il faut refuser en conscience un monde sans conscience. Le sens de notre résistance est là. Le tissu associatif musulman est aujourd'hui très actif en Europe et je pense que sa mission, après avoir dépassé la frilosité et l'isolement, est d'interpeller tous les êtres humains, tous les partenaires, individus ou institutions, pour ensemble participer à un nouveau débat de société qui, au fond, devrait lui-même enfanter un projet de société. Refuser le prosélytisme – et il faut le refuser clairement – cela ne veut pas dire refuser le dialogue et l'engagement commun. Les fractures sociales, l'exclusion, la marginalité des jeunes comme des personnes âgées nous renvoient à nos valeurs respectives et à notre exigence de dignité humaine et de justice sociale.

Nous devons également rappeler qu'un monde qui confisque 80 % des richesses de la planète dans les mains de 17 % de la population ne saurait être un monde serein. Les chiffres traduisent d'eux-mêmes la violence, une violence sans armes certes, mais une violence terrible, destructrice, inacceptable. Les êtres humains souffrent et se plaignent comme la nature, d'ailleurs, soumise à un traitement indigne et inconscient. Ici, commence la solidarité des hommes de bonne volonté, de ceux qui comprennent leur foi, leur vocation, leur présence dans la résistance. Il s'agit de ne pas démissionner, contre toutes les simplifications, les caricatures, les rumeurs et les mesquineries.

Ce que nous portons est plus noble que ce avec quoi d'aucuns nous insultent. Certains parlent d'étroitesse d'esprit et ne nous ont jamais adressé la parole; ils parlent d'ouverture, enfermés dans leur suffisance. Nous devons dépasser ces «petitesses», ces ragots. Au nom de toutes les femmes et de tous les hommes qui vivent la discrimination quotidienne, de tous ceux qui sont humiliés quotidiennement parce qu'ils n'ont pas le nécessaire pour vivre, de tous les torturés des prisons de la honte et des dictatures, au nom de tous les jeunes qui ne voient de l'avenir que le vide, on ne peut continuer à perdre du temps. Il faut oser, oser affirmer des convictions fortes, sans être fermées; déterminées, sans être violentes; actives, sans être oppressives.

Nous vivons une heure du «petit» consensus où il apparaît que la seule ouverture d'esprit passe par la seule expression de ses doutes. «Ne plus savoir vraiment», «ne rien dire», «ne pas se prononcer» – nous vivons une sorte d'oppression de l'approximatif, une dictature soft du «peut-être que oui, peut-être que non», fondées sur une liberté confondue avec l'indécision. Tout cela m'inquiète parce que le règne de l'indécis institutionnalisé, c'est le pouvoir offert à la démission. Il faut oser, aujourd'hui, au risque de se tromper, il faut dire, questionner, interpeller, retrouver le souffle vrai des vrais débats d'opinion où l'on se respecte suffisamment pour aborder les questions de sens, les problèmes de fond.

Je respecte les doutes, les recherches, les pauses que chacun doit vivre, ou peut avoir envie de vivre, pour être et avancer, mais j'ai beaucoup de peine lorsque ce cheminement devient la caution de la paresse intellectuelle et citoyenne où l'on juge l'autre devant son poste de télévision et où l'on s'attriste de l'état du monde entre le fromage et le dessert. Satisfait de ce que l'on est, sûr de ce que l'on aurait pu faire sans le faire jamais. Mais rien ne perturbe ces juges puisqu'ils participent à la grand-messe de la relativité de tout et au pouvoir absolu des modes.

Il me paraît que l'entreprise dans laquelle nous nous sommes engagés en entreprenant ce livre est un pas vers autre chose. Vous savez, je suis parfois gêné de voir certains amis chrétiens avoir tellement peur d'être jugés au point qu'ils cachent ou relativisent tout de ce qu'ils croient. Ils n'osent plus, parce qu'il faut paraître «moderne», et les principes de la religion sont si ringards… Je ne crois pas que ce soit ainsi que l'on prend ses responsabilités : il ne faut pas hésiter à traduire nos convictions, dire notre foi, notre vie spirituelle, nos attentes. Vivre nos convictions, rester ouverts et participer à toutes les initiatives qui permettront à nos sociétés de produire des idées parce que d'authentiques convictions et de sincères prises de position s'y expriment.

Si, pour ne pas être jugé, il ne faut plus rien dire ni manifester, alors c'est le degré zéro de l'humanité, pour parler comme Barthes, le nouveau règne de l'être humain invisible. Mieux vaut disparaître vraiment. La tolérance, dans cette vacuité, est un concept vide, un mot instumentalisé pour se donner une bonne conscience. Je crois plutôt que l'avenir se construira avec des êtres qui sont convaincus et respectueux, convaincus de cette conviction qui les pousse à résister aux dérives. Devant Dieu ou leur conscience, avec les êtres humains.

Le mystère des religions multiples

J.N. Il existe un verset du Coran, profondément énigmatique, qui dit à peu près ceci : *Si vous pratiquez des fois différentes, c'est que Dieu l'a voulu. Cela constitue une sorte de pédagogie au bout de laquelle vous allez vous retrouver tout de même au moment précis où Dieu l'aura voulu.*

Nous ne sommes pas encore arrivés à ce point-là. Je crois qu'il faut vivre les différences qui existent tout en s'alliant pour défendre un noyau dur. Mais il y a des chemins différents pour y arriver, à ce noyau dur. Nous sommes pareils mais nous ne sommes pas identiques. Et, au lieu de le regretter, on pourrait s'en réjouir.

Ne serait-il pas opportun que les différentes fois exercent l'une à l'égard de l'autre ce qu'on appelle dans les monastères chrétiens la « correction fraternelle». Dire à l'autre, honnêtement et en évitant toutes les mesquineries, ce que l'on trouve d'excessif ou de faussé dans sa pratique, tout en acceptant, bien évidemment, qu'il procède de la même façon.

J'ai pratiqué plus haut cette correction fraternelle en faisant le mea culpa des chrétiens : cette foi trop longtemps a vécu dans la tristesse, dans la culpabilité, dans le pessimisme spirituel. Ce que j'ai trouvé de constructif dans les conversations que nous avons eues, c'est précisément une façon de sortir. Il est très difficile de sortir des perversions de sa propre foi. Toutes les religions ont toujours des dérives. Et personne ne pratique sa foi de façon idéale et parfaitement pure. Un tel dialogue avec un musulman m'amène à purifier ma foi sur ce point précis où le christianisme a dérivé.

Est-ce que vous imaginez, pour un musulman, dans le contact avec des chrétiens honnêtes et dans l'expression la plus pure de leur foi, est-ce que vous imaginez une influence positive pour les musulmans?

T.R. Oui, bien sûr pour l'avoir souvent vécue. Combien sur la route, comme vous-même, m'ont appris à partager, à comprendre de l'intérieur et ont véritablement fondé notre relation sur la correction fraternelle dont vous parliez. Ils m'ont rappelé l'humilité, le souci du mieux et puis une notion que, malheureusement, les musulmans oublient trop souvent de rappeler et négligent de vivre : celle de l'amour. Le message de l'islam est fort de ce même souffle d'amour pour le Créateur et pour l'humanité, mais trop souvent les musulmans le négligent pour s'arrêter au discours normatif. Souvent mes amis chrétiens m'ont offert le cadeau d'un miroir qui me rappelait le sens de cet Amour, ses exigences aussi, et sa force.

J.N. La célèbre règle d'Augustin : Aime et fais ce que tu veux !

T.R. Plus concrètement, ils m'ont parfois rappelé le sens de l'amour au cœur de l'exigence de la norme. C'est un message très fort du christianisme et beaucoup de chrétiens en témoignent dans leur vie quotidienne. C'est un message de spiritualité, d'amour, de pardon et de rapprochement avec autrui. C'est aussi un formidable miroir pour nous faire grandir en nous rappelant un fondement essentiel : la norme est au service du cœur et non pas le cœur au service de la norme. C'est un des messages, essentiels, que de nombreux amis chrétiens m'ont rappelé sur la route.

Table des matières

Tous nos titres et nouveautés
www.editionsfavre.com

Impression réalisée sur CAMERON par

BRODARD & TAUPIN
GROUPE CPI

*La Flèche
en mars 2004*

Imprimé en France
N° d'impression : 23568
Dépôt légal : avril 2004